GOLDMANN

JACK DANN · GARDNER DOZOIS
HRSG.

DAS GROSSE DINOSAURIER LESEBUCH

Aus dem Amerikanischen
von Marianne W. Bayer,
Ingrid O. Fischer,
Andreas Helweg, August W. Krüger,
Michael Kubiak, Monika Paul,
Edda Petri, Rita Seuß,
Robert Vito

GOLDMANN VERLAG

Die amerikanische Originalausgabe
erschien 1990 unter dem Titel
»Dinosaurs!« bei Ace Books, New York

Der Goldmann Verlag
ist ein Unternehmen der Verlagsgruppe Bertelsmann

Made in Germany · 1. Auflage · 6/92

Umschlaggestaltung: Design Team München
Umschlagillustration: Schlück/Higgins, Garbsen
Satz: IBV Satz- und Datentechnik GmbH, Berlin
Druck: Elsnerdruck, Berlin
Verlagsnummer: 8233
Lektorat: SN
Redaktion: Ursula Walther
Herstellung: Peter Papenbrok
ISBN 3-442-08233-1

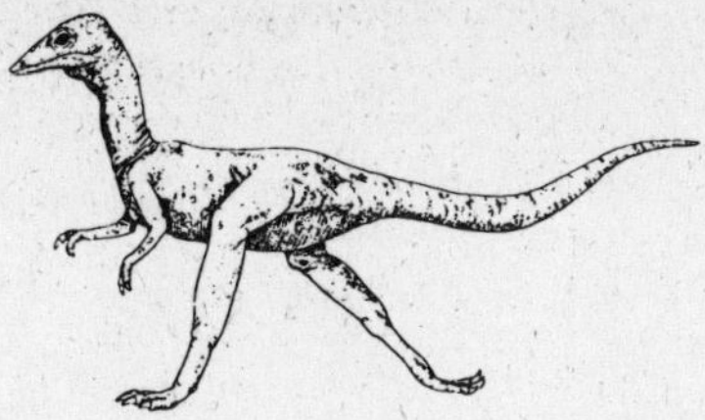

Inhalt

Vorwort

Jack Dann und Gardner Dozois

Hundertvierzig Millionen Jahre beherrschten Monster die Erde.

Monster mit Beulen und Stacheln und Kämmen und undurchdringlichem Panzer, flink und mit schnappenden Mäulern und Reihen tödlicher rasierklingenähnlicher Zähne wie Haie; Monster, die wie vielfarbige Drachen in die prähistorischen Himmel hinaufstiegen und dahinglitten und schwammen wie Seeschlangen in den kalten Tiefen des Ozeans.

Monster, die noch in unseren Alpträumen wohnen – und vielleicht immer noch die Welt mit uns teilen.

Monster, die uns faszinieren.

Dinosaurier.

Falls Sie in den fünfziger oder sechziger Jahren aufgewachsen sind, hat man Ihnen vielleicht beigebracht, Dinosaurier für riesige, klobige, dumme und kaltblütige Biester zu halten, die den Tag bis zum Hals im Wasser stehend verbringen, um ihr enormes Gewicht leichter halten zu können, oder aber sich schwerfällig in irgendeinem tropischen Sumpf wälzen. Das war eine bequeme und selbstgefällige Sichtweise; Dinosaurier waren ausgestorben, weil sie zu dumm und unbeweglich waren, um sich den veränderten Bedingungen anzupassen – ganz anders als wir klugen Primaten. Bis heute wird der Ausdruck »Dinosaurier« manchmal in diesem Zusammenhang verwendet – gedacht für veraltete überholte Institutionen oder Leute, die nicht in der Lage sind, mit veränderten Entwicklungen Schritt zu halten; dieser Wortwahl haftet noch die Selbstgefälligkeit des Säugetiers an. Als ob wir – oder jedenfalls unsere entfernten Vorläufer – nur aufgrund von Klugheit, Geschick und Mut überlebt hätten, während es den dämlichen Titanen mit ihren erbsengroßen Gehirnen nicht gelang; als ob wir die Dinosaurier *übertroffen* hätten; als ob wir sie von der Erde vertrieben hätten.

Nichts könnte von der Wahrheit weiter entfernt sein. Wie Adrian J. Desmond bereits bemerkte: »Säugetiere gab es schon im späten Trias vor hundertneunzig Millionen Jahren. Während der ersten hundertzwanzig Millionen Jahre jedoch, vom Ende des Trias bis zum späten Kreidezeitalter, war es eine unterdrückte Rasse, unfähig, während dieser Zeitspanne Fleischfresser hervorzubringen, die größer waren als eine Katze, oder Pflanzenfresser, die größer waren als eine Ratte... Dinosaurier waren die Herren jener Welt mit solch einer leistungsfähigen Physiologie und Beweglichkeit, daß sie die Erde aus der Umklammerung der Säugetiere reißen konnten und sie hundertzwanzig Millionen Jahre in Besitz nahmen.«

Es ist richtig, daß viele Dinosaurier riesig waren – der Ultrasaurus zum Beispiel, von dem man glaubt, daß er um die siebzig Tonnen gewogen habe und etwa fünfzehn Meter groß gewesen sei, ist möglicherweise das größte Landtier gewesen, das jemals existiert hat. Es ist auch richtig, daß viele Dinosaurier relativ dumm waren – der gewaltige Brontosaurus – unter modernen Paläonthologen besser als Aptosaurus bekannt – zum Beispiel hatte ein Gehirn, welches nur ein Hunderttausendstel seines Körpergewichts ausmachte. Hierbei handelte es sich jedoch nur um *einige* Dinosaurier. Mit erstaunlicher Vielseitigkeit paßten sich Dinosaurier fast jeder ökologischen Nische erfolgreich an – und füllten sie aus –, mit Ausnahme der ultrakleinen, mausegroßen Nischen, in die für die nächsten hundertzwanzig Millionen Jahre die Säugetiere Zuflucht nahmen. Desmond sagt: »Während ihres Aufenthaltes als Herrscher der Erde produzierten sie (die Dinosaurier) eine ganze Menge an Formen – so unterschiedlich wie Elefanten, Tiger und Strauße –, um die Nischen zu füllen, die jetzt von Säugern und Vögeln eingenommen werden.« Es gab Dinosaurier wie den Echinoderm und den Compsognathus Iongipes, die die Größe von Küken hatten. Es gab einige, die waren anmutig und sehr flink. Und während manche ziemlich dumm waren, waren andere wie der Deinonychus und der Sauronithoides relativ intelligent mit großen Gehirnen. Sie konnten mit beiden Augen sehen und mit den Fingern – wegen der Gegenüberstellung der Daumen – greifen. Dinosaurier wiesen – wie Desmond sagt – »verglichen mit anderen Dinosauriern Unterschiede auf wie Menschen und Kühe«.

Die Debatte, ob Dinosaurier heißblütig waren oder nicht – zuerst von Robert T. Bekker und anderen in den frühen siebziger Jahren begonnen –, wird lebhaft fortgesetzt und möglicherweise für Jahrzehnte eine kontroverse Angelegenheit bleiben. Egal welche Seite dieser Kontroverse man bevorzugt, unser Bild vom Leben der Dinosaurier hat sich seit den fünfziger Jahren mit der Vorstellung von blöden Schlammwälzern stark gewandelt. Wie Silvia J. Czerkas und Everett C. Olson bemerkten: »Pfund für Pfund waren die meisten Riesendinosaurier stärker, schneller und beweglicher als die Rhinozerosse und Elefanten von heute.« Heute gehen die meisten davon aus, daß einige Dinosaurier in Herden lebten mit einer sozialen Ordnung ähnlich der von heutigen Herdentieren, und sogar von den größten dieser Pflanzenfresser nimmt man an, daß sie eher Waldbewohner waren, die in solchen Gegenden lebten, in denen heute auch Elefanten oder Giraffen zu finden sind, als sich im Sumpf zu wälzen. Von einigen anderen Dinosauriern, wie manchen Arten der Entenschnabel-Hadrosaurier, weiß man, daß sie in großen Kolonien oder »Brutstätten« genistet haben, wie es manche Seevögel heute tun, und daß sie ihre Jungen nach dem Brüten aufgezogen haben, anstatt die unausgebrüteten Eier ihrem Schicksal zu überlassen wie die meisten Schildkröten. Es wurde sogar vermutet, daß die heutigen Vögel die direkten Abkömmlinge von Dinosauriern seien und diese damit eigentlich gar nicht ausgestorben sind. So kann man jedesmal, wenn man in den Park geht, ihre leibhaftigen Repräsentanten sehen. Möglicherweise hat man sie sogar schon im Winter selbst gefüttert.

Wenn dies wahr ist – und es ist immer noch höchst umstritten –, dann sind Vögel immerhin die einzigen übriggebliebenen Nachfahren der Dinosaurier, weil vor fünfundsechzig Millionen Jahren alle *anderen* plötzlich und mysteriös vom Land, von der See und aus dem Himmel verschwanden – sie starben aus.

Alle tot – in einer Zeitspanne, die unterschiedlich geschätzt wird auf eine Million Jahre, einige tausend Jahre oder auch nur wenige Tage. Ausgelöscht.

Was hat die Dinosaurier das Leben gekostet?

Seit Jahrzehnten handelt es sich hierbei um eines der größten Mysterien der Wissenschaft, und es gibt fast genauso viele Theorien wie Theoretiker. Viele Jahre war eine der führenden Meinungen, daß eine nahe gelegene Supernova die Erde mit der vollen Wucht ihrer tödlichen Strahlung getroffen habe. Andere bevorzugte Theorien waren die einer globalen Dürre (erinnern Sie sich an die Dinosaurier aus *Fantasia*, die durch die Wüste stolperten und vor Durst starben?) oder einer Verschlechterung des Klimas, bei der sie wegen der Kälte eingingen, obwohl es neue Hinweise darauf gibt, daß einige von ihnen bereits in Gebieten lebten, die so kalt waren, daß es Frost gab und Seen zufroren. Weltweite Perioden intensiver Vulkantätigkeit sind genauso verantwortlich gemacht worden wie saurer Regen. Eine Theorie besagt, daß flinke Kleinsäugetiere über den Waldboden schlichen, um die Eier der Dinosaurier zu fressen. Auch die Nahrungsumstellung aufgrund der Verbreitung von Blütenpflanzen könnte für das Aussterben der Dinosaurier verantwortlich sein, eine Möglichkeit wäre, daß die Dinosaurier an Alkaloidvergiftung starben, weil sie Blütenpflanzen fraßen; wieder andere Wissenschaftler gehen davon aus, daß sie wegen der Verbreitung der Blütenpflanzen an Heuschnupfen eingingen, und noch eine andere Theorie unterstellt, sie seien an Verstopfung gestorben, verursacht durch das Aussterben einer bestimmten Blütenpflanze mit abführenden Eigenschaften.

Die neueste bevorzugte These, die zum ersten Mal 1979 von Dr. Luis de Alvarez vorgestellt wurde, besagt, daß ein riesiger Asteroid auf die Erdoberfläche geschlagen sei und dadurch monströse Erdbeben, immense Sprungfluten, riesige Brände und – noch schlimmer – dichte Wolken aus Steinstaub, Rauch, Erde und verdunstetem Wasser verursacht habe, die sich bis in die Stratosphäre ausgedehnt hätten, die Sonne verdunkelten und Umstände erzeugt hätten, die einem »nuklearen Winter« ähneln: kein Sonnenlicht, ein katastrophaler, globaler Temperatursturz und den Tod der meisten Pflanzen einschließlich des überaus wichtigen Planktons im Ozean, der Basis der Nahrungskette.

Diese Theorie wurde während der achtziger Jahre weitestgehend akzeptiert. Jetzt sind jedoch Gegner aufgetaucht, und sie wird ernsthaft bezweifelt.

Die Wahrheit ist, daß scheinbar *keine* dieser Theorien *alle* komplizierten Details des »Großen Sterbens im Kreidezeitalter« hinreichend erklären kann. Man könnte genauso vermuten, wie es Clifford D. Simak einst tat, daß hungrige außerirdische Wesen die Dinosaurier *fraßen*, oder wie Isaac Asimov behaupten, daß jene intelligenten und habgierigen kleinen Dinosaurier, die wir erwähnten, die *Sauronithoiden* und ihresgleichen, das Gewehr erfunden und ihre größeren und dümmeren Verwandten bis zur Ausrottung gejagt hätten, um dann den Krieg zu erfinden und sich gegenseitig umzubringen.

Es wäre interessant, darüber zu mutmaßen, wie die Welt heute aussähe, wenn die Dinosaurier *nicht* ausgestorben wären. Professor Carl Sagan von der Cornell Universität hat geschrieben: »Wenn die Dinosaurier nicht ausgestorben wären, könnten die Nachfahren der *Sauronithoiden* heute die dominente Lebensform auf der Erde sein, die schreiben und Bücher lesen und darüber spekulieren würden, was geschehen wäre, wenn sich die Säugetiere durchgesetzt hätten?«

Und wäre der Titel dieses Buches dann… *Säugetiere*?

Wer weiß. Aber wir können froh sein, daß die Dinge so sind, wie sie sind.

(Ins Deutsche übertragen von August W. Krüger)

Das Gesicht der Bestie

L. Sprague de Camp

L. Sprague de Camp gehört zu jenen herausragenden Persönlichkeiten, deren Karriere die gesamte Entwicklung der modernen Fantasy- und Science-fiction-Dichtung umspannt. In den späten dreißiger Jahren arbeitete er daran mit, einen völlig neuen Stil der Fantasyliteratur zu kreieren, dessen prominentester Vertreter er noch immer ist: witzig, absonderlich und respektlos. Zu seinen berühmtesten Büchern gehören Vorgriff auf die Vergangenheit, The Incomplete Enchanter *(mit Fletcher Pratt) und* Das Orakel der Fremden. *Sein jüngstes Buch ist* Die Gebeine von Zora, *ein Roman, den er zusammen mit seiner Frau Catherine Crook de Camp geschrieben hat.*

Die folgende, brillante Story ist eine der unwiderstehlichsten und überzeugendsten Dinosauriergeschichten, die jemals geschrieben wurden. L. Sprague de Camp zeigt uns darin, daß sich selbst der perfekteste Profi nicht auf alle möglichen Vorkommnisse einstellen kann.

* * *

Nein, es tut mir wirklich leid, Mr. Seligman. Zur Jagd auf die Dinosaurier des späten Mesozoikums kann ich Sie nicht mitnehmen.

Ja, ich weiß, was in der Anzeige steht.

Wieso nicht? Wieviel wiegen Sie denn? Hundertdreißig Pfund? Mal sehen, das ist weniger als zehn Stone. Und das ist meine unterste Grenze.

Wissen Sie, ich könnte Sie ja in andere Perioden mitnehmen. Ich bringe Sie in jede Zeit des Känozoikums. Oder ich verschaffe Ihnen einen Schuß auf ein Enteleodont oder ein Uintatherum. Die haben wirklich schöne Köpfe.

Ich würde sogar ein Auge zudrücken und Sie mit ins Pleistozän nehmen. Da könnten Sie es mit einem Mammut oder einem Mastodon versuchen.

Oder ich bringe Sie ins Trias, wo Sie einen der kleineren Urdinosaurier schießen können. Aber ins Jura oder in die Kreidezeit werde ich Sie jedenfalls nicht mitnehmen. Dafür sind Sie zu klein.

Was Ihre Größe damit zu tun hat? Sehen Sie, alter Knabe, haben Sie schon mal daran gedacht, womit Sie Ihren Dinosaurier schießen?

Ach, haben Sie nicht, oder?

Gut, warten Sie eine Sekunde... Hier: mein eigenes, privates Gewehr für diese Arbeit. Eine 600er-Continental. Sieht aus wie eine Schrotflinte, nicht? Aber sehen Sie einfach mal durch die Läufe. Wird mit zwei 600er-Nitro-Express-Patronen geladen. Die haben die Größe von Bananen. Das Ding wiegt vierzehneinhalb Pfund, hat eine Mündungsenergie von siebentausend Fuß-Pfund und kostet vierzehnhundertfünfzig Dollar. Ganz schön für ein Gewehr, was?

Ich habe einige in Reserve, die ich an die Sahibs verleihe. Die werden für die Elefantenjagd gebaut. Nicht, um sie zu verwunden, sondern damit sie sich überschlagen. Deshalb bauen sie solche Gewehre nicht in Amerika, obwohl ich vermute, daß sie es tun werden, wenn weiter Jagdgesellschaften in der Zeit zurückreisen.

Also, ich führe Jagdgesellschaften seit zwanzig Jahren. Ich habe sie in Afrika geführt, als es dort noch Wild außerhalb der Reservate gab. Und in der ganzen Zeit habe ich keinen Mann Ihrer Größe kennengelernt, der mit einer Sechs-Null-Null umgehen konnte. Die hat einen enormen Rückstoß; selbst wenn Sie auf den Füßen bleiben, sind Sie so entsetzt von dieser gewaltigen Kanone, daß Sie nach ein paar Schüssen kneifen. Und das Gewehr wäre Ihnen auch zu schwer, um es in der rauhen Gegend des Mesozoikums herumzuschleppen. Macht Sie einfach fertig.

Ja, es stimmt schon, daß ein Haufen Leute Elefanten mit leichteren Gewehren getötet hat: zum Beispiel mit 500ern, 475ern und 465ern-Doppelläufigen, oder selbst mit 375er-Magnum-Repetiergewehren. Der Unterschied ist, mit einer 375er muß man tödlich treffen, und zwar möglichst das Herz. Man kann sich nicht auf die reine Schlagkraft verlassen.

Ein Elefant wiegt so um die vier bis sechs Tonnen. Aber Sie haben vor, riesige Reptilien zu schießen. Die wiegen das zwei- oder dreifache eines Elefanten. Und die sind entschieden zäher. Genau darum hat das Syndikat beschlossen, niemanden mehr mit auf die Dinosaurierjagd zu nehmen, der nicht mit einer 600er umgehen kann. Wir haben das auf die harte Tour gelernt, wie ihr Amerikaner sagt. Es hat unglückliche Zwischenfälle gegeben.

Ich werd's Ihnen erzählen. Es ist nach fünf. Zeit, den Laden dichtzumachen. Warum halten wir nicht unterwegs an einer Bar, und ich erzähle Ihnen meine Geschichte?

...Es war ungefähr die fünfte Safari, die der Radscha und ich in die Vergangenheit machten. Der Radscha? Oh, er ist die andere Hälfte von Rivers & Aiyar. Ich nenn' ihn den Radscha, weil er der Thronfolger von Janpur ist. Hat heute nichts mehr zu sagen, klar. Lernte ihn in Indien kennen und traf ihn dann in New York wieder, wo er die indische Touristenagentur betrieb. Der dunkle Kerl auf dem Photo in meinem Büro, der mit dem Fuß auf dem toten Säbelzahntiger.

Also, der Radscha lebte davon, Prospekte vom Tadsch Mahal unter die Leute zu bringen, und wünschte sich nichts mehr, als mal wieder auf die Jagd zu gehen. Ich war ohne feste Arbeit. Und damals hörten wir dann von Professor Prochaskas Zeitmaschine an der Washingtoner Universität.

Wo der Radscha jetzt ist? Er ist auf Safari im frühen Oligozän, hinter einem Titanotherum her, während ich mich hier um den Laden kümmere. Wir wechseln uns ab, aber die ersten paar Male zogen wir zusammen los.

Jedenfalls, wir nahmen das nächste Flugzeug nach St. Louis. Üblerweise mußten wir feststellen, daß wir nicht die ersten waren. Gott, nein! Es gab andere Jagdführer und jede Menge Wissenschaftler, von denen jeder seine eigene Idee hatte, was man mit der Maschine anfangen solle.

Die Historiker und Archäologen schoben wir gleich zu Anfang ab. Anscheinend taugt die Maschine nicht für Zeiten, die jünger sind als hunderttausend Jahre. Ab dann funktioniert sie allerdings bis zu einer Milliarde Jahre.

Wieso? Nun, ich bin kein vierdimensionaler Theoretiker; aber, soweit ich es verstehe, würde sich der Eingriff in die Zeit vor hunderttausend vor Christus sonst auf unsere eigene Geschichte auswirken. Das wäre ein Paradoxon oder ein Widerspruch der Tatsachen. Wissen Sie, in einem gutgewölbten Universum kann man das nicht gebrauchen.

Aber so ungefähr ab dem Zeitpunkt, ein bißchen früher oder später, verlieren sich die Einflüsse der Expeditionen im Strom der Zeit, bevor die menschliche Geschichte beginnt. Und, wenn eine Vergangenheitsspanne einmal besucht wurde, sagen wir mal, der Monat Januar, eine Million Jahre vor Christus, kann man diese Spanne nicht wieder benutzen und noch einmal eine Gesellschaft dorthin schicken. Sonst wird es wieder paradox.

Der Professor macht sich darum trotzdem keine Gedanken. Bei einer Milliarde Jahre, die er ausbeuten kann, werden ihm die Zeitalter nicht so bald ausgehen.

Das andere Limit der Maschine ist ihre Größe. Aus technischen Gründen hat Prochaska die Transitionskammer nur so groß gebaut, daß sie gerade vier Männer mit ihrer persönlichen Ausrüstung und den Kammermaschinisten aufnehmen kann. Größere Gesellschaften müssen in Etappen losgeschickt werden. Aus dem Grund ist es auch ziemlich unpraktisch, Jeeps, Boote, Flugzeuge oder sonstige motorisierten Fortbewegungsmittel mitzunehmen.

Andererseits, wenn man in Zeiten ohne menschliche Wesen reist, kann man nicht hundert eingeborene Träger zusammentrommeln, die mitlaufen und die Ausrüstung auf ihren Köpfen tragen. Also nehmen wir gewöhnlich eine Reihe kleiner Packesel mit, Burros, wie wir sie hier nennen. Natürliche Nahrung findet man in fast allen Zeiten, so daß man eigentlich hingehen kann, wo man will.

Wie gesagt, jeder hatte seine eigene Idee, wie die Maschine zu nutzen wäre. Die Forscher rümpften ihre Nasen über uns Jäger. Sie sagten, es wäre ein Verbrechen, die Zeit der Maschine zu verschwenden, um damit unserem sadistischen Vergnügen Vorschub zu leisten.

Wir waren anderer Meinung. Die Maschine kostet runde dreißig Millionen. Ich nehme an, das Geld kam vom Rockefeller Board und solchen Leuten, aber das wurde nur für die Konstruktion berechnet, nicht für die Betriebskosten. So ist das mit wissenschaftlichen Projekten – mehr als ein paar Dollar sind selten für solche Sachen übrig.

So, wir Jagdführer bieten etwas für Leute mit Geld, eine Spezies, mit der Amerika anscheinend ganz gut ausgestattet ist. Soll keine Beleidigung sein, alter Knabe. Die meisten von denen können sich jedenfalls die Summe für eine Reise in die Vergangenheit ganz gut leisten.

Auf diese Weise konnten wir helfen, den Betrieb der Maschine zu finanzieren. Natürlich unter der Voraussetzung, daß wir nachher einen angemessenen Teil ihrer Zeit zugestanden bekamen. Und so gründeten die Jagdführer am Ende ein Syndikat mit acht Mitgliedern – eines der acht ist die Agentur Rivers & Aiyar – um die Nutzungszeit der Maschine unter sich aufzuteilen.

Wir hatten von Anfang an Hochbetrieb. Unsere Frauen – die vom Radscha und meine – machten uns eine Zeitlang die Hölle heiß. Sie hatten gehofft, uns nie wieder mit Löwen und solchen Biestern teilen zu müssen, als es mit dem Wildbestand in unserer Zeit zu Ende war. Sie wissen, wie Frauen sind. Aber die Jagd ist nicht wirklich gefährlich, wenn man einen kühlen Kopf behält und seine Vorsichtsmaßnahmen trifft.

Auf der fünften Expedition hatten wir zwei Sahibs zu betreuen. Beide Amerikaner in den Dreißigern, beide körperlich fit, und beide solvent. Ansonsten waren sie so unterschiedlich wie nur eben möglich.

Courtney James war das, was ihr Kerle einen Playboy nennt: ein reicher, junger Bursche aus New York, der immer seinen eigenen Weg gegangen war. Und der nicht einsah, warum dieser angenehme Zustand nicht so bleiben sollte. Ein Kerl wie ein Schrank, fast so groß wie ich, aber er begann fett zu werden. Er war zum vierten Mal verheiratet. Als er bei mir im Büro auftauchte, hatte er ein blondes Flittchen dabei, der »Modell« auf die Stirn geschrieben stand. Ich nahm an, sie wäre die vierte Mrs. James.

»Miss Bartram«, berichtigte sie mich mit verlegenem Kichern.

»Sie ist nicht meine Frau«, erklärte James, »meine Frau ist in Mexiko, ich glaube, um sich von mir scheiden zu lassen. Aber mein Hase hier würde gern mit uns kommen –«

»Es tut mir leid«, sagte ich, »aber Ladies sind nicht mit von der Partie. Vor allem nicht, wenn es ins späte Mesozoikum geht.«

Das war nicht unbedingt wahr, aber ich dachte, daß wir bei dieser Reise in eine wenig bekannte Fauna schon genug Risiken eingingen. Private Affären würden einen da nur behindern. Nichts gegen Sex, verstehen Sie. Großartige Einrichtung und so, nur nicht, wenn das Ganze mein Leben beeinträchtigen kann.

»Vergiß es, Mann«, sagte James, »wenn sie mit will, kommt sie mit. Sie läuft Ski und steuert mein Flugzeug, warum sollte sie nicht –«

»Das ist gegen unsere Prinzipien«, sagte ich.

»Sie wird uns auf der Saurierjagd nicht in die Quere kommen«, sagte er.

»Nein, tut mir leid.«

»Verdammt!« sagte er und wurde rot. »Schließlich zahle ich Ihnen eine beträchtliche Summe, und ich habe ein Recht darauf, mitzunehmen, wen immer ich will.«

»Wenn Sie darauf aus sind, daß ich gegen meine Prinzipien verstoße«, sagte ich, »dann suchen Sie sich einen anderen Führer.«

»Gut, das werde ich tun«, sagte er. »Und ich werde allen meinen Freunden erzählen, daß Sie ein gottverdammter –« Nun, er sagte einen Haufen Sachen, die ich hier nicht wiederholen will, bis ich ihm klarmachte, daß ich ihn rausschmeißen würde, wenn er nicht freiwillig den Abgang machte.

Ich saß im Büro und dachte traurig über den schönen Batzen Geld nach, den James mir gezahlt hätte, wenn ich nicht so halsstarrig gewesen wäre, als mein anderes Lamm hereinkam, ein gewisser August Holtzinger. Er war ein dünner, blasser Kerl mit Brille, höflich und förmlich. Holtzinger setzte sich auf die Kante eines Stuhls und sagte:

»Also, Mr. Rivers, denken Sie bitte nicht, ich mache Ihnen etwas vor. Ich bin wirklich kein Abenteurertyp, und vermutlich wird mir das Blut in den Adern gefrieren, wenn ich einen Dinosaurier zu Gesicht bekomme. Aber ich bin fest entschlossen, mir einen Dinosaurierkopf über den Kamin zu hängen, selbst wenn ich bei der Jagd sterben sollte.«

»Die meisten bekommen es beim ersten Mal mit der Angst zu tun«, beruhigte ich ihn, »obwohl es nichts bringt, sie zu zeigen.« Und Stück für Stück zog ich ihm seine Geschichte aus der Nase.

Während James sich immer schon im Smoking auf irgendwelchen Galas herumgetrieben hatte, war Holtzinger erst kürzlich zu einigem Geld gekommen. Er hatte ein kleines Geschäft hier in St. Louis. Als er gerade aus dem Gröbsten heraus war, gab irgendwo ein Onkel seinen Löffel ab und hinterließ dem kleinen Augie ein Vermögen.

Holtzinger hatte sich verlobt und war gerade dabei, ein Haus zu bauen. Wenn es fertig wäre, würden sie heiraten und dort einziehen. Für die Einrichtung hätte er gern den Kopf eines Ceratopsiden über dem Kamin gehabt. Wissen Sie, das sind die mit dem großen, gehörnten Kopf, diesem Maul wie ein Papageienschnabel und dem Nackenschild. Man muß es sich zweimal überlegen, ob man so einen aufhängt. Wenn man einen sieben Fuß großen Triceratops in ein kleines Wohnzimmer packt, ist wahrscheinlich kein Platz mehr übrig für irgend etwas anderes.

Darüber sprachen wir gerade, als eine junge Frau hereinkam: ein ziemlich durchschnittlich aussehendes Mädchen in den Zwanzigern, das heulte wie der sprichwörtliche Schloßhund.

»Augie!« schluchzte sie. »Du kannst das nicht machen. Du darfst es nicht. Du wirst umkommen.« Sie warf sich ihm an den Hals und sagte zu mir:

»Mr. Rivers, Sie dürfen ihn nicht mitnehmen. Er ist alles, was ich habe. Er ist diesen Anstrengungen nicht gewachsen.«

»Meine liebe junge Frau«, sagte ich, »ich will Ihnen keinen Kummer bereiten. Aber es ist an Mr. Holtzinger, selbst zu entscheiden, ob er meine Dienste in Anspruch nimmt oder nicht.«

»Es hat keinen Zweck, Claire«, sagte Holtzinger. »Ich werde gehen, auch wenn ich vermutlich jede Minute hassen werde.«

»Was soll das, alter Knabe?« sagte ich. »Wenn es Ihnen soviel ausmacht, warum wollen Sie die Reise dann unternehmen? Haben Sie eine Wette verloren oder so was?«

»Nein«, sagte Holtzinger. »Es ist so. Ich bin ein völlig durchschnittlicher Kerl, weder brillant noch groß noch stark oder ansehnlich. Ich bin einfach nur ein gewöhnlicher Geschäftsmann aus dem Mittelwesten. Sie würden mich selbst beim Rotary-Lunch nicht bemerken. Ich passe mich vollkommen an.

Aber das bedeutet nicht, daß ich zufrieden bin. Ich habe mich immer danach gesehnt, ferne Kontinente zu bereisen und große Dinge zu tun. Ich wäre gern ein Abenteurer, der Frauen bezaubert. Wie Sie, Mr. Rivers.«

»Ach, kommen Sie«, sagte ich. »Professionelles Jagen mag Ihnen bewundernswert erscheinen, aber für mich ist es nur ein Job.«

Er schüttelte den Kopf.

»Nein. Sie wissen schon, was ich meine. Gut, jetzt habe ich dieses Vermögen geerbt. Ich könnte mich zur Ruhe setzen und für den Rest meines Lebens Bridge und Golf spielen. Und so tun, als würde ich mich nicht langweilen. Aber ich habe mir vorgenommen, etwas zu machen, das Farbe in mein Leben bringt, wenigstens ein einziges Mal. Und weil es heute keine richtige Großwildjagd mehr gibt, werde ich einen Dinosaurier schießen und mir seinen Kopf über den Kamin hängen. Selbst wenn es das Letzte ist, was ich tue. Sonst werde ich niemals glücklich sein können.«

Also, Holtzinger und sein Mädchen stritten sich, aber er gab nicht nach. Sie ließ mich schwören, daß ich nach bestem Wissen und Gewissen auf ihren Augie aufpassen würde, bevor sie uns schniefend verließ. Als auch Holtzinger gegangen war, kam niemand anderes als mein übelgelaunter Freund Courtney James herein. Er entschuldigte sich für seine Beleidigungen, obwohl er alles in allem nicht gerade zu Kreuze kroch.

»Schlechte Laune ist ein Fremdwort für mich«, sagte er, »außer wenn Leute nicht mit mir zusammenarbeiten wollen. Dann spiele ich manchmal ein wenig verrückt. Aber wenn man mit mir zusammenarbeitet, ist es nicht schwer, mit mir auszukommen.«

Mir war klar, was er mit »Zusammenarbeiten« meinte. Für ihn bedeutete das, daß alles nach seiner Pfeife tanzte. Ich wechselte das Thema.

»Was ist mit Miss Bartram?« fragte ich.

»Wir hatten Krach«, sagte er. »Ich habe die Schnauze voll von Frauen. Wenn Sie nicht mehr sauer auf mich sind, lassen Sie uns unser Gespräch dort fortsetzen, wo wir aufgehört haben.«

»In Ordnung«, sagte ich. Geschäft ist Geschäft.

Der Radscha und ich beschlossen, gemeinsam auf Safari zu gehen: fünfundachtzig Millionen Jahre zurück, in die Frühe Obere Kreide, oder, wie es manche amerikanischen Geologen nennen, die Mittlere Kreide. Das ist so ziemlich die beste Periode für Dinosaurier in Missouri. Man wird in der Späten Oberen Kreide zwar größere Exemplare einiger Gattungen finden, aber die Zeit, in die wir reisen wollten, bietet eine breitere Auswahl an Varianten.

Nun, zu unserem Equipment: der Radscha und ich hatten jeder eine 600er-Continental, so eine wie die, die ich Ihnen gezeigt habe, und einige kleinere Gewehre. Zu der Zeit hatten wir noch nicht soviel Kapital zusammen. Wir hatten noch keine 600er in Reserve, um sie zu verleihen.

August Holtzinger sagte, er würde sich eins der anderen Gewehre leihen, weil er davon ausging, daß dies seine einzige Safari bleiben würde. Es gibt keinen Grund, über tausend Dollar für ein Gewehr auszugeben, mit dem man nur ein paarmal schießen wird. Aber weil wir keine 600er in Reserve hatten, mußte er sich entscheiden, ob er sich so eins kaufen oder eine von unseren kleineren leihen wollte.

Wir fuhren hinaus aufs Land und bauten eine Zielscheibe auf, damit er die 600er ausprobieren konnte. Holtzinger legte an und schoß. Er verfehlte, und wie. Der Rückstoß legte ihn flach auf den Rücken. Als er aufstand, war er blasser als je zuvor. Als er mir das Gewehr zurückgab, sagte er:

»Puh, ich glaube, ich versuche es besser mit etwas Kleinerem.«

Als der Schmerz in seiner Schulter nachgelassen hatte, ließ ich ihn das ganze mit kleineren Büchsen wiederholen. Er fand Gefallen an meiner Winchester 70, die mit einer Kammer für 375er-Magnum-Patronen versehen ist. Ein exzellentes Allround-Gewehr, optimal für große Katzen und Bären, aber ein wenig zu leicht für Elefanten und wesentlich zu leicht für Dinosaurier. Ich hätte mich nicht darauf einlassen sollen, aber ich war in Eile. Es hätte vielleicht Monate gedauert, eine neue 600er für ihn anfertigen zu lassen. James hatte bereits ein Gewehr, ein doppelläufiges 500er Jagdgewehr Marke Holland & Holland, das fast in einer Klasse mit der 600er liegt.

Beide Sahibs hatten schon ein wenig Schießerfahrung, so daß ich mir keine Sorgen über ihre Treffsicherheit machte. Dinosaurierschießen ist keine Sache von Zielsicherheit, sondern hat vor allem mit Urteilsvermögen und präziser Koordination zu tun, zum Beispiel also, daß man nicht aus Versehen in irgendwelche Löcher fällt oder auf zu kleine Bäume klettert, von denen einen der Saurier ohne großes Federlesen herunterpflückt.

Leute, die es gewohnt sind, Säugetiere zu jagen, versuchen manchmal, Dinosaurier ins Gehirn zu schießen. Das ist das Dümmste, was man machen kann, weil Dinosaurier keins haben. Um genau zu sein, sie haben einen kleinen Gewebeknoten von der Größe eines Tennisballs am vorderen Ende ihres Rückgrats. Wie soll man den treffen, wenn er in einen Sechs-Fuß-Schädel eingebettet ist?

Die einzige wichtige Regel bei Dinosauriern ist: man muß es immer mit einem Herzschuß versuchen. Sie haben große Herzen, die bei den größten Arten über hundert Pfund wiegen. Ein paar 600er-Kugeln ins Herz wird sie zumindest verlangsamen. Daß die Geschosse den Fleischberg durchdringen, ist das ganze Problem.

Also, wir erschienen an einem regnerischen Morgen in Prochaskas Laboratorium: James und Holtzinger, der Radscha und ich, unser Tierführer Beauregard Black, drei Gehilfen, ein Koch und zwölf Esel.

Die Transitionskammer ist ein winziges Kabuff mit den Ausmaßen eines kleinen Fahrstuhls. Normalerweise lasse ich den Männern mit den Gewehren den Vortritt. Es könnte ja der Fall sein, daß ein hungriger Theropod neben der Maschine steht, wenn sie ankommt. Also drängten sich die beiden Sahibs, der Radscha und ich mit unseren Gewehren und dem Gepäck in die Kammer. Der Maschinenführer quetschte sich nach uns herein, schloß die Tür und fummelte an seinen

Instrumenten herum. Er stellte das Ding auf den vierundzwanzigsten April fünfundachtzig Millionen Jahre vor Christus ein und drückte den roten Knopf. Das Licht erlosch, und die Kammer blieb nur von einer kleinen batteriebetriebenen Lampe beleuchtet. James und Holtzinger sahen ziemlich grün aus, aber das mag an der Beleuchtung gelegen haben. Der Radscha und ich kannten das alles schon, also machten uns die Vibrationen und das Schwindelgefühl nichts aus.

Die kleinen, sich drehenden schwarzen Zeiger der Instrumente wurden langsamer und blieben stehen. Der Maschinenführer beobachtete sein Grundpegelmeßgerät. Er drehte am Handrad, das die Kammer so weit anhob, daß wir nicht unter der Erdoberfläche ankamen. Dann drückte er einen anderen Knopf, worauf sich die Tür öffnete.

Auch wenn ich ihn schon oft getan habe, beim ersten Schritt in eine vergangene Zeit überkommt mich immer ein entsetzliches Schaudern. Die Kammer befand sich einen Fuß über dem Boden, und ich sprang mit schußbereitem Gewehr hinab. Die anderen folgten.

»Alles klar«, sagte ich zum Maschinenführer, und er schloß die Tür. Die Kammer verschwand, und wir sahen uns um. Dinosaurier waren nirgends in Sicht, nur Eidechsen.

In dieser Periode materialisiert sich die Kammer auf der Spitze einer steinigen Anhöhe. Von dort kann man in alle Richtungen sehen, so weit, wie der Dunst es zuläßt. Im Westen erkennt man den Ausläufer des Kansassees, der sich weit hinüber nach Missouri zieht, und den großen Sumpf am Kopf der Bucht, dort, wo die Sauropoden leben.

Im Norden liegt eine niedrige Hügelkette, die der Radscha die Janpur-Berge genannt hat, nach dem indischen Königreich, das seine Vorfahren einst regiert haben. Im Osten erhebt sich das Land zu einem Plateau, das ideal für Ceratopsiden ist, während der Süden eine flache Gegend mit weiteren Sauropoden und einer Menge Ornithopoden ist: Schnabelsaurier und Iguanodon.

Das Schönste an der Kreidezeit ist das Klima: mild wie auf den Südseeinseln, aber nicht so schwül wie die Klimaverhältnisse des Jura. Es war Frühling, und überall blühten die Zwergmagnolien.

Die Sache mit dieser Landschaft ist, daß ziemlich hoher Niederschlag mit einer offenen Pflanzendecke verbunden ist. Das heißt, die Gräser haben sich noch nicht bis zu dem Punkt entwickelt, wo sie feste Teppiche über dem Boden bilden. Also ist die Erdoberfläche dicht mit Lorbeer, Sassafras und anderen Sträuchern bedeckt, mit nichts als nackter Erde dazwischen. Überall gibt es Palmetto- und Farndikkichte. Der Hügel wird von Cycadeen gesäumt, von Bäumen, die so ähnlich wie Palmen aussehen. In der Ebene gibt es noch mehr Cycadeen und Weiden, während das Hochland von Schraubenbäumen und Ginkgos bedeckt ist.

Nun, ich bin kein verdammter Dichter – der Radscha schreibt das Zeug, nicht ich. Aber einen schönen Anblick weiß ich schon zu schätzen.

Einer der Gehilfen kam mit zwei von den Eseln aus der Maschine und machte sie fest. Ich sah durch den Dunst und atmete die frische Luft ein, als hinter mir ein Gewehr losging – Bang! Bang!

Ich wirbelte herum: Da stand Courtney James mit seiner 500er, während ein Ornithomimum gerade wegrannte, um sich ein Versteck zu suchen. Die Ornithomimen sind mittelgroße Landdinosaurier, schmale Dinger mit einem langen Hals und langen Beinen, wie die Kreuzung zwischen einer Eidechse und einem Strauß. Diese Art ist ungefähr sieben Fuß hoch und wiegt etwa soviel wie ein Mensch. Das Vieh war aus dem nächsten Wäldchen gekommen, und James hatte voll drauf gehalten und es dabei auch noch verfehlt.

Ich war außer mir, weil schießwütige Sahibs für eine Jagdgesellschaft die gleiche Bedeutung darstellen wie ein Theropod. Ich brüllte:

»Verdammter Idiot! Habe ich Ihnen nicht gesagt, daß Sie nicht ohne meine Erlaubnis schießen sollen?«

»Wann ich mein Gewehr abfeuere, entscheide ich immer noch selbst«, sagte er.

Wir hatten einen Mordskrach, bis Holtzinger und der Radscha uns beschwichtigten. Ich erklärte:

»Sehen Sie, Mr. James, ich habe einen guten Grund, mich aufzuregen. Wenn Sie Ihre Munition verschossen haben, bevor der Trip zu Ende ist, können Sie Ihr Gewehr im Notfall nicht mehr gebrauchen, weil es das einzige mit diesem Kaliber ist. Wenn Sie beide Läufe auf ein unwichtiges Ziel verballern, wie wollen Sie dann nachladen, wenn plötzlich ein großer Theropod angreift. Außerdem ist es kein Sport, aus reinem Spaß an der Ballerei alles Bewegliche aufs Korn zu nehmen. Haben Sie mich verstanden?«

»Ja, ja, ich denke schon«, sagte er.

Der Rest der Gesellschaft kam aus der Maschine, und wir bauten unser Lager in sicherer Entfernung vom Materialisierungsplatz auf. Erst einmal ging es darum, frisches Fleisch zu schießen. Für eine solche Drei-Wochen-Safari kalkulieren wir die Essensvorräte knapp. Gerade so, daß wir mit Büchsenzeug und Fertigprodukten auskommen können. Aber wir gehen davon aus, daß wir mindestens ein Stück Wild erlegen. Wenn das erledigt ist, gehen wir für ein paar Tage richtig auf die Jagd. Einige Tage, bevor sich die Kammer wieder materialisieren soll, kommen wir zurück zum Hauptlager.

Holtzinger wollte, wie gesagt, einen Dreihornsaurierkopf, egal von welcher Gattung. James bestand auf einem ganz bestimmten Kopf: er wollte einen Tyrannosaurus. Jeder würde dann denken, er hätte das gefährlichste Wild aller Zeiten geschossen.

Tatsache ist allerdings, daß der Tyrannosaurus überschätzt wird. Er ist eher ein Aasfresser als ein echtes Raubtier, obwohl er Sie sich schnappen wird, wenn er die Gelegenheit dazu bekommt. Er ist nicht so gefährlich wie einige der anderen Theropoden – die Fleischfresser, wissen Sie –, so wie zum Beispiel der kleinere Gorgosaurus. Aber jeder hat etwas über den Echsentyrann gelesen, und er hat den größten Kopf von allen Theropoden.

Ich rede nicht von dem Rex, der erst viele Jahrtausende später kommt, sondern vom Trionyches, dessen Vorderbeine noch nicht so verkürzt sind. Trotzdem sind sie zu klein, als daß das Untier etwas anderes damit anfangen könnte, als sich nach dem Fressen mit ihnen in den Zähnen herumzustochern.

Am frühen Nachmittag war das Lager bereits aufgeschlagen, also nahmen der Radscha und ich die Sahibs mit auf die erste Jagd. Wir kannten die Gegend schon von vorhergegangenen Expeditionen.

Für die Dinosaurierjagd haben wir eine besondere Methode ausgearbeitet. Wir teilen uns in zwei Gruppen mit jeweils zwei Männern. Der Sahib geht voran, während der Führer folgt und sagt, wo es langgeht. Wir erzählen den Sahibs, daß wir sie vorgehen lassen, damit sie den ersten Schuß haben. Gut, das stimmt schon, aber ein weiterer Grund ist, daß sie dauernd stolpern und fallen, und das mit entsichertem Gewehr. Wenn der Führer vorausginge, könnte er sich eine Kugel einfangen.

Der Grund für die Aufteilung in zwei Gruppen besteht darin, daß, wenn der Dinosaurier sich auf die eine stürzt, die andere die Chance auf einen guten Herzschuß von der Seite bekommt.

Während wir unterwegs waren, hörten wir das übliche Rascheln der hastig verschwindenden Eidechsen. Kleine Kerle, schnell wie der Blitz und bunt wie die Juwelen bei Tiffanys. Und große Graue, die einen anzischen, wenn sie davontrotten. Wir sahen Schildkröten und ein paar kleine Schlangen. Vögel mit zahnbewehrten Schnäbeln flatterten davon. Über allem lag die milde Luft der Kreidezeit. Die bringt einen so weit, daß man sich am liebsten ausziehen und mit Weinblättern im Haar herumtanzen möchte, wenn Sie verstehen, was ich meine!

Unsere Sahibs bemerkten bald, daß das mesozoische Land von Nullahs – Sie würden sagen: Gräben – durchzogen ist. Sich dort fortzubewegen ist ein einziges Klettern, rauf und runter, runter und rauf.

Wir waren eine Stunde gekraxelt, und den Sahibs hingen die Zungen aus dem Hals, als der Radscha pfiff. Er hatte eine Gruppe von Knochenköpfen ausgemacht, die Cycadeentriebe abweideten.

Es sind Troödons, kleine Ornithopoden, ungefähr so groß wie ein Mann. Sie haben eine Beule auf der Stirn, die sie fast intelligent aussehen läßt. Das hat nichts zu sagen, denn die Beule ist harter Knochen. Die Männchen stoßen sich damit gegenseitig, wenn sie um die Weibchen kämpfen.

Diese Burschen lassen sich auf alle viere nieder, fressen einen Schößling, dann stehen sie wieder auf und sehen sich um. Sie sind wachsamer als die meisten Dinosaurier, weil sie die Lieblingsbeute der großen Theropoden sind.

Manche Leute nehmen an, daß die Sinne der Dinosaurier getrübt sein müssen, weil sie so dumm sind. Aber das stimmt nicht. Einige, wie die Sauropoden, sind ziemlich schwerfällig, aber die meisten haben einen ausgeprägten Geruchssinn, scharfe Augen und ein anständiges Gehör. Ihre Schwäche liegt darin, daß sie, weil sie keinen Verstand haben, auch kein Gedächtnis besitzen. Also, aus den Augen, aus dem Sinn. Wenn ein großer Theropod nach Ihnen lechzt, ist die beste Verteidigung, sich in einem Nullah oder hinter einem Busch zu verstekken. Wenn er Sie weder sehen noch riechen kann, wird er einfach davonziehen.

Wir lauerten hinter einer Gruppe von Palmettos. Der Wind kam aus der Richtung der Knochenköpfe. Ich flüsterte James zu:

»Sie haben heute schon einen Schuß gehabt. Warten Sie, bis Holtzinger schießt, und dann schießen Sie nur, wenn er verfehlt oder wenn das Biest verwundet entkommen will.«

»Hmhm«, gab James zurück.

Er ging mit dem Radscha, während Holtzinger mit mir kam. Das wurde zu unserer normalen Aufteilung. James und ich gingen uns auf die Nerven. Der Radscha hingegen ist ein freundlicher, gefühlvoller Typ, bei dem man nicht anders kann, als ihn zu mögen.

Wir robbten um die Palmettogruppe, und Holtzinger erhob sich, um zu schießen. Sie sollten es nicht wagen, ein schwerkalibriges Gewehr im Liegen abzufeuern. Da haben Sie nämlich nicht genug Spielraum, um den Rückstoß abzufangen, und er würde Ihnen die Schulter brechen.

Holtzinger blickte an den letzten Palmettowedeln vorbei. Ich sah, wie seine Knarre hin und her schwankte. Dann nahm er das Gewehr runter und klemmte es sich unter den Arm, um seine Brille zu putzen.

In dem Moment knallte James' Gewehr, wieder beide Läufe.

Der größte Knochenkopf brach zusammen und wälzte sich zuckend auf dem Boden. Die anderen machten sich auf den Hinterbeinen in großen Sprüngen davon, mit zuckenden Köpfen und hochgestreckten Schwänzen.

»Sichern Sie Ihr Gewehr«, sagte ich zu Holtzinger, der vorgegangen war. Als wir zu dem Knochenkopf kamen, stand James über ihm, sah so selbstgefällig aus, als hätte er gerade eine weitere Million gescheffelt, und fragte den Radscha, ob er ein Photo von ihm mit der Beute machen würde.

Ich sagte: »Ich hatte gemeint, Sie sollten Holtzinger den ersten Schuß überlassen.«

»Zum Teufel, ich habe gewartet«, sagte er, »und er brauchte so lange, daß ich dachte, er hätte Lampenfieber bekommen. Wenn wir länger rumgestanden hätten, hätten sie uns gesehen oder gewittert.«

An dem, was er sagte, war etwas dran, aber die Art, wie er es sagte, brachte mich auf die Palme. Ich sagte: »Wenn so etwas noch einmal vorkommt, bleiben Sie das nächste Mal im Lager.«

»Nun aber mal halblang, meine Herren«, sagte der Radscha. »Außerdem, Reggie, sind es keine erfahrenen Jäger.«

»Was jetzt?« sagte Holtzinger. »Schleppen wir ihn ins Lager oder schicken wir die Boys?«

»Wir hängen ihn an die Stange«, sagte ich. »Er wiegt keine zweihundert Pfund.«

Die Stange war ein ausziehbares Aluminiumtragerohr, das ich in meinem Rucksack hatte. Sie hatte gepolsterte Tragegriffe an den Enden. Ich hatte sie mitgenommen, weil man sich in diesen Zeiten nicht darauf verlassen kann, an Ort und Stelle einen jungen Baum zu finden, dessen Stamm sich als Tragerohr verwenden läßt.

Der Radscha und ich nahmen den Knochenkopf aus, um ihn leichter zu machen, und banden ihn an die Stange. Die Fliegen ließen sich zu Tausenden auf den Innereien nieder. Die Wissenschaftler sagen, daß es keine richtigen Fliegen im modernen Sinne sind, aber sie sehen aus wie Fliegen und verhalten sich auch so. Es gibt eine riesige, vierflügelige Aasfliege, deren tiefes Brummen unverwechselbar klingt.

Den Rest des Nachmittags schwitzten wir abwechselnd unter der Stange. Die Eidechsen verzogen sich hastig bei unseren Schritten, und die Fliegen schwirrten um das tote Biest herum.

Kurz vor Sonnenuntergang waren wir zurück im Lager und fühlten uns, als könnten wir den ganzen Knochenkopf auf einmal verspeisen. Die Jungs hatten im Lager alles soweit klargemacht. Also setzten wir uns und genehmigten uns erst mal einen Whisky. Während der Koch Knochenkopfsteaks briet, kamen wir uns wie die Herren der Schöpfung vor.

Holtzinger sagte: »Hm, wenn ich einen Nashornsaurier töte, wie transportieren wir dann seinen Kopf?«

Ich erklärte: »Wenn der Boden es erlaubt, zurren wir ihn an einem speziellen Aluminiumrollrahmen fest und ziehen ihn damit ins Lager.«

»Wieviel wiegt so ein Kopf?« fragte er.

»Das hängt vom Alter und von der Art ab«, sagte ich. »Die größten wiegen mehr als eine Tonne, aber die meisten liegen zwischen fünfhundert und tausend Pfund.«

»Und ist der Boden überall so uneben, wie er heute war?«

»Fast überall«, sagte ich. »Offene Pflanzendecke und hoher Niederschlag, das sind die Ursachen. Die Erosion ist entsetzlich schnell.«

»Und wer zieht den Schlitten mit dem Kopf?«

»Jeder, der Hände hat«, sagte ich. »Um einen solchen Kopf zu ziehen, brauchen wir jedes Quentchen Muskel in dieser Truppe. Bei so einem Job kann keiner Däumchen drehen.«

»Oh«, sagte Holtzinger. Ich konnte sehen, daß er darüber nachdachte, ob ein Ceratopsidenkopf die Anstrengung wert wäre.

In den nächsten Tagen zogen wir durch die Gegend. Nichts, was es wert gewesen wäre zu schießen; nur eine Herde Ornithomimen, die davonsprangen wie ein Haufen Ballettänzer. Ansonsten überall nur die gewohnten Eidechsen, Pterosaurier, Vögel und Insekten.

Es gibt eine große netzflügelige Fliege, die Dinosaurier sticht. Sie können sich also vorstellen, daß ihr Stachel keine Probleme mit der Haut von Menschen hat. Eine davon ließ Holtzinger springen und tanzen, als sie ihn durch das Hemd stach. James machte sich über ihn lustig, indem er sagte:

»Was soll denn das Geschrei um so ein winziges Insekt?«

In der zweiten Nacht, während der Wache des Radschas, gab James einen Schrei von sich, der uns mit dem Gewehr in der Hand aus den Zelten trieb. Was passiert war, war dies: Eine Dinosaurierzecke war bei ihm reingekrabbelt und hatte angefangen, sich in seiner Achselhöhle einzubohren. Weil der Blutsauger so schon daumengroß ist, war sein Schreck verständlich. Glücklicherweise hatte er sie erwischt, bevor sie ihn hatte anzapfen können. James hatte Holtzinger ziemlich auf den Arm genommen, und jetzt wiederholte dieser seine Worte:

»Was soll denn das Geschrei um so ein winziges Insekt?«

Grunzend zerquetschte James die Zecke unter seinem Fuß. Es gefiel ihm nicht besonders, daß er seinen Spruch auf diese Weise zurückgereicht bekam.

Wir packten zusammen und brachen zu unserer Rundreise auf. Wir beabsichtigten, die Sahibs zuerst in die Sauropodensümpfe zu bringen. Eher, um ihnen die Wildnis zu zeigen, als um Jagdtrophäen zu erbeuten.

Von dem Punkt, an dem sich die Transportkammer materialisiert, sieht es aus, als wären es nur einige Stunden Marsch bis zu den Sauropodensümpfen. Tatsächlich braucht man einen ganzen Tag für die Tour. Der erste Teil ist leicht, weil es bergab geht und das Dickicht nicht undurchdringlich ist. Dann, wenn man den Sümpfen näher kommt, wachsen die Cycadeen und Weiden so dicht, daß man sich seinen Weg hindurchschlängeln muß.

Ich führte die Gesellschaft zu einem sandigen Hügel am Saum der Sümpfe, der ziemlich karg bewachsen war und einen guten Ausblick gewährte. Als wir dort ankamen, war die Sonne kurz davor, unterzugehen. Ein paar Krokodile glitten ins Wasser. Die Sahibs waren so müde, daß sie wie tot in den Sand fielen.

Dunstschwaden lagen über dem Sumpf, und die tiefrote Sonne war durch die Luftschichten sonderbar verzerrt. Eine hohe Wolkenschicht spiegelte das Rot und Gold der Sonne wider. Alles zusammen schuf eine Stimmung, über die der Radscha eines seiner Gedichte hätte schreiben können. Einige kleine Pterosaurier kreisten über uns wie Fledermäuse.

Beauregard Black entfachte ein Lagerfeuer. Wir machten uns an unsere Steaks. Die pagodenförmige Sonne glitt gerade hinter den Horizont, und etwas hinten in den Bäumen machte einen Lärm wie ein rostiges Scharnier. Ein Sauropod schnaufte abseits im Wasser. Das sind die wirklich Großen, wissen Sie. Die hören sich an, als ob Mutter Erde über die Untaten ihrer Kinder seufzen würde.

Die Sahibs sprangen auf und riefen: »Wo ist er? Wo ist er?«

Ich sagte: »Das schwarze Ding da im Wasser, dort drüben auf der linken Seite.«

Sie palaverten aufgeregt miteinander, während der Sauropod seine Lungen mit Luft füllte und verschwand.

»Ist das alles?« sagte James. »Mehr kriegen wir nicht von ihm zu sehen?«

Holtzinger sagte: »Ich habe gelesen, daß sie nie aus dem Wasser kommen, weil sie zu schwer sind, um sich an Land fortbewegen zu können.«

»Nein«, erklärte ich. »Sie können sehr gut laufen und gehen sogar recht oft an Land, zum Eierlegen zum Beispiel oder um sich von einem Sumpf zum nächsten zu bewegen. Aber die meiste Zeit verbringen sie im Wasser. Sie fressen jeden Tag achthundert Pfund Sumpfpflanzen. Deshalb ziehen sie vor sich hin mampfend über die Gründe von Seen und Sümpfen. Alle Viertelstunde strecken sie ihren Kopf zum Atmen aus dem Wasser. Es wird dunkel, also wird der Bursche bald herauskommen und sich an einer seichten Stelle schlafen legen.«

»Können wir einen schießen?« fragte James.

»Das würde ich nicht tun«, sagte ich.

»Warum nicht?«

Ich sagte: »Weil es keinen Grund dafür gibt. Erstens sind sie ziemlich unverwundbar. Sie sind sogar noch schwerer ins Gehirn zu treffen als andere Dinosaurier. Das liegt an der Art, wie ihr Kopf auf diesen langen Hälsen schwankt. Ihre Herzen befinden sich so tief in ihrem Körper, daß man sie nur mit unerhörtem Glück treffen kann. Wenn man einen im Wasser tötet, findet man ihn nicht wieder. Wenn man einen an Land tötet, hat man als Trophäe nur den kleinen Kopf. Man kann nicht das ganze Biest mit zurücknehmen, weil es dreißig Tonnen oder mehr wiegt, und wir haben keine Verwendung für dreißig Tonnen Fleisch.«

Holtzinger sagte: »Das Museum in New York hat einen.«

»Ja«, sagte ich. »Das Amerikanische Museum für Naturgeschichte sandte eine Gesellschaft von achtundvierzig Leuten mit einer Kaliber-Fünfzig-Kanone in die frühe Kreidezeit. Sie töteten einen Sauropod und verbrachten zwei volle Monate damit, den Kadaver zu häuten, auseinanderzuhacken und in die Zeitmaschine zu schleppen. Ich kenne den Kerl, der das Projekt leitete – der hat immer noch Alpträume, in denen er verfaulende Dinosaurier riecht. Sie mußten ein Dutzend große Theropoden umbringen, die von dem Gestank angezogen wurden. Die lagen dann auch herum und verrotteten. Und ungeachtet der großen Kanone fraßen die Theropoden drei Männer der Gesellschaft.«

Am nächsten Morgen, wir waren gerade mit dem Frühstück fertig, sagte einer der Helfer: »Sehen Sie, Mr. Rivers, dort drüben.«

Er zeigte am Ufer entlang. Da waren sechs große Schnabelsaurier, die im seichten Wasser weideten. Sie gehörten zur Gattung der Parasaurolophus, bei denen ein langes Horn aus dem Hinterkopf hervorsticht, das ein Hautlappen mit ihrem Nacken verbindet.

»Ruhe, verdammt noch mal!« sagte ich. Schnabelsaurier sind, weil sie wie die anderen Ornithopoden keinen Panzer haben, wachsame Biester. Sie fressen am Rande von Seen, und wenn ein Gorgosaurus aus dem Gebüsch jagt, tauchen sie ins Wasser und schwimmen davon. Wenn dann ein Phobosuchus, so eine Art Superkrokodil, im Wasser auf sie losgeht, fliehen sie ans Land. Eine aufregende Art zu leben, nicht wahr?

Holtzinger sagte: »Puh, Reggie! Ich habe darüber nachgedacht, was Sie über Ceratopsidenköpfe gesagt haben. Wenn ich einen von denen da drüben bekäme, wäre ich zufrieden. Der würde für mein Haus groß genug sein, oder?«

»Da bin ich mir sicher, alter Knabe«, sagte ich. »Passen Sie auf. Wir könnten einen Umweg machen, um uns dem Ufer zu nähern. Aber wir müßten uns durch eine halbe Meile Dreck und Dickicht durchackern, und dabei könnten sie uns hören. Oder wir schleichen uns an das Nordende dieser Sandgrube. Von dort sind es drei- oder vierhundert Yards – ein weiter Schuß, aber nicht unmöglich. Denken Sie, Sie würden es hinkriegen?«

»Hm«, sagte Holtzinger. »Mit Zielfernrohr und wenn ich mich hinknien kann – O. K., einen Versuch ist es wert.«

»Sie bleiben hier, Court«, sagte ich zu James. »Dies ist Augies Kopf, und ich will nicht wieder Ärger damit, daß Sie zuerst schießen.«

James grunzte, während Holtzinger das Zielfernrohr am Gewehr anbrachte. Wir krochen bis zum Ende der Sandgrube, behielten den Hügel immer zwischen uns und den Schnabelsauriern. Dort angekommen, gab es keine Deckung mehr, und wir bewegten uns langsam auf Händen und Knien vorwärts. Wenn man sich langsam genug direkt auf einen Dinosaurier zu oder von ihm weg bewegt, bemerkt er einen möglicherweise nicht.

Die Schnabelsaurier futterten weiter auf allen vieren; alle paar Momente erhoben sie sich, um sich umzusehen. Holtzinger begab sich in eine bequeme Schußposition, spannte den Hahn und zielte. Und dann...

Bang! Bang! ging hinten im Lager ein Gewehr los.

Holtzinger sprang auf. Die Schnabelsaurier zuckten mit den Köpfen und sprangen ins tiefe Wasser, wobei sie wie verrückt herumspritzten. Holtzinger schoß einmal und traf nicht. Ich gab einen Schuß auf den letzten ab, bevor dieser verschwand, schoß aber ebenfalls daneben. Die 600er ist nicht für weite Entfernungen gemacht.

Holtzinger und ich machten uns auf den Weg zum Lager, nicht zuletzt, weil es uns in den Sinn gekommen war, daß die Gruppe vielleicht Ärger mit einem Theropod haben könnte.

Geschehen war aber, daß ein großer Sauropod unter Wasser hinter dem Lager umhergezogen war und dabei geweidet hatte. Allerdings wurde das Wasser schon hundert Yards von unserer Landzunge entfernt seicht, etwa in der Mitte zwischen uns und dem Sumpf auf der anderen Seite. Der Sauropod war die Böschung hinaufgeschlendert, bis sein Körper fast ganz aus dem Wasser ragte. Sein Kopf pendelte hin und her, während er nach etwas Grünem suchte, das er verschlingen konnte. Es war eine Spezies des Alamosaurus, der dem bekannten Brontosaurus sehr ähnlich sieht, nur daß er größer ist.

Als ich in Sichtweite des Lagers kam, wandte sich der Sauropod gerade wieder mit einem schrecklichen Ächzen in die Richtung, aus der er gekommen war. Als wir das Lager erreichten, war er bis auf den Kopf und zwanzig Fuß Hals bereits im tiefen Wasser verschwunden.

Den Kopf konnte man noch für eine Weile schwanken sehen, bevor er sich im Dunst verlor.

Als wir ins Lager kamen, stritt James sich mit dem Radscha. Holtzinger platzte heraus:

»Sie lausiger Scheißkerl! Das ist das zweite Mal, daß Sie mir meinen Schuß versaut haben.«

»Stellen Sie sich nicht so an«, sagte James. »Schließlich konnte ich das Biest hier nicht alles platt trampeln lassen.«

»Diese Gefahr bestand überhaupt nicht«, sagte der Radscha. »Sie sehen doch, wie tief das Wasser ist. Es ist einfach so, daß unser schießwütiger Mr. James kein Tier sehen kann, ohne gleich seine Flinte abzufeuern.«

Ich fügte hinzu: »Wenn er zu nahe gekommen wäre, hätten Sie nur ein Holzscheit nach ihm werfen müssen. Sie sind absolut harmlos.«

Das stimmte nicht ganz. Als der Comte de Lautrec hinter einem Sauropoden her war und ihm zu nahe kam, drehte sich das Biest nach ihm um, und mit einem leichten Schlag seines Schwanzes riß es dem Comte den Kopf so sauber vom Rumpf, als wäre er im Tower geköpft worden. In der Regel sind sie jedoch nicht sehr angriffslustig.

»Woher sollte ich das wissen?« schrie James und wurde rot. »Sie sind alle gegen mich. Wofür, zum Teufel, mache ich diesen Trip überhaupt, wenn nicht zum Schießen? Sie nennen sich Jäger, aber ich bin der einzige, der etwas erlegt.«

Ich wurde ziemlich ärgerlich und sagte ihm, daß er ein aufgeregter junger Mann mit mehr Geld als Verstand sei. Und daß ich ihn niemals hätte mitnehmen sollen.

»Wenn Sie so denken«, sagte er, »geben Sie mir einen von den Burros und etwas Verpflegung, dann gehe ich allein zum Basislager zurück. Ich werde Ihnen Ihre saubere Luft nicht mehr durch meine Anwesenheit verschmutzen.«

»Seien Sie nicht ein noch größerer Arsch, als Sie ohnehin sind«, sagte ich. »Der Vorschlag ist unmöglich.«

»Dann gehe ich eben allein!« Er griff nach seinem Rucksack, packte ein paar Dosen mit Bohnen und einen Öffner hinein und machte sich mit seinem Gewehr auf den Weg.

Beauregard Black sagte: »Könn' ihn doch nich' so geh'n lass'n. Verirrt sich und verhungert, oder wird vom Theropod gefress'n.«

»Ich hol' ihn zurück«, sagte der Radscha und machte sich hinter dem Ausreißer her. Er holte James ein, als dieser in den Cycadeen verschwand. Wir sahen aus der Ferne, wie sie sich stritten und sich schließlich die Hände schüttelten. Nach einer Weile kamen sie zurück. Sie hatten die Arme umeinander gelegt wie alte Schulfreunde.

Das zeigte mal wieder, welchen Ärger man sich einhandeln kann, wenn man bei der Planung eines solchen Unternehmens Fehler begeht. Aber wenn man sich erst einmal in einer anderen Zeit befindet, muß man das Beste aus der Sache machen.

Ich will nicht den Eindruck vermitteln, daß James uns nur auf die Nerven ging. Er hatte auch seine guten Seiten. Er kam schnell über die Querelen hinweg, und am nächsten Tag war er wieder so freundlich wie sonst auch. Bei den Routinearbeiten im Lager war er eine echte Hilfe. Er konnte gut singen und hatte einen endlosen Vorrat an schmutzigen Geschichten, mit denen er uns prächtig unterhielt.

Wir blieben noch zwei weitere Tage in diesem Lager. Wir sahen eine kleinere Art Krokodile, etliche Sauropoden, aber keine Schnabelsaurier mehr. Und auch keins der fünfzig Fuß großen Monsterkrokodile.

Also, am ersten Mai brachen wir das Lager ab und zogen nordwärts auf die Janpur-Berge zu. Meine Sahibs wurden langsam ungeduldig. Wir waren seit einer Woche in der Kreidezeit und hatten noch keine Trophäe.

Auf dem nächsten Abschnitt unserer Route sahen wir nichts, worüber man reden müßte, abgesehen von einem Blick auf einen Gorgosaurus außer Schußweite und ein paar Spuren, die auf einen fünfundzwanzig oder dreißig Fuß großen Iguanodon deuteten. Am Fuß der Berge schlugen wir das Lager auf.

Von dem Knochenkopf war nichts übriggeblieben, also ging es zunächst einmal darum, frisches Fleisch zu schießen. Natürlich auch mit einem Auge auf Trophäen. Wir machten uns am Morgen des dritten Mai jagdbereit, und ich trichterte James ein:

»Passen Sie auf, alter Junge, keine Mätzchen mehr. Der Radscha wird Ihnen sagen, wann Sie zu schießen haben.«

»Ja, ja, ich habe verstanden«, sagte er, fromm wie ein Lamm.

Wir vier marschierten los, ins Vorgebirge hinein. Hier hatten wir eine gute Chance, einen Ceratopsiden für Holtzinger vor die Flinte zu bekommen. Wir hatten einige auf dem Weg hinauf gesehen, allerdings bloß Kälber ohne ausgewachsene Hörner.

Weil es heiß und schwül war, kamen wir schnell ins Schwitzen. Wir marschierten und kletterten den ganzen Morgen, ohne daß wir etwas außer Eidechsen zu Gesicht bekamen. Dann stieg mir der Geruch von Aas in die Nase. Ich hielt die Gruppe an und schnüffelte. Wir befanden uns auf einer offenen Lichtung, die von diesen kleinen, trockenen Nullahs zerschnitten war. Die Nullahs liefen in ein paar tiefen Gräben zusammen und durchschnitten eine dicht bewachsene Senke. Als ich lauschte, hörte ich das Brummen der Aasfliegen.

»Hier entlang«, sagte ich. »Da muß etwas Totes – ah, hier ist es.«

Und da war es: die Überreste eines riesigen Ceratopsiden lagen in einer kleinen Mulde am Rande eines Dickichts. Mußte lebend sechs bis acht Tonnen gewogen haben. Die dreihörnige Variante, vielleicht eine Vorstufe zum Dreihornsaurier. Es war schwer zu sagen, weil von dem Biest nicht mehr viel übrig war. Viele der Knochen waren losgerissen worden und lagen verstreut herum.

Holtzinger sagte: »Oh, Scheiße! Warum konnte ich ihn nicht kriegen, bevor er starb? Das wäre ein verdammt schöner Kopf gewesen.«

Ich sagte: »Seid leise, Jungs. Da war ein Theropod bei diesem Kadaver, und er ist möglicherweise noch in der Nähe.«

»Woher wollen Sie das wissen?« sagte James, während ihm der Schweiß über das rote Gesicht rann. Er sprach mit einer für ihn leisen Stimme. Der Gedanke an einen nahen Theropod ist selbst für den Übermütigsten ernüchternd.

Ich schnupperte nochmals und glaubte, den unverwechselbar scharfen Geruch eines Theropoden zu riechen. Obwohl ich nicht sicher sein konnte, weil der Kadaver einen solchen Gestank ausströmte, daß meine Sahibs ganz grün im Gesicht wurden. Ich erzählte James:

»Es ist selten, daß selbst der größte Theropod einen ausgewachsenen Ceratopsiden angreift. Diese Hörner sind ihm zuviel. Um sterbende oder tote Ceratopsiden treiben sie sich indes wochenlang herum, verschlingen etwas von ihnen und schlafen ihr Mahl dann tagelang aus. Normalerweise suchen sie irgendwo Schutz vor der Hitze. Man findet sie im Dickicht oder in Mulden liegen, jedenfalls irgendwo, wo Schatten ist.«

»Was machen wir jetzt?« fragte Holtzinger.

»Wir gehen durch dieses Wäldchen, paarweise, wie gewöhnlich. Was auch passiert, brechen Sie auf keinen Fall in Panik aus.«

Ich sah zu Courtney James hinüber, doch der prüfte gerade sein Gewehr.

»Soll ich es abgekippt tragen?« fragte er.

»Nein, aber lassen Sie es gesichert, bis Sie bereit zum Schießen sind«, sagte ich. »Wir bleiben diesmal enger beieinander, in Sichtweite. Ihr startet da drüben, Radscha; geht langsam und bleibt ab und zu stehen, um zu horchen.«

Wir schlugen uns vorwärts ins Dickicht und ließen den Kadaver, nicht aber seinen Gestank hinter uns zurück. Rings um uns herum war dichtes Gestrüpp.

Dann lichtete sich das Unterholz, und wir traten unter eine Gruppe von Bäumen, durch deren Laubwerk die Sonne schien. Außer dem Summen der Insekten, dem Rascheln der Eidechsen und dem Kreischen der Vögel war nichts zu hören. Ich war mir ziemlich sicher, was den Geruch des Theropoden anging. Aber es mochte auch Einbildung sein. Und es war keineswegs klar, welcher Art der Theropod angehörte, ob wir es mit einem kleinen oder großen Exemplar zu tun bekommen würden. Und das Tier konnte irgendwo innerhalb eines Radius von einer halben Meile stecken.

»Gehen Sie weiter«, flüsterte ich Holtzinger zu. Ich konnte James und den Radscha hören, wie sie sich rechts von mir vorwärtsschoben. Ich sah, wie die Palmettowedel und Farne zurückpeitschten, die sie zur Seite gedrückt hatten. Ich nahm an, sie versuchten, sich leise zu bewegen. Doch für mich hörte es sich an wie ein Erdbeben im Porzellanladen.

»Noch näher zusammen!« rief ich.

Jetzt tauchten sie schräg vor mir auf. Wir kamen in einen mit Farnen bewucherten Graben und kletterten auf der anderen Seite wieder hinauf. Dann fanden wir unseren Weg durch ein großes Gebüsch von Palmettos versperrt.

»Ihr geht auf der Seite um das Wäldchen, und wir gehen auf dieser«, sagte ich. Wir machten uns auf, hielten immer wieder an, um die Witterung aufzunehmen und zu lauschen. Wir hatten uns genauso verteilt wie am ersten Tag, als James den Knochenkopf tötete.

Zwei Drittel unseres Weges um die Palmettos lagen hinter uns, als ich hörte, wie sich vor uns im Dickicht etwas bewegte. Auch Holtzinger hörte es, und er löste die Sicherung seines Gewehrs. Ich legte den Daumen auf die von meinem und trat einen Schritt zur Seite, um freies Feld zum Schießen zu haben.

Es kam näher. Ich hob mein Gewehr und zielte ungefähr in die Höhe des Kopfes eines großen Theropoden. Das Blätterwerk teilte sich – und ein sechs Fuß großer Knochenkopf kam in Sicht. Er schritt erhaben quer vor uns her und ruckte bei jedem Schritt mit dem Kopf wie eine riesige Taube.

Ich hörte, wie Holtzinger die angehaltene Luft ausstieß, und mußte mich selbst zusammenreißen, um nicht zu lachen. Holtzinger sagte: »Uh –«

Und dann ging das verdammte Gewehr von James los – Bang! Bang! –, und vor mir überschlug sich der Knochenkopf, Schwanz und Hinterbeine in der Luft.

»Ich habe ihn!« rief James. »Ich habe ihm eine saubere Kugel verpaßt!« Ich hörte, wie er vorwärtslief.

»Großer Gott, nicht schon wieder!« sagte ich.

Dann ertönte ein lautes Rascheln im Blätterwerk, gefolgt von einem wilden Schrei von James. Da erhob sich etwas aus dem Gebüsch, und ich sah den Kopf eines Tyrannosaurus Trionyches, des größten fleischfressenden Sauriers, den ich jemals gesehen hatte.

Wissenschaftler mögen darauf bestehen, daß der Rex die größere Art ist. Aber ich schwöre, dieser Bursche war größer als jeder Rex, der jemals geschlüpft ist. Er war ungefähr zwanzig Fuß hoch und fünfzig Fuß lang. Ich konnte seine glänzenden Augen, seine sechs Zoll langen Zähne und den Hautlappen zwischen Brust und Kinn sehen.

Der zweite der Nullahs, die das Wäldchen teilten, verlief quer zu unserem Pfad auf der gegenüberliegenden Seite des Palmettogebüsches. Der Tyrannosaurus hatte darin gelegen, um sich nach seinem letzten Mahl auszuschlafen. Wo sein Rücken über den Boden hinausragte, hatten die Farne am Rand des Nullahs ihn verdeckt. James hatte beide Läufe über den Kopf des Theropoden gefeuert und ihn damit geweckt. Dann war der Idiot losgerannt, ohne seine Waffe nachzuladen. Noch zwanzig Fuß, und er wäre auf den Tyrannosaurus getreten.

James blieb wie angewurzelt stehen, als dieses Ding plötzlich vor ihm auftauchte. Es fiel ihm ein, daß er beide Kugeln verschossen hatte und den Radscha für einen genauen Schuß zu weit zurückgelassen hatte.

Zunächst behielt er die Nerven. Er kippte den Lauf ab, nahm zwei Patronen aus seinem Gurt und steckte sie in die Kammern. Aber dann klemmte er sich in der Hast seine Finger zwischen Lauf und Mechanik ein, was dazu führte, daß er vor Schmerz das Gewehr fallen ließ. Und in dem Moment war es mit seiner Beherrschung vorbei – mit panischem Blick in den Augen nahm er Reißaus.

Der Radscha kam angerannt, bereit, sein Gewehr in dem Moment anzulegen, wo er freie Bahn habe. Aber als er James kopfüber auf sich zulaufen sah, zögerte er. Er wollte ihn nicht versehentlich treffen. James stürzte vorwärts, stolperte gegen den Radscha und riß ihn mit sich zu Boden in die Farne. Der Tyrannosaurus sammelte das, was er an Verstand hatte, und schritt voran, um sich seine Beute zu schnappen.

Und Holtzinger und ich auf der anderen Seite der Palmettos? Also, in dem Moment, als James schrie und der Kopf des Tyrannosaurus erschien, schoß Holtzinger vor wie ein Hase. Ich riß das Gewehr hoch und richtete es auf den Kopf des Tyrannosaurus, in der Hoffnung, wenigstens ein Auge zu treffen. Aber bevor ich es anvisieren konnte, war der Kopf wieder hinter den Palmettos verschwunden. Vielleicht hätte ich auf gut Glück schießen sollen, doch meine Erfahrung spricht gegen blinde Schüsse.

Als ich mich wieder nach Holtzinger umsah, war dieser bereits in den Palmettos verschwunden. Ich lief ihm nach, als ich sein Gewehr und das Klicken des Bolzen zwischen den Schüssen hörte. Bang – Klick-Klick – Bang – Klick-Klick.

Er hatte sich dem Tyrannosaurus auf zwanzig Fuß genähert und begann, 375er-Geschosse in den Körper der Bestie zu pumpen, während sich diese nach dem Radscha und James vorbeugte. Er war drei Schüsse losgeworden, als der Tyrannosaurus ein gewaltiges, dröhnendes Grunzen von sich gab, herumwirbelte und nachsah, was ihn da stach. Die Kiefer klafften auseinander, und sein Kopf schwang hin und her.

Holtzinger schoß noch einmal und versuchte dann, zur Seite zu springen. Er stand an einer der schmalen Stellen zwischen den Palmettos und dem Nullah, stolperte und stürzte in den Graben hinein.

Der Tyrannosaurus machte einen Satz nach vorn und schnappte ihn. Mit Holtzinger zwischen den Kiefern kam sein Kopf wieder hoch. Holtzinger schrie wie eine Seele im Fegefeuer.

Ich kam gerade heran und zielte auf das Gesicht der Bestie, als ich erkannte, daß mein Sahib zwischen seinen Kiefern hing. Ich hätte ihn treffen können, weil sich der Kopf des Sauriers wie die Schaufel eines Baggers bewegte. Also schoß ich auf das Herz. Der Tyrannosaurus wandte sich bereits ab, um seine Beute in Sicherheit zu bringen, und ich vermute, daß die Kugel nur gerade mal seine Rippen streifte. Das Biest machte ein paar Schritte, und ich gab ihm den anderen Lauf. Beim nächsten Schritt stolperte es, lief jedoch weiter. Noch ein Schritt, und es war fast außer Sicht, als der Radscha zweimal feuerte. Er hatte sich aufgerappelt, sein Gewehr aufgehoben und es den Tyrannosaurus spüren lassen.

Der doppelte Treffer warf das Viech zu Boden. Mit einem gewaltigen Krachen fiel es in eine Zwergmagnolie. Ich sah die riesigen vogelartigen Hinterbeine inmitten eines Regens von rosaweißen Blüten zappeln. Aber der Tyrannosaurus kam wieder hoch und stolperte davon, ohne dabei seine Beute loszulassen. Das letzte, was ich von ihm sah, waren Holtzingers Beine, die auf der einen Seite des Mauls heraushingen (er hatte aufgehört zu schreien), und den großen Schwanz, der hin und her schwingend gegen die Baumstämme knallte.

Der Radscha und ich luden nach und rannten auf Teufel komm raus hinter dem Biest her. Ich stolperte einmal und fiel hin, sprang jedoch sofort wieder auf und bemerkte meine aufgeschürften Ellbogen erst später. Als wir aus dem Wäldchen kamen, war der Tyrannosaurus bereits auf der gegenüberliegenden Seite der Lichtung. Jeder von uns feuerte schnell einen Schuß ab, obwohl wir vermutlich beide verfehlten. Er verschwand aus unseren Augen, bevor wir wieder schießen konnten.

Wir rannte weiter, folgten den Spuren und Blutspritzern, bis wir die Verfolgung total erschöpft abbrachen. Den Tyrannosaurus sahen wir nie wieder. Ihre Bewegungen sehen langsam und plump aus, aber mit ihren kolossalen Beinen sind sie um einiges schneller, als der erste Eindruck vermuten läßt.

Als wir wieder zu Atem gekommen waren, nahmen wir die Spur des Tyrannosaurus erneut auf. Wir gingen davon aus, daß die Kugeln ihm vielleicht doch den Rest gegeben hatten und wir ihn finden würden. Aber die Bestie blieb unsichtbar, trotz aller Spuren, die wir fanden. Wir durchstreiften die Gegend in der Hoffnung, ihn aufzuspüren, doch wir hatten kein Glück.

Stunden später gaben wir auf und gingen zur Lichtung zurück.

Mit dem Rücken an einen Baum gelehnt, saß Courtney James auf dem Boden, Holtzingers und sein eigenes Gewehr in den Händen. Seine rechte Hand war blau und geschwollen, aber er konnte sie noch benutzen. Seine ersten Worte waren:

»Wo, zum Teufel, sind Sie gewesen?«

Ich sagte: »Wir waren beschäftigt. Der verstorbene Mr. Holtzinger. Erinnern Sie sich?«

»Sie hätten nicht davongehen und mich allein lassen dürfen. Es hätte noch eins von diesen Dingern vorbeikommen können. Anscheinend reicht es Ihnen nicht, daß bereits ein Jäger durch Ihre Dummheit ums Leben gekommen ist!«

Ich hatte mir bereits die Worte zurechtgelegt, mit denen ich James den Kopf waschen wollte. Doch seine Frechheit erstaunte mich so, daß ich nur verblüfft sagte: »Was? Wir sollen...«

»Sicher«, sagte er. »Sie haben uns immer vorausgehen lassen, damit wir als erste gefressen werden, wenn es hart auf hart kommt. Sie haben einen ungenügend bewaffneten Mann auf diese Bestien losgelassen. Sie...«

»Sie gottverdammtes, stinkendes kleines Schwein!« sagte ich. »Sie Vollidiot! Wenn Sie nicht beide Läufe durchgezogen hätten und dann wie die Feigheit in Person davongerannt wären, wäre das nie passiert. Holtzinger starb, weil er Ihr wertloses Leben retten wollte. Er war tausendmal soviel wert wie Sie verzogener, schwachköpfiger Schweinehund –«

Ich fluchte weiter. Der Radscha versuchte mitzuhalten, doch das Englisch ging ihm aus, und er war gezwungen, James in seiner Heimatsprache zu beschimpfen.

James' purpurfarbenes Gesicht ließ keinen Zweifel daran, daß wir ins Schwarze getroffen hatten. Er sagte: »Warum, du...«, trat einen Schritt vor und schlug mir mit der linken Faust hart ins Gesicht.

Es erschütterte mich ein wenig, aber ich sagte: »Also gut, mein Freund, ich bin froh, daß Sie das getan haben! Das gibt mir endlich die Gelegenheit, auf die ich die ganze Zeit gewartet habe...«

Ich ging auf ihn los. Er war ein gutgebauter Kerl, aber gegen meine sechzehn Stone hatte er mit seiner verletzten Hand keine Chance. Ich brachte ein paar Treffer an, und er ging zu Boden.

»Los, stehen Sie auf!« sagte ich. »Ich freue mich schon darauf, Ihnen den Rest zu geben.«

James stützte sich auf die Ellbogen. Ich machte mich bereit für die nächsten Schläge, obwohl meine Knöchel schon aufgerissen waren und bluteten. James rollte sich zur Seite und schnappte sich sein Gewehr. Er kam auf die Beine und richtete die Mündung auf uns.

»Sie werden niemandem den Rest geben!« keuchte er durch die geschwollenen Lippen. »O. K., Hände hoch! Beide!«

»Seien Sie kein Idiot«, sagte der Radscha. »Nehmen Sie das Gewehr runter.«

»Niemand behandelt mich so und kommt ungeschoren davon!«

»Es hat keinen Zweck, uns umzubringen«, sagte ich. »Damit kommen Sie niemals durch.«

»Wieso nicht? Es bleibt nicht mehr viel von Ihnen übrig, wenn Sie eins von diesen Dingern trifft. Ich sage einfach, der Tyrannosaurus hat Sie auch gefressen. Niemand kann mir irgend etwas beweisen. Für einen Mord, der vor fünfundachtzig Millionen Jahren passiert ist, kann einen niemand vor Gericht stellen, Verjährung, wissen Sie.«

»Sie Narr, Sie schaffen es nie lebend zum Lager zurück.«

»Darauf lasse ich es ankommen«, sagte James und legte den Kolben seiner 500er an die Schulter. Die Läufe waren auf mein Gesicht gerichtet. Sahen aus wie ein Paar verdammter Eisenbahntunnel.

Für einen Moment blieb sein starrer Blick auf mir haften und achtete nicht auf den Radscha. Mein Partner hatte die ganze Zeit bewegungslos verharrt. Jetzt riß er ruckartig seinen rechten Arm hoch und warf James einen dreipfündigen Stein an den Kopf, von dem er abprallte. Die 500er ging los. Die Kugel zog mir einen Scheitel und explodierte verdammt nah an meinem Trommelfell. James ging wieder zu Boden.

»Gute Arbeit, alter Junge!« sagte ich, während ich James' Gewehr aufhob.

»Ja«, sagte der Radscha nachdenklich. Er nahm den Stein, den er geworfen hatte und wog ihn in der Hand. »Hat nicht ganz die Ausgewogenheit eines Cricketballs, aber ist genauso hart.«

»Was machen wir jetzt?« sagte ich. »Ich hätte nicht übel Lust, den Kerl einfach unbewaffnet hier zu lassen. Soll er selbst sehen, wie er durchkommt.«

Der Radscha seufzte leise. »Ein verführerischer Gedanke, Reggie, aber das können wir nicht. Nichts zu machen.«

»Ich vermute, du hast recht«, sagte ich. »Also, fesseln wir ihn und nehmen ihn mit ins Lager.«

Wir waren uns einig darüber, daß wir James keine Sekunde mehr aus den Augen lassen konnten. Wenn ein Mann einmal versucht hat, dich zu töten, bist du ein Narr, wenn du ihm eine zweite Chance gibst.

Wir kehrten zum Lager zurück und erzählten der Crew, was geschehen war. James verfluchte jeden von uns.

Wir verbrachten drei trostlose Tage, während derer wir die Gegend nach dem Tyrannosaurus durchkämmten, hatten aber keinen Erfolg. Nach Holtzingers Überresten zu suchen, war das mindeste, was wir tun konnten. Zurück im Basislager sammelten wir, wenn es nicht regnete, kleine Reptilien und sonstiges Zeug für unsere Forscherfreunde. Der Radscha und ich berieten darüber, welche rechtlichen Schritte man gegen Courtney James unternehmen könnte. Aber wir kamen zu dem Schluß, daß wir keine Handhabe gegen ihn hatten.

Als sich die Transitionskammer materialisierte, quetschten wir uns eilig hinein, warfen den immer noch gefesselten James in eine Ecke und sagten dem Maschinenführer, er solle das Ding schnellstens starten.

Während der Zeitfahrt sagte James: »Sie beide hätten mich dahinten töten sollen.«

»Wozu?« sagte ich. »Sie haben keinen besonders schönen Kopf.«

Der Radscha fügte hinzu: »Würde über dem Kamin nicht besonders gut aussehen.«

»Lacht nur«, sagte James, »aber eines Tages kriege ich Sie. Ich werde einen Weg finden und ungeschoren davonkommen.«

»Mein lieber Freund!« sagte ich. »Wenn es irgendeine Möglichkeit gäbe, würde ich Sie wegen Holtzingers Tod vor Gericht bringen. Das Beste ist, Sie lassen uns in Ruhe.«

In der Gegenwart angekommen, händigten wir ihm sein Gewehr und den Rest seiner Ausrüstung aus, und er zog ohne ein Wort davon. Während er ging, rauschte weinend Claire, Holtzingers Mädchen, heran:

»Wo ist er? Wo ist August?«

Es war eine verdammt herzzerreißende Szene, trotz der Gewandtheit des Radschas im Umgang mit solchen Situationen.

Wir brachten unsere Männer und die Esel runter ins alte Laboratoriumsgebäude, das die Universität als Unterkunft für solche Expeditionen eingerichtet hatte. Wir bezahlten die Männer und merkten, daß wir pleite waren. Die Anzahlungen von Holtzinger und James deckten unsere Unkosten nicht, mal ganz abgesehen davon, daß es ungewiß war, ob wir das Resthonorar noch bekommen würden.

Und wo wir von James sprechen, was meinen Sie, was der Kerl tat?

Er ging nach Haus, besorgte sich neue Munition. Dann kam er zurück zur Universität. Er suchte Professor Prochaska auf und sagte:

»Professor, ich möchte Sie bitten, mich noch einmal kurz zurück in die Kreidezeit zu schicken. Wenn Sie mich jetzt in Ihrem Fahrplan dazwischenschieben, können Sie mir jeden Preis nennen. Ich würde Ihnen zunächst fünftausend Dollar bieten. Ich möchte zurück zum dreiundzwanzigsten April fünfundachtzig Millionen Jahre vor Christus.«

Professor Prochaska antwortete: »Warum wollen Sie denn schon wieder zurück?«

»Ich habe meine Brieftasche in der Kreidezeit verloren«, sagte James. »Ich denke mir, wenn ich einen Tag vor meinem letzten Zeittrip ankomme, kann ich mich bei der Ankunft beobachten und mir folgen. Bis ich sehe, wo ich die Brieftasche verliere.«

»Fünftausend Dollar ist eine Menge für eine Brieftasche«, sagte der Professor.

»Es sind Sachen darin, die ich nicht ersetzen kann«, sagte James.

»Tja«, sagte Prochaska nachdenklich. »Die Gesellschaft, die heute morgen auf die Reise gehen wollte, hat sich verspätet. Vielleicht kann ich Sie dazwischenschieben. Ich habe mich schon immer gefragt, was passiert, wenn derselbe Mann denselben Zeitabschnitt zum zweiten Mal betritt.«

James schrieb einen Scheck aus. Prochaska führte ihn zur Kammer und verabschiedete sich. Es schien, als ob James den Plan hatte, sich wenige Yards vom Materialisierungsplatz der Transitionskammer auf die Lauer zu legen, und uns, den Radscha und mich, abzuknallen, wenn wir auftauchen würden.

Stunden später waren wir wieder in Zivil und hatten unsere Frauen angerufen, damit sie uns abholten. Wir standen auf dem Forsythe Boulevard und warteten auf sie, als plötzlich, keine fünfzig Fuß von uns entfernt, ein Lichtblitz zuckte, gefolgt von einem lauten Knall, wie von einer Explosion. Die Druckwelle riß uns fast von den Beinen.

Wir rannten zu der Stelle und erreichten sie, als gerade ein Polizist und eine Reihe Passanten dazukamen. Auf dem Boulevard, direkt neben dem Bordstein, lag ein menschlicher Körper. Zumindest war er das einmal gewesen. Jetzt sah er so aus, als wäre jeder Knochen zu Staub zermahlen und jedes Blutgefäß zerplatzt, kaum mehr als eine ekelhafte Masse aus rosafarbenem Protoplasma. Die Kleidung, die er getragen hatte, war völlig zerfetzt. Doch ich erkannte ein 500er-H. & H.-Jagdgewehr mit Doppellauf. Das Holz war verbrannt und das Metall verrostet, aber es war Courtney James' Gewehr. Daran war nicht zu zweifeln.

Wir ersparten uns eine Befragung und setzten uns von der drängenden Menge ab. Folgendes war geschehen: Als wir am vierundzwanzigsten April ausgestiegen waren, hatte niemand auf uns geschossen. Und der Lauf der Dinge konnte nicht mehr geändert werden. James hatte etwas tun wollen, das eine sichtbare Veränderung der Welt vor fünfundachtzig Millionen Jahren vor Christus bewirkt hätte. Aber in diesem Moment hatte ihn die Zeit-Raum-Kraft in die Gegenwart zurückgerissen, um ein Paradoxon zu verhindern. Und die Gewalt dieses Soges hatte ihn in Stücke zerrissen.

Heute, nachdem man darüber Bescheid weiß, wird der Professor niemanden mehr in eine Periode schicken, die näher als fünftausend Jahre an einer Zeit liegt, die andere Zeitreisende schon erforscht haben. Es wäre zu gefährlich, etwas zu machen, das sich irgendwie auf spätere Zeiten auswirken könnte. So etwas, wie einen Baum zu fällen oder ein witterungsbeständiges Werkzeug zu verlieren. Wie er mir erzählte, gleichen sich solche Veränderungen über längere Abschnitte hinweg aus und verlieren sich im Strom der Zeit.

Nach all dem kam eine harte Zeit für uns, mit schlechter Publicity und so, obwohl wir doch noch unser Honorar aus James' Nachlaß bekamen. Zu unserem Glück tauchte ein Stahlfabrikant auf, der für seine Hütte den Kopf eines Mastodons wollte.

Aus heutiger Perspektive verstehe ich das Ganze besser. Die Katastrophe war nicht nur James' Schuld. Ich hätte ihn nicht mitnehmen dürfen, nachdem ich wußte, was für ein verwöhnter, charakterlich ungefestigter Bursche er war. Und wäre Holtzinger in der Lage gewesen, mit einer wirklich schweren Waffe umzugehen, hätte er den Tyrannosaurus vielleicht niedergeschossen, selbst wenn er ihn nicht getötet hätte. Aber dann wären immer noch wir am Drücker gewesen.

So, Mr. Seligman. Das ist der Grund, warum ich Sie nicht mit zum Jagen in dieses Zeitalter nehme. Es gibt eine Menge anderer Perioden, und wenn Sie sie sich ansehen, werden Sie sicher etwas finden, was sich für Sie eignet. Aber weder Jura noch Kreide. Sie sind einfach nicht kräftig genug, um ein so schweres Gewehr zu handhaben. Sie wissen, welches Kaliber ich meine. Das, was man braucht, um einen Dinosaurier zu schießen.

(Ins Deutsche übertragen von Andreas Helweg)

Armer kleiner Krieger

Brian W. Aldiss

Apropos Professionalismus, über den wir in der letzten Einleitung sprachen, diese klassische Geschichte von Brian W. Aldiss ist eine glühende – und doch von ätzendem Spott geprägte – Anklage des modernen, in der Großstadt lebenden Wochenendjägers. Er überschätzt sich selbst, ist unsicher und bis an die Zähne bewaffnet und durchstreift die Felder und Wälder auf der Suche nach einer perfekten, urmenschlichen Abreaktion.

Wieviel aufregender wäre es doch, in jene Traumzeit des Jura zurückzuspringen, um das herrlichste Wild von allen zu jagen…

Das wäre doch aufregend, nicht wahr?

Einer der ganz Großen in diesem Genre, Brian W. Aldiss, schreibt schon seit mehr als einem Vierteljahrhundert Science-fiction und hat mehr als zwei Dutzend Bücher veröffentlicht. Sein klassischer Roman Der lange Nachmittag der Erde *brachte ihm 1962 einen* Hugo Award *ein.* Der Speichelbaum *errang 1965 einen* Nebula Award, *und sein Roman* Fahrt ohne Ende *wurde 1977 mit dem* Prix Jules Verne *ausgezeichnet. Einen weiteren* Hugo *erwarb er 1987 für eine kritische Untersuchung der Science-fiction,* Der Milliarden Jahre Traum, *die er gemeinsam mit David Wingrove verfaßte. Zu seinen anderen Büchern gehören die hochgelobte* Helliconia-*Trilogie* – Helliconia Frühling, Helliconia Sommer, Helliconia Winter – Der Malacia-Gobelin, Dr. Moreaus neue Insel, Der entfesselte Frankenstein *und* Krypto-zoikum. *Sein jüngstes Buch ist die Storysammlung* Der Flug der Gezeiten. *Er wohnt in Oxford, England.*

* * *

Claude Fort wußte genau, wie es war, einen Brontosaurus zu jagen. Man kroch unbekümmert durch den Morast zwischen den Weiden, durch die kleinen primitiven Blumen mit ihren Blüten, so grün und braun wie ein Footballfeld, durch den Schönheitspackungsschlamm. Man beobachtete die Kreatur, die ihren Körper, der so elegant und graziös wie ein Sandsack war, im Schilf ausstreckte. Dort lag sie, ließ sich von ihrem Gewicht in den matschig-patschigen Sumpf drücken, schwenkte ihre kaninchengroßen Nüstern dreißig Zentimeter über dem Gras in einem Halbkreis hin und her und suchte schnaubend nach weiteren saftigen Schilfhalmen. Es war wunderbar: hier hatte das Grauen seinen absoluten Höhepunkt erreicht, hatte den Kreis geschlossen, war schließlich durch seinen eigenen Schließmuskel wieder in sich selbst zurückgekehrt. Die Augen verrieten die Lebhaftigkeit der dicken Zehe einer eine Woche alten Leiche, und sein nach Kompost stinkender Atem und der Pelz in seinen Hörlöchern waren besonders jenen zu empfehlen, die geneigt waren, sich bewundernd über die Werke von Mutter Natur auszulassen.

Aber was dich eigentlich reizt, kleines Säugetier mit paarigen Gliedmaßen und .65er, selbstladender, halbautomatischer, doppelläufiger, digital-computerisierter, Zielfernrohr-bestückter, rostfreier Hochleistungsflinte in deinen ansonsten wehrlosen Pfötchen, war die Haut der Donnerechse. Sie verströmt einen Geruch, so durchdringend wie der tiefste Ton eines Klaviers. Neben ihr erscheint die Epidermis des Elefanten wie ein Blatt schlappes Klosettpapier. Sie ist grau wie das Nordmeer, reicht tief wie Kirchenfundamente. Welche andere Begegnung könnte sonst das Fieber dieses Fleisches lindern?

Auf ihr krabbeln – du kannst es von deinem Platz aus sehen! – die kleinen braunen Läuse herum, die in jenen grauen Schluchten und Abgründen leben, froh wie der Mops im Paletot und grausam wie die Krebse. Wenn eine dir auf die Figur springt, dann bricht sie dir wahrscheinlich das Kreuz. Und wenn einer dieser Parasiten anhält und sein Bein auf das Rückgrat des Bronto stellt, dann kannst du sehen, daß er seine eigene Brut von Mitessern mit sich herumschleppt, jeder so groß wie ein Hummer, denn du bist jetzt ganz nahe dran, oh, so nahe, daß du das primitive Herzorgan des Monsters schlagen hörst, wobei Ventrikel wunderbarerweise mit Aurikel im Gleichtakt ist.

Es ist zu spät, jetzt dem Orakel zuzuhören: Du achtest nicht mehr auf die Omen, du denkst jetzt nur noch an den Tod, deinen oder seinen; Aberglaube ist für heute abgemeldet, von jetzt an werden nur noch deine flattrigen Nerven, diese zitternde Ansammlung von Muskeln, unsichtbar verschlungen unter der schweißglänzenden Decke Haut, dieser verdammte gemeine Drang, den Drachen zu erschlagen, all deine Gebete erhören.

Du könntest jetzt schießen. Warte nur, bis dieser winzige Löffelbaggerschädel erneut innehält, um eine Wagenladung Binsen zu verschlingen, und mit einem einzigen unbeschreiblich vulgären Bumms kannst du der ganzen gleichgültig dumpfen Jurawelt zeigen, daß sie in die Donnerbüchsenmündung der Evolution starrt. Du weißt genau, warum du zögerst; das alte Wurmbewußtsein, lang wie ein Baseballschläger, langlebig wie eine Schildkröte, meldet sich; monströser noch als die Schlange Eden, windet es sich durch alles, lauert überall. In allen Leidenschaften sagt es: Sieh doch, ein leichtes Opfer, o tapferer Engländer! In deinem Geist flüstert es dir zu, daß Langeweile, dieser Aasgeier, der niemals satt wird, gleich wieder einsetzt, wenn das Werk vollbracht ist. Und in den Nerven grinst es, wenn der Strom des Adrenalins versiegt und allgemeines Kotzen einsetzt. Und in dem Meister hinter der Retina rumort es und zwingt dich, die Schönheit dieses Anblicks zu erkennen.

Erspare uns diesen armseligen alten Kitsch von einem Wort, *Schönheit;* heilige Maria, ist das ein Reisebericht, oder sind wir noch mittendrin? »*Auf dem Rücken dieses riesenhaften Wesens sehen wir ein rundes Dutzend – und ich muß vor allem dieses ›rund‹ betonen, Leute – buntgefiederter Vögel, die in allen Farben schillern, die man an der herrlichen, legendären Copacabana finden kann. Sie sind so rund, weil sie die Brocken fressen, die vom Tisch des Reichen runterfallen. Beachten Sie nun dieses wundervolle Motiv! Sehen Sie, wie der Schwanz des Brontos in die Höhe steigt... Oh, wie wunderbar, jawohl, zwei Heuschober voll sind es, die sich aus seinem Hinterende schieben. Das war doch eine Pracht, Leute, auf kurzem Weg von Konsument zu Konsument. Die Vögel streiten sich jetzt darum. Hey, ihr, es ist genug für alle da, und außerdem seid ihr schon dick genug... Und jetzt nichts wie zurückgehüpft auf das gute alte Rumpsteak und gleich die nächste Ladung abgewartet. Und während die Sonne im Westen des Jura untergeht, rufen wir: ›Einen guten Appetit‹...*«

Nein, du zögerst, und das ist ein Lebenswerk. Erschieß die Bestie und erlöse sie aus deinen Qualen. Indem du dein Herz in beide Hände nimmst, hast du es bis in Schulterhöhe und blinzelst durchs Visier. Ein furchtbarer Knall ertönt; du bist halbbetäubt. Am ganzen Körper bebend schaust du dich um. Das Monster mampft noch und ist beglückt, genügend Wind gelassen zu haben, um den alten Ledernacken zu erschüttern.

Wütend – oder ist es eine subtilere Empfindung? – brichst du durch die Büsche und baust dich vor ihm auf, und dieser exponierte Zustand ist typisch für den Schlamassel, in den die Überlegungen für dich und andere dich ständig stoßen. Rücksicht? Oder auch dies noch etwas subtiler? Warum solltest du verwirrt sein, nur weil du aus einer verwirrten Zivilisation stammst? Aber das ist ein Punkt, den man später noch behandeln kann, falls es ein Später gibt, was diese beiden Schweineaugen, die dich aus knapper Spuckdistanz taxieren, gewiß bestreiten wollen. Und das nicht nur durch deinen Schlund allein, o

Monster, auch durch mächtige Füße und, wenn es dir denn recht ist, indem du auf mich fällst und mich erdrückst! Möge dein Tod eine Legende sein, Scharfsinniger, Beowulfiger.

Eine Viertelstunde entfernt erklingen die Geräusche von einem Dutzend Flußpferden, die in Turnhosen ausgelassen aus dem Urschlamm hüpfen, und in der nächsten Sekunde fährt ein knallender großer Schwanz, so lang wie ein Sonntag und so dick wie ein Samstagabend, über deinen Kopf hinweg. Du duckst dich, so schnell es geht, doch das Ungeheuer hätte dich sowieso verfehlt, denn zufälligerweise ist seine Koordinierungsfähigkeit nicht besser, als deine eigene es wäre, wenn du dich mit einem Woolworth Tower als Wirbelsäulenfortsatz herumschlagen müßtest. Danach scheint das Untier zu meinen, es hätte seine Pflicht getan. Es vergißt dich. Du wünschst dir nur, du könntest dich selbst genauso leicht vergessen; das war immerhin der Grund, weshalb du den weiten Weg hierher zurückgelegt hast. *Steig aus allem aus,* hieß es in dem Zeitreiseprospekt, was für dich bedeutet, dich von Claude Ford zu befreien, einer Ehemannperson, so jämmerlich wie ihr Name, mit einer schrecklichen Frau namens Maude. Maude und Claude Ford. Die sich nicht einstellen konnten, nicht aufeinander und nicht auf die Welt, in die sie hineingeboren wurden. Es war der beste Grund in der momentan sich darbietenden Welt, um hierher zu kommen und riesige Saurier zu schießen – falls du dumm genug wärest, anzunehmen, daß einhundertfünfzig Millionen Jahre vor oder zurück für das Gewimmel von Gedanken im Kleinhirn des Menschen auch nur den Hauch einer Bedeutung haben.

Du versuchst deine lächerlichen, kindischen Gedanken abzuwürgen, doch sie waren eigentlich nie richtig dumm seit den coca-erfüllten Tagen deines Heranwachsens; mein Gott, wenn es die Jugend nicht gäbe, wäre es eigentlich unnötig, sie zu erfinden! Es beruhigt dich etwas, erneut die riesige Masse dieses übermächtigen Pflanzenfressers zu betrachten, in dessen Existenz du mit einem gemischten Lebens-Todes-Wunsch eingebrochen bist, eben mit allem Gefühl, zu dem der menschliche Orga(ni)smus fähig ist. Diesmal ist der legendäre »schwarze Mann« echt, Claude, so wie du es dir gewünscht hast, und diesmal mußt du ihm wirklich in die Augen sehen und ihm entgegentreten, ehe er sich umdreht und dir die Stirn bietet. Und so erhebst du erneut den alten Gleichmacher und wartest, bis du die verwundbare Stelle findest.

Die bunten Vögel schwanken, die Läuse tollen herum wie junge Hunde, der Sumpf ächzt, während Bronto sich herumwälzt und seinen kleinen Schädel auf der Suche nach Futter in das gallefarbene Wasser taucht. Du beobachtest das; du bist in deinem ganzen aufgedrehten Leben noch nie so aufgedreht gewesen, und du hoffst darauf, daß diese seelische Katharsis den letzten Tropfen beißender Furcht aus deinem Organismus saugt. O. k, sagst du dir wie irr immer wieder, während deine Millionen Dollar teure, auf das zweiundzwanzigste Jahrhundert abgestimmte Erziehung zu nichts zerbröselt, o. k., o. k. Und während du es zum x-ten Mal sagst, taucht der wahnwitzige Kopf wieder aus dem Wasser auf wie ein aus dem Gleis gesprungener Expreßzug und blickt in deine Richtung.

Schiebt sich auf dich zu. Dann, während der mahlende Unterkiefer mit seinen riesigen stumpfen Backenzähnen, die aussehen wie Betonpfeiler, auf und ab schwingt, siehst du das Sumpfwasser über randlose Lippen, lippenlose Ränder rinnen, deine Füße überspülen und den Untergrund benetzen. Stumpf und Stiel, Stamm und Wurzel, Blatt und Knospe, alles ist periodisch sichtbar in diesem kauenden Maul und, zappelnd, wühlend oder krabbelnd dazwischen, Aale, winzige Krustentiere, Frösche – allesamt in diesem furchtbaren, zermalmenden Auf und Ab dazu bestimmt, sich in Stuhlgang zu verwandeln. Und während das Schmatzen und Zermatschen andauert, sind schlammresistente Augen darüber wieder auf dich gerichtet und beobachten dich.

Diese Tiere werden bis zu zweihundert Jahre alt, heißt es im Zeitreiseprospekt, und dieses Biest hat es offenbar geschafft, so lange zu leben, denn sein Blick ist Jahrhunderte alt, umflort von Dekaden auf Dekaden des Dahinvegetierens in seiner schwergewichtigen Gedankenlosigkeit, bis es sich an seinen Erbsenschädel gewöhnt hat. Für dich ist es so, als schautest du in einen beängstigend trüben Tümpel; es versetzt dir einen psychischen Schock, du feuerst beide Läufe auf dein eigenes Spiegelbild ab. Bang-gang, die Dum-dums, groß wie Rambams, fliegen los.

Ohne zu zögern verlöschen diese jahrhundertealten Lichter, so matt und heilig. Diese Klüsen bleiben zu bis zum Jüngsten Tag. Dein Spiegelbild ist für immer aus ihnen verschwunden, ausgeblutet. Über den verwüsteten Scheiben schieben sich langsam Nickhäute nach oben wie schmutzige Laken, die einen Kadaver zudecken. Das Maul mampft langsam weiter, während der Kopf träge herabsinkt. Langsam kriecht ein Streifen kalten Reptilienbluts wie Zahnpasta über die faltige Flanke einer Wange. Alles ist langsam, eine unheimliche Langsamkeit zweiter Ordnung wie das Herabtröpfeln von Wasser, und du weißt, daß du, hättest du die Schöpfung besorgt, ein Medium gefunden hättest, weniger herzzerreißend als die Zeit, um all das in Szene zu setzen.

Das ist jetzt egal! Leert eure Humpen, meine Herren, Claude Ford hat eine harmlose Kreatur erlegt! Lang lebe Claude, der Klauenbewehrte!

Du verfolgst atemlos, wie der Kopf den Erdboden berührt, wie der lange Witz von einem Hals nachfolgt, wie das Maul sich endgültig schließt. Du siehst zu und wartest, daß etwas geschieht, aber es tut sich nichts. Nichts geschieht. Du kannst hundertfünfzig Millionen Jahre da stehenbleiben, großer Claude, und nichts wird hier jemals wieder passieren. Nach und nach wird das riesenhafte Gerippe des Brontos, ratzekahl aufgefressen von Raubtieren, im Schlamm versinken, von seinem eigenen Gewicht tiefer und tiefer gedrückt; dann steigt das Wasser wieder, und der alte Sieger namens Meer erscheint mit dem lässigen Flair eines Kartenhais, der den Jungs ein hoffnungsloses Blatt austeilt. Schlamm und Treibsand lagern sich auf dem riesigen Grab ab, ein langsamer Regen, der Jahrhunderte Zeit hat, seine Wassermassen abzuladen. Die Ruhestätte des alten Brontos hebt und senkt sich vielleicht noch ein halbes Dutzend Male, sanft genug, um seine Ruhe nicht zu stören, obgleich das Sedimentgestein mittlerweile um ihn einen soliden Felsmantel bildet. Am Ende, sobald er eingeschlossen ist in ein Mausoleum – schöner, als jeder indische Radscha es sich in seinen kühnsten Träumen ausmalen könnte –, laden die Mächte der Erde ihn auf ihre Schultern bis, immer noch schlafend, Bronto in einer Felsrippe der Rockies hoch über dem Pazifik zur Ruhe kommt. Aber daran verschwendest du keine Gedanken mehr, großer Jäger Claude; sobald die winzige Made des Lebens im Schädel des Tiers gestorben ist, kümmert dich der Rest nicht mehr.

Du empfindest nichts. Du bist nur etwas verstimmt. Du hast dramatisches auf den Erdboden Trommeln oder Brüllen erwartet; andererseits bist du froh, daß das Ding offenbar nicht gelitten hat. Du bist wie alle grausamen Menschen, nämlich sentimental; du bist wie alle sentimentalen Menschen, nämlich zimperlich. Du klemmst dir das Gewehr unter den Arm und umrundest den Dinosaurier, um deine Beute zu betrachten.

Du streichst um die plumpen Füße herum, um das antiseptische Weiß der Wand von einem Bauch, vorbei an der glänzenden und phantasieanregenden Kaverne der Kloake und posierst schließlich unter dem Knick der Verbindung von Schwanz und Körper. Nun ist deine Enttäuschung so klar und deutlich wie eine Visitenkarte: Der Riese ist nicht halb so groß, wie du ihn eingeschätzt hast. Er ist nicht mal halb so groß wie die Vorstellung von dir und Maude in deinem Kopf, zum Beispiel. Armer kleiner Krieger, die Wissenschaft wird niemals etwas erfinden, um den Titanentod zu unterstützen, den du dir in den gegenerdlichen Katakomben deines angstvoll kribbel-krabbelnden Ichs wünschst!

Dir bleibt nichts mehr, als mit einem Bauch voll Anticlimax zurückzukriechen in dein Zeitmobil. Sieh doch, die bunten, Dung fressenden Vögel haben sich bereits mit dem wahren Stand der Dinge arrangiert; nacheinander breiten sie ihre Flügel aus und fliegen traurig über den Sumpf zu anderen Wirten. Sie wissen, wenn gute Zeiten ein Ende haben, und warten nicht, bis die Geier sie vertreiben; gib alle Hoffnung auf, der du hier verweilst. Auch du wendest dich ab.

Du machst kehrt, aber du verharrst. Dir bleibt nichts weiter, als heimzukehren, nein, aber 2181 A. D. ist nicht nur ein Heimdatum; es ist Maude. Es ist Claude. Es ist das ganze schlimme, hoffnungslose, endlose Geschäft, sich an ein überkompliziertes Environment anzupassen, des Bemühens, sich selbst in ein kleines Rädchen im Getriebe zu verwandeln. Deine Flucht von dort in die *Grandiose Einfachheit des Jura,* um erneut den Prospekt zu zitieren, war nur eine vorübergehende Flucht, die jetzt beendet ist.

Daher hältst du inne, und während du verharrst, landet etwas mitten auf deinem Rücken, stößt dich mit dem Gesicht voraus in den tiefen Matsch. Du wehrst dich und schreist, während Hummerscheren an deinem Nacken und deiner Kehle zerren und reißen. Du versuchst, das Gewehr zu erreichen, aber du schaffst es nicht, daher wälzt du dich in deiner Qual herum, und schon stürzt sich das Krebs-Ding auf deine Brust. Du reißt an seiner Schale, aber es kichert und knipst dir die Finger ab. Als du den Bronto erlegt hast, hast du vergessen, daß seine Parasiten ihn verlassen würden und daß sie für eine kleine Krabbe, wie du eine bist, um einiges gefährlicher sind als für ihren bisherigen Wirt.

Du gibst dir alle Mühe, trittst und schlägst fast drei Minuten lang um dich. Am Ende dieser Zeitspanne sitzt ein ganzes Rudel dieser Wesen auf dir. Sie fressen und nagen bereits dein Skelett picobello sauber. Es wird dir oben auf den Rockies sicher gefallen; du wirst nichts spüren.

(Ins Deutsche übertragen von Michael Kubiak)

Grüner Bruder

Howard Waldrop

Das Bild des Drachen ist derart weitverbreitet – drachenähnliche Wesen kommen in fast jeder Mythologie der Welt vor – und die Gefühle, die es weckt, sind derart stark, daß Dr. Carl Sagan neben anderen die Vermutung geäußert hat, daß Drachen eigentlich eine Rassenerinnerung an Dinosaurier sind, ein Überbleibsel aus der grauen Vorzeit, als unsere Vorfahren noch winzige, auf Bäumen lebende Insektenfresser waren, die sich vor Angst zitternd verkrochen, sobald einer der riesigen Fleischfresser wie Tyrannosaurus Rex *durch den Wald tobte.*

Wie immer die Wahrheit auch aussehen mag, der Archetypus des Dinosauriers ruht in unserem Blut und streift ehrfurchtgebietend durch unsere Träume, wo man ihn treffen, herbeirufen und manchmal auch nützlich einsetzen kann – selbst wenn wir nicht wissen, was die Erscheinung ist…

Howard Waldrop genießt weithin den Ruf, einer der besten Kurzgeschichtenautoren des Genres zu sein, und seine berühmte Story Die häßlichen Hühner *errang im Jahr 1981 sowohl den* Nebula *wie auch den* World Fantasy Award. *Seine Arbeiten wurden in zwei Storycollections zusammengefaßt:* Howard Who? *und* All About Strange Monsters of the Recent Past: Neat Stories by Howard Waldrop, *und weitere Sammlungen sind bereits in Arbeit. Waldrop ist außerdem der Autor des Romans* Them Bones *und, in Zusammenarbeit mit Jake Saunders,* The Texas-Israeli War: 1999. *Ein weiterer Roman, von ihm wieder allein verfaßt,* A Dozen Tough Jobs, *wurde soeben veröffentlicht. Waldrop lebt in Austin, Texas.*

* * *

Ich berichte jetzt über die Zeit, als Rote Wolke wegen der Erdstraße, die sie durch unser Land schlugen, gegen die Gelbwaden kämpfte.

Das fing im vergangenen Winter an, als die Gelbwaden die Grauen Weißen Männer weit im Osten besiegten. Wir verstanden nicht, warum sie sich gegenseitig töten wollten, aber es war uns eigentlich egal, solange sie uns in Ruhe ließen.

Ich bin Seltene Decke. In jener Zeit war ich ein großer Medizinmann meines Volkes. Ich hätte den Kämpfen gegen die Soldaten sicher nicht beigewohnt, wenn meine beiden Schwiegersöhne nicht den Wunsch gehabt hätten, die anderen zu begleiten. Ich habe für mein Volk nicht allzuviel übrig, aber ich liebte meine beiden Töchter und die Männer, die sie geheiratet hatten.

Daher zogen wir mit unseren Zelten zu den Plätzen, wo die restlichen Lakota ihre Lager aufgeschlagen hatten, und wir veranstalteten die Medizintänze, und die jungen Männer zogen hinaus, um die Soldaten in ihrem Fort an der großen Erdstraße anzugreifen.

Ich war die meiste Zeit im Lager, aber ich ging gelegentlich hinauf und schaute dem Töten zu. Manchmal brachten die Kampftrupps einen unserer Männer zurück, und wir stimmten dann die Todesgesänge an und weinten. Manchmal hörten wir, daß sie ein paar Soldaten gefangen und ihren Spaß mit ihnen hatten und sie dann töteten. Damals herrschte eigentlich kein richtiger Krieg. Wir zeigten ihnen lediglich, wie sehr wir uns ärgerten.

Sie hatten einige Jahre vorher an einem großen Treffen teilgenommen, mit Gesandten des Großen Weißen Vaters, und wir hatten alle die Feder in die Hand genommen und bekamen anschließend hübsche Geschenke und eine gute Mahlzeit. Dann brachten sie uns eine Menge Decken und Brot und bunte Perlenketten. Dann bauten sie eine Straße durch unsere besten Jagdgründe.

Die Straße hatte sich mit Wagen gefüllt, und die Leute, die vorbeikamen, ließen uns wissen, daß sie uns nicht leiden konnten. Sie hatten außerdem Angst, daher kamen schon bald die Soldaten, während wir in unseren Winterjagdgründen im Süden waren, und bauten aus Holz ein großes Fort. Es stand dort, als unsere ersten Kundschafter in den Norden zurückkamen. Zudem jagten die Soldaten den Büffel wegen seiner Leber.

Rote Wolke, der große Sprecher für unser Volk, ging zum großen Fort und fragte den obersten Soldaten, ob sie weggingen, bevor es wieder kalt würde. Der Mann sagte nein.

Sie schickten einen Mann aus dem Osten, der Rote Wolke erklärte, er habe dem Bau der Forts und der Straße zugestimmt.

Rote Wolke entgegnete, er erinnere sich nicht, daß darüber je gesprochen wurde.

Daher schickten sie noch mehr weiße Leute zu Rote Wolke.

»Wir aßen eine Woche lang sehr gut«, erzählte er der Ratsversammlung, »aber ich glaube nicht, daß jeder von ihnen die ganze Zeit aus dem Herzen sprach.« Er sagte, die weißen Männer hätten geklagt, daß sie einander gerade wegen der Schwarzen Weißen Männer bekämpften und die große Erdstraße brauchten.

Rote Wolke erklärte ihnen, daß das große Holzbauwerk ein Makel im Auge des Großen Geheimnisses sei und daß die Erdstraße den Büffel scheu machte, und ob sie beides nicht wieder entfernen könnten.

Sie sagten nein und wedelten mit einem Stück Papier herum.

Deshalb zogen Rote Wolke und ein paar hundert Krieger eines Nachts los und brannten das Fort nieder.

Dann bauten die weißen Männer es vor zwei Wintern wieder auf. Nun nahm jeder an dem Kampf teil. Meine Schwiegersöhne waren die meiste Zeit unterwegs, außer wenn sie Lebensmittel brachten, und ich hielt mich oft in der Gesellschaft alter Männer und Frauen und Kinder auf. Manchmal ist das ganz angenehm. Man bekommt einen Blick für die Dinge.

Mein Lieblingsenkel hieß damals Herbstfohlen, doch das sollte sich bald ändern, denn sein dreizehnter Geburtstag stand bevor. Er lernte gut und nahm das Wissen, das ich ihm weitergab, sehr schnell auf. Ich merkte wohl, daß er am liebsten draußen bei den Männern gewesen wäre, die vor dem Fort kämpften, aber er war noch zu jung.

Ich saß eines Tages vor meinem Zelt und rauchte, als er mich besuchte. Ich zog an meiner Pfeife, nachdem ich einige Rauchwolken dem Wind geschenkt hatte. Dann saß ich da und blickte zur offenen Seite des von den Tipis gebildeten Halbkreises. Die Sonne war schon vor einigen Stunden aufgegangen.

»Großvater!« rief er außer Atem. Er war dünn, und sein Haar war so schwarz wie die Nacht. Er trug sogar im Sommer Leggins aus Rehleder. Soweit ich mich erinnere, war dies in jenem Sommer bei den Jungen die große Mode.

»Was ist? Warum bist du so aufgeregt?«

»Zwiebeljunge ist nicht mehr Zwiebeljunge. Er ging vor drei Tagen weg und ist zurückgekommen, und nun ist er Adlerklaue.«

»Aha, das ist gut. Ich werde mir seinen neuen Namen merken. Ist er sehr verändert?«

»Nein, außer daß er jetzt eine Medizin mit einer Adlerklaue darin hat. Er sagte, der Adler mußte wohl angeschossen worden sein, denn er flog über ihn hinweg, dann zuckte er in der Luft, und seine Klaue fiel vor ihm auf die Erde.«

»Ah, ein gutes Zeichen. Hat er vom Fliegen geträumt? Gewöhnlich haben die Leute, die sich einen Vogelnamen aussuchen, während ihres Auszugs Visionen vom Fliegen.«

»Ich hab' vergessen, ihn danach zu fragen.«

»Es ist auch nicht so wichtig«, sagte ich.

»Großvater?«

»Ja?«

»Wie war es denn bei deinem Auszug und der Namenssuche?«

Ich sah im Geiste das Flußtal, sah meinen Blick verschwimmen und meine Müdigkeit, spürte den Schmerz in meinen Lidern und die Schnitte zwischen meinen Zehen, wo ich die scharfen Steine eingeklemmt hatte. Ich erlebte erneut das Zittern und die Mühsal und die Hitze des Tages. Dann sah ich den Mann wieder, der ich selbst war, wie er ohne Decke durch den Schnee wanderte, nicht frierend, nicht müde, nicht krank oder im Fieber. Es war für immer in meinem Hirn.

»Oh, das ist schon lange her«, sagte ich. »Ich sah einen Mann, der im Winter keine Decke brauchte.«

»Hast du auch im Geist ein Tier gesehen?« fragte er.

Die große Bestie stellte sich vor mir auf, riesig und furchtsam, die Augen voller Feuer, das zottige Fell zitterte vor Kraft, die Klauen waren lang wie Messer, die Zähne waren groß wie Gewehrpatronen, sein Kopf so breit wie ein Lederschild, sein Atem faulig, der Gestank erstickend, und sein Vorwärtsstürmen unaufhaltsam. Ich hatte meine Gedärme entleert.

»Einen Bären«, sagte ich. »Geh jetzt wieder spielen.«

Einer meiner Schwiegersöhne wurde mit einer Kugel im Bein zurückgebracht. Ich behandelte ihn mit der Medizin und holte die Kugel heraus, kaute Tabak und beschwor das Große Geheimnis, für ihn mit dem Tod zu ringen. Ganz schnell war er wieder auf den Beinen.

Ich beschloß, zur großen Erdstraße hinaufzureiten, wo die Kämpfe stattfanden, und mir alles selbst anzusehen.

»Darf ich dich begleiten, Großvater?« fragte Herbstfohlen.

Ich sah seine Mutter an. Sie hob die Schultern.

»Yippppeeee!« rief er und rannte los, um sein Pony zu holen.

»Denk daran, daß wir nicht viel sehen werden«, rief ich ihm nach.
»Das macht nichts!« sagte er. »Es ist mir egal!«

Da waren drei kleine Hügel, ehe man zum großen hölzernen Fort gelangte. Unsere Leute hielten sich auf dem dritten Hügel auf, außerhalb der Reichweite der Gewehre der Schützen auf den Schutzwällen.

Zwischen dem ersten und dem zweiten Hügel gab es früher einen Wald, doch den hatten die Soldaten abgeholzt, um die Forts zu bauen, und sie mußten herauskommen und sich ihr Feuerholz zwischen dem zweiten und dem dritten Hügel holen. Dort war man noch in Sicherheit des Forts, und manchmal schickten sie Männer los, um Holz mit einem Wagen zu besorgen. Sie schickten außerdem Männer hinaus, damit sie auf uns schossen, während die anderen Holz sammelten. Dann versuchten wir sie zu töten, und sie versuchten uns zu töten.

Wir kämpften nicht gern auf diese Art und Weise, doch andere Methoden hatten keinen Erfolg. Im Anfang hatten einige Krieger des Nachts angegriffen und waren erschossen worden. Andere hatten tagsüber versucht, näher heranzukommen, doch die Soldaten hatten sie für ihre Schießübungen benutzt. Sie schienen reichlich Lebensmittel und Munition zu haben, allerdings kein Feuerholz. Daher warteten wir, bis sie herauskamen.

Es war ein langweiliges Unterfangen. Die meiste Zeit lagen unsere Männer im warmen Gras auf dem Hügel und beobachteten und polierten ihre Kriegslanzen oder wetzten ihre Messer. Andere gingen auf die Jagd oder angelten. Sie brieten das Wild immer auf den Hügeln, wo die Soldaten sie sehen konnten. Die Soldaten schossen dann immer auf sie. So hatte mein Schwiegersohn die Kugel ins Bein bekommen.

Herbstfohlen und ich stiegen auf den Hügel, auf dem sein Vater, Schrecklicher Wolf, in der Sonne döste.

»Ho, Vater«, sagte er, als er erwachte und uns den Abhang heraufkommen sah. Er richtete sich auf.

»Erhebe dich nicht wegen uns«, sagte ich.

Herbstfohlen rannte zu seinem Vater und umarmte ihn. »Du bringst mich in Verlegenheit«, sagte Schrecklicher Wolf. Der Junge ließ von ihm ab.

»Wie stehen die Dinge im Lager?«

»Still und langweilig«, sagte ich. »Deinem Bruder geht es gut. Er kommt diese Woche zurück.« Wir setzten uns. Schrecklicher Wolf und ich unterhielten uns.

Es dauerte einige Minuten, bis mir auffiel, daß Herbstfohlen nichts gesagt hatte. Er war den Abhang hinuntergelaufen, zurück zu den Pferden. Aber er schaute zur Kuppe des Hügels hinter mir hinauf. Er schien nervös zu sein.

»Hey-A! Hey-A!« rief jemand von der Hügelkuppe. Sofort sprangen Schrecklicher Wolf und alle anderen Männer auf, packten ihre Gewehre und schwangen sich auf die Pferde. Sie jagten in einer Staubwolke über den Hügel.

Aus der Richtung des Forts konnten wir Gewehrfeuer hören. Ich ging zu meinem Pferd und zog die Flinte aus dem Futteral, und Herbstfohlen holte Pfeil und Bogen von seinem Pony. Dann stiegen wir zum Gipfel.

Vor uns senkte das Gelände sich zum Fort hinab. Soldaten waren auf den Schutzwällen, andere liefen in der Türöffnung herum. Auf halbem Weg zwischen uns und ihnen befanden sich ein Wagen und mehrere berittene Soldaten diesseits des ersten Hügels.

Die Krieger stürzten sich von allen Seiten auf sie, stießen wilde Schreie aus und veranstalteten einen Riesenwirbel. Die Soldaten setzten ihren Weg entschlossen fort, bis sie den Wald diesseits des zweiten Hügels erreichten. Dann hielt der Wagen an, und die Reiter stiegen ab und begannen zu schießen, während die anderen mit Äxten abgestorbene Bäume zerhackten.

Die Krieger ritten ihnen entgegen und sprangen von den Pferden und schossen auch. Die Soldaten feuerten immer gleichzeitig, die

Krieger hingegen, wann sie wollten. Das Klirren der Äxte war ständig zu hören.

Dann erfolgte der geordnete Angriff vom Fort, wobei zwei weitere Dutzend Soldaten auf ihren Pferden gegen die Krieger anritten. Die Krieger saßen wieder auf und zogen sich auf den dritten Hügel zurück. Dann hielten sie an und schossen auf die blau uniformierten Soldaten.

Daraufhin stürmte unsere zweite Schar Krieger den Abhang des dritten Hügels hinab, und die Soldaten im Fort reagierten heftig. Überall auf den Schutzwällen erhob sich Pulverdampf, als sie schossen. Die Welle Soldaten, die den Hügel erstürmte, machte kehrt. Überall war Gerenne und Schießen. Dichte Staubwolken wirbelten auf.

Einige Krieger der ersten Gruppe waren neben uns den Berg hinaufgerannt und brüllten und verspotteten die Soldaten. Ab und zu pfiff eine Kugel vorbei. Ein Mann ließ seinen Lendenschurz herunter und führte einen wilden Tanz auf und zeigte dem Fort seinen Hintern. Dann umfaßte er seine Fußknöchel und hüpfte rückwärts den Hügel hinunter in Richtung der Schüsse.

Viele Kugeln schlugen um uns herum ein.

Die zweite Welle Soldaten schaffte es nicht bis auf den dritten Hügel. Einige versuchten, den Abhang hinaufzustürmen, doch der Mann mit dem Säbel und den beiden Streifen an seinem Hut hielt sie davon ab. Sie sind gewöhnlich sehr viel vorsichtiger als die Männer mit einem Streifen am Hut.

Staub verhüllte alles vor unseren Blicken. Die Krieger auf dem Hügel schossen auf die Holzsammlergruppe und hielten dabei die Gewehre hoch. Die Soldaten unten und im Fort feuerten, so schnell sie konnten. Die Soldaten zwischen ihnen und uns rannten in dem Qualm und Staub hin und her.

Dann war alles wieder still. Der Staub senkte sich.

Der Wagen und die Soldaten kehrten ins Fort zurück, und nur ein paar Stämme lagen auf dem Wagen. Die berittenen Soldaten schauten wachsam zurück auf die Hügel. Einige von unseren Leuten steckten die Daumen in die Ohren und streckten die Zungen heraus, eine alte Spottgeste des weißen Mannes.

Das Tor des Forts schloß sich. Wir kehrten über den Hügel zurück. Niemand war verletzt worden.

Ich schaute mich um, dann blickte ich nach oben. Herbstfohlen stand dort als Silhouette vor dem Himmel und betrachtete das Fort. Er zitterte und war bleich.

»Komm herunter«, sagte ich. »Nachher wirst du noch von einer Kugel getroffen.«

Er schüttelte sich, sah sich um.

»Was ist los?«

Er sah auf den Bogen in seiner Hand. »Ich weiß es nicht, Großvater... ich... ich...«

»War die Aufregung zuviel für dich?«

»Nein... ich... ich hab' kaum darauf geachtet.«

Seine Augen blickten verstört. Ich sagte nichts mehr zu ihm, und wir ritten zurück in unser Lager.

Es überraschte mich nicht, als ich zwei Tage später sah, wie er seine Freunde zusammenrief. Einem reichte er seinen Bogen, einem anderen die Pfeile und das Messer. Dann gab er seine Leggins, seine Mokassins, seinen Lendenschurz ab. Nackt kehrte er den Zelten und Feuern unseres Volkes den Rücken und ging zu den Bergen in der Ferne.

Seine Mutter kam zu mir. »Vater, hast du gesehen...«

Ich nahm die Pfeife aus dem Mund, damit ihr Schatten nicht darauffiel und den Tabak verdarb. »Es ist soweit«, sagte ich. »Es lag schon seit einigen Tagen in der Luft. Ihm wird nichts passieren.«

Wir sahen ihm nach, bis er in der Abendsonne verschwunden war.

Dann waren wir für ein paar Tage sehr beschäftigt, und ich dachte kaum an Herbstfohlen.

Beschäftigt waren wir mit dem Töten von Soldaten. Und das geschah folgendermaßen:

Ich begleitete meinen Schwiegersohn, als er zur großen Erdstraße zurückkehrte. Wir kamen dort an, als die Sonne direkt über uns stand. Die Hitze war drückend, die Luft völlig still. Geräusche waren weithin zu hören. Wir vernahmen von unserem Hügel aus, wie die Tore des Forts sich öffneten. Der Krieger, der Ausschau hielt, stieß daraufhin seinen Schrei aus. Ich blickte zum Himmel. Ein einsamer Fliegenschnäpper jagte ein Insekt. Ich holte meine Flinte aus ihrem Futteral und saß auf.

Wir machten es genauso wie vorher. Der Wagen kam heraus, und wir griffen ihn an. Dann stürmten die anderen Soldaten heran. Danach kamen unsere Reserven aus ihren Verstecken. Dann schwangen unsere Krieger sich auf die Pferde und ritten den Hügel hinauf.

Ich sah noch vor den anderen, was geschah. Ich stieß einen Schrei aus und stimmte meinen Todesgesang an.

Weil nämlich die zweite Welle Soldaten nicht auf dieser Seite des zweiten Hügels angehalten hatte. Sie kamen näher. Sie wurden von einem Soldaten mit einem Streifen am Hut angeführt. Er zeigte mit dem Säbel auf uns und gab seinem Pferd die Sporen. Ich konnte sehen, wie die Hufe seines Pferdes Staub aufwirbelten. Unsere Blicke trafen sich.

In der Annahme, es fände wieder das gleiche Ritual statt, waren einige unserer Leute abgesessen und tanzten auf der Hügelkuppe herum.

»Ihr – ihr – ihr!« sangen sie und schlugen Purzelbäume. »Ihr – ihr – kriegt uns nicht!« Dann bemerkten sie, daß die berittenen Soldaten nicht angehalten hatten, sondern weiter auf sie zustürmten. Für einen kurzen Moment rannten sie wie wild durcheinander, dann sprangen sie auf ihre Pferde.

Kugeln zischten mir um die Ohren, als die sich nähernden Soldaten den Berg hinaufjagten. Während ich mich auf mein Pferd schwang, konnte ich sehen, wie der Mann, der den Wagentrupp führte, die Faust in Richtung des Mannes schüttelte, der den Angriff auf dem Berg anführte. Es war für einen Mann mit einem Streifen eine recht törichte Aktion.

Für ein paar Sekunden erschien es als eine wunderbare Taktik, weil wir nicht damit rechneten. Doch noch während sie sich der Hügelkuppe näherten und wir in das offene Gelände dahinter galoppierten, sah ich, daß unsere Reserven, die bereits ihren gewohnten Angriff durchgeführt hatten, kehrtmachten und den Hang heraufkamen. Gefleckter Stier führte sie, und er war ein guter Mann.

Daher gaben wir unseren Pferden die Sporen und trieben sie an. Wir merkten es, als die weißen Männer auf den Berggipfel gelangten, denn sie begann auf alles zu schießen, was sie sehen konnten. Kugeln prasselten um uns herum ins Unterholz. Jemand zu meiner Linken wurde getroffen und stürzte. Der Mann rechts von mir drehte sich um und feuerte, und wir ritten in einem Kreis nach rechts, damit die weißen Männer schneller zwischen uns und die Reserven gerieten. Wir wandten uns gegen die Soldaten, sobald ihr Feuer nachließ.

Das geschah, weil Gefleckter Stier sich zwischen sie und die Hügelkuppe geschoben hatte. Ich wandte mich um und sah die Soldaten umherrennen, als seine Gruppe sie angriff.

Es waren um die zwanzig berittene Soldaten. Wir waren einhundert.

Ich schickte Schrecklicher Wolf zurück auf die Hügelspitze. »Melde uns, wenn das ganze Fort herauskommt«, sagte ich.

Dann stürzten wir uns wieder in die Schlacht.

Ich hatte keine Kriegslanze bei mir, daher bückte ich mich auf meinem Pferd tief hinab und holte aus, als ich mich einem Soldaten näherte. Er schoß mit einer Pistole auf mich. Pulverdampf verbrannte mir Gesicht und Arme. Ich kam hoch und erwischte ihn mit dem Kolben meiner Flinte unter dem Kinn. Er erschlaffte und rutschte von seinem Pferd.

Dann sah ich den Mann mit einem Streifen und feuerte beide Läufe ab – direkt in sein Gesicht. Er starb schnell.

Ein paar Soldaten hatten ihre Pferde getötet und waren hinter ihnen in Deckung gegangen und beschossen uns von dort. Wir saßen ab und gingen auf sie zu, wobei wir ständig das Feuer erwiderten. Pulverdampf hüllte alles ein.

»Das ganze Fort rückt aus!« rief Schrecklicher Wolf.

»Schießt weiter«, sagte ich. »Feuert, was das Zeug hält!«

»Sie sind schon auf dem zweiten Berg!« brüllte Schrecklicher Wolf, doch er saß noch nicht auf seinem Pferd.

Wir töteten den letzten Soldaten, während die Welt sich mit dem Dröhnen von Hufen füllte. Schrecklicher Wolf sprang auf sein Reittier und verschwand über den Gipfelgrat.

Ich schwang mich auf mein Pferd und machte es ihm nach. Wir teilten uns, die eine Hälfte jagte nach Osten, die andere nach Westen.

Siebzig Soldaten kamen in braunen und blauen Wellen über den Berg. Kugeln schwärmten umher wie Bienen. Dann machten wir alle kehrt und ritten über denselben Berg zum Fort zurück. Wir erwischten den Wagentrupp völlig unvorbereitet.

Wir töteten die meisten von ihnen und setzten den Wagen in Brand.

Jemand sprang von seinem Pferd und urinierte auf das Gesicht eines Toten. Dann ritten wir, so schnell wir konnten, von dort weg und nahmen alles mit, was wir aus dem Wagen geholt hatten. Sie jagten uns, bis es zu dunkel war, um etwas zu erkennen.

Wir verlegten das Lager ein paar Meilen von dem Platz weg, wo es sich die ganze Zeit befunden hatte. Nach ein paar Tagen hatte sich alles beruhigt, und unsere Krieger kehrten auf den Berg zurück, und die Soldaten waren wieder im Fort.

Es war Abend. Ich saß rauchend vor meiner Behausung. Dann sah ich einen nackten Jungen von weither auf unser Lager zukommen. Es war mein Enkel. Er blieb oft stehen. Er hinkte. Immer wieder drehte er sich um und schaute zu den nahen Bergen zurück, in die Richtung, in der das Fort lag.

»Hallo, Enkel!« rief ich. »Bist du der Spur unserer Lastschlitten gefolgt?«

Er sah mich für einen Moment stumm an.

»Großvater«, sagte er dann.

»Ja?«

»Kann ich jetzt schlafen? Ich werde dir später alles erzählen.«

»Da, nimm«, sagte ich, rückte zur Seite und gab ihm die Hälfte meines Büffelmantels. Er legte sich schwerfällig hin, und dann war er eingeschlafen. Ich strich ihm über den Kopf, während er träumte.

Er wachte spät am nächsten Tag auf.

»Könntest du mir helfen, einen neuen Namen zu finden?« fragte mein Enkel.

»Die meisten Leute brauchen dabei keine Hilfe«, sagte ich.

»Aber nur, weil sie den Geist eines Totemtieres gesehen haben und seinen Namen kennen«, meinte er.

»Du hast kein Tier gesehen?«

»Ich sah ein Tier, Großvater, aber ich kenne seinen Namen nicht.«

»Das ist allerdings ein Problem. Vielleicht kann ich helfen.«

Er fing an, mir zu erzählen, an was er sich von seiner Namenssuche erinnern konnte. Die Wanderung war mühsam gewesen, wie die meisten es sind, bis eine Vision erscheint. Er war durch die Berge gestreift, hatte Gebete gesungen, hatte nicht geschlafen. Er hatte sich Steine zwischen die Zehen geklemmt und seine Augen mit Dornenzweigen gerieben, um sich wachzuhalten. Er hatte Stimmen gehört, aber es war immer nur der Wind gewesen, wenn er etwas genauer gelauscht hatte. Er hatte sich auf einen Felsen gelegt, daß sein Kopf nach unten hing, um die Vision zu beschleunigen. Aber erst am dritten Tag hatte er eine.

»Ich wandte mich in die Richtung der großen Erdstraße«, sagte er. »Und ich sah es. Ich sah alles. Wasser war da, viel Wasser. Es glänzte in der Sonne. Der Boden dampfte, und alles war grün und gedieh üppig. Viele kleine Tiere, die ich nicht kannte, huschten zwischen den Pflanzen herum. Im Wasser wateten Wesen mit langen Hälsen und so dick wie der Büffel in den Steppen. Tiere wie Fledermäuse mit langen Schnäbeln segelten am Himmel umher und tauchten in Wasser nach Fischen. Alles war groß, und die Wesen schrien und heulten und brüllten wie Pumas. Ich verstand es nicht.«

»Visionen sollen manchmal nicht verstanden werden, sondern nur ein Anstoß zum Handeln sein«, sagte ich. »Wie war das denn nun mit deinem Tier?«

»Dann war ich selbst ein Tier und watete durch das Schilf. Die dort lebenden Tiere, die mir so groß erschienen waren, waren jetzt klein, hatten meine Größe. Ich wischte Sträucher und Gräser zur Seite. Ich jagte eines von den Dingern mit den langen Hälsen, das vor mir wegzulaufen versuchte. Seine Augen waren voller Entsetzen. Ich schnappte es mir mit einem einzigen Satz. Ich biß in seinen Kopf, und er zerbrach wie eine Nußschale. Ich spürte Blut und Knochen. Ich biß den Kopf ganz ab und verschluckte ihn, während das restliche Tier umherstolperte und schwankte und sein Blut in großen Wellen verströmte. Ich wartete, und dann warf ich es um und begann zu fressen, während es sich zuckend auf dem Boden wälzte und eine große Fläche mit seinem Schwanz und seinen Beinen plattwalzte. Ich warf immer den Kopf zurück, um zu fressen, und verschlang große Brocken, ohne zu kauen.

Ich war nahe am Wasser und sah mein Spiegelbild. Ich war riesig groß und grün. Ich stand auf zwei Beinen und hatte dort, wo meine Arme waren, winzige Klauen. Meine Augen befanden sich an den Seiten eines großen Kopfs. Ich hatte ein langes Maul voller scharfer Zähne und einen langen dicken Schwanz, den ich zum Balancieren benutzte.

Ich erhob mich von meiner Beute und drohte der Welt mit lautem Gebrüll. Für einen Moment verstummte die Erde, dann machte sie weiter wie vorher.«

Mein Enkel sah mich an. »Ich fühle eine große Verwandtschaft mit dem Tier, Großvater. Ich weiß nicht, was es ist. Es ist ein Tier des Schreckens und voller Kraft, und es hatte eine Haut wie eine Schlange.«

»Ganz gewiß ist es ein mächtiges Tier.«

»Großvater, da ist noch etwas.«

»Und was soll das sein?«

»Es ist noch da. Beim Fort des weißen Mannes.«

Mein Enkel sah sich um, entdeckte einen Teil der Beute aus dem Wagen vor ein paar Tagen. »Das werde ich brauchen«, sagte er und hob ein Werkzeug auf.

»In einer Schaufel steckt kein großer Zauber«, sagte ich.

»Beim Fort des weißen Mannes ist auch kein großes Wasser«, sagte er. »Doch ich habe es dort gesehen.«

Er sagte, er würde sich einen neuen Namen suchen, nachdem er seine Arbeit erledigt habe. Die Schaufel war größer als er selbst. Er schnallte sie auf sein Pony und ritt davon zur großen Erdstraße.

»Wo will Herbstfohlen hin?« fragte seine Mutter.

»Sein Name ist nicht mehr Herbstfohlen.«

»Wie lautet er dann?«

»Das wird er bald herausfinden«, sagte ich.

»Begleitest du ihn nicht, Vater?« fragte sie.

»Ich wollte gerade aufbrechen«, sagte ich.

Als ich hinkam, stand Schrecklicher Wolf auf dem Hügel und kratzte sich am Kopf. Er hielt sein Gewehr in der linken Armbeuge.

»Er war auf seiner Namenssuche, nicht wahr?« fragte mein Schwiegersohn.

»Ja. Er ist bedrückt. Sie brachte keinen eindeutigen Erfolg.«

»Ich kann... warte mal... was macht er da?«

Wir blickten zum Fort hinunter. Ich sah, daß mein Enkel hinter einer Gruppe junger Bäume in Deckung gegangen war, aber jetzt, die Schaufel in der Hand, rannte er auf die Festung zu.

Wir sahen kleine Rauchwölkchen von den Schutzwällen aufsteigen, dann hörten wir auch das Knallen von Armeegewehren. Mein Enkel rannte im Zickzack wie ein Hase auf der Flucht. Staub spritzte rechts und links von ihm hoch.

Andere waren ebenfalls auf den Hügel gekommen. Sie waren neugierig geworden, weil sie Schüsse hörten, aber niemand schrie oder stieß Warnrufe aus. Sie beobachteten, wie die einsame Gestalt durchs Gelände rannte.

»Hat er den Verstand verloren?« wollte jemand wissen.

»Probleme mit dem Großen Geheimnis«, sagte ich.

»Oh.«

Dann blieb er stehen. Er blickte zurück, dann nach vorn. Staub spritzte um ihn herum auf, und das Feuer vom Fort wurde immer heftiger. Ich sah, wie einer seiner Zöpfe in die Luft geworfen wurde.

Er ließ sich fallen. Ich dachte, er wäre tot. Er wurde durch einen Busch verborgen, der gerade groß genug war, um einem Hund Schutz zu bieten. Dann sahen wir das Blitzen seiner Schaufel und den Stiel, der in die Luft ragte.

»Yayyy!« schrien wir alle.

Einige weitere Schüsse fielen vom Fort, dann war es still.

Schwach konnten wir die Geräusche der Schaufel hören, als sie sich ins Erdreich wühlte.

Als die Nacht hereinbrach, war er bereits hinter einem Erdhaufen verschwunden.

»Ich gehe hinunter, um nachzusehen, ob es ihm gutgeht«, sagte Schrecklicher Wolf.

»Bring ihm lieber etwas zu essen und seinen Bogen«, sagte ich. »Der weiße Mann könnte immerhin jemanden hinausschicken, der ihn töten soll.«

Mein Enkel war etwa zwei Bogenschüsse weit vom Fort entfernt, aber das schien die Soldaten zu beunruhigen. Die weißen Männer verstehen nichts von den Dingen, die mit dem Großen Geheimnis zusammenhängen. Gewiß dachten sie, daß sein Graben irgend etwas mit ihrem Fort zu tun hatte. Sie fürchteten sich schrecklich, daß ein Dreizehnjähriger einen Tunnel bis unter ihre Häuser graben und sie alle im Schlaf töten würde. Daher ließ sich nicht voraussagen, was die Soldaten tun würden.

Nachdem es stockdunkel geworden war, schlich Schrecklicher Wolf dorthin, wo die Geräusche der Schaufel erklangen.

»Ich wandte meinen Blick ab«, erzählte Schrecklicher Wolf später. »Als ich erkannte, was er tat.«

»Oh«, sagte ich, während ich auf der dem Fort abgewandten Seite saß und meine Pfeife rauchte.

»Teile von Sturmbestien lagen herum. Er grub mitten unter ihnen.«

»Das ist schlimm«, sagte ich. Wir glauben, daß Sturmbestien während des Regens vom Himmel herabstürzen. Es sind Monster, die zusammen mit dem Donnervogel im Himmel leben. Sie töten sich selbst mit Gebrüll, das wir als Donner hören, und stürzen rasendschnell herab, was für uns die Blitze sind.

Wir vermuten das, weil man ihre Überreste immer nach Gewittern finden kann, weil sie freigelegt werden, wenn die Regenfluten die Erde wegschwemmen. Ihre Knochen bedecken unsere Jagdgründe nach den Frühlingsregen. Gewöhnlich machen wir einen großen Bogen um sie, denn sie sind Unglückstiere.

»Hat er in seiner Vision Sturmbestien erwähnt?« fragte Schrecklicher Wolf.

»In seiner Geschichte kamen Donner und Blitz nicht vor«, antwortete ich.

»Meinst du, daß das Große Geheimnis meinen Sohn wahnsinnig gemacht hat?« fragte er.

»Das muß ich erst deuten«, sagte ich.

Allmählich kamen auch mir erste Zweifel.

Ich vollzog drei Zeremonien, jede anstrengender als die vorhergehende. Ich schwitzte und war müde, und meine Medizin war fettig und roch schlecht, als ich fertig war.

»Das Große Geheimnis bestraft deinen Sohn nicht«, sagte ich dann zu Schrecklicher Wolf. »Aber ein mächtiger Zauber wirkt hier, und ich möchte lieber nicht in der Nähe sein, wenn es passiert.«

»Aber du bleibst.«

»Natürlich bleibe ich.«

Der Erdhügel war gewachsen. Er türmte sich an dem der Erdstraße zugewandten Rand des Lochs auf. Gelegentlich räumte eine Schaufel voll Erde die Stelle frei, wo er grub. Ansonsten waren die Tage ruhig und friedlich.

Wir konnten die Männer im Fort umhergehen sehen. Ab und zu schoß einer von ihnen auf die Stelle, wo mein Enkel grub. Dann hörten sie damit auf.

Wir entwickelten nach und nach eine Routine.

Schrecklicher Wolf brachte nachts Essen und Wasser zu seinem Sohn, und wir hielten tagsüber Wache, für den Fall, daß die Soldaten herauskamen, um Feuerholz zu holen oder meinem Enkel Schaden zuzufügen. Das war nicht gerade etwas, was wir gern taten.

Schrecklicher Wolf kam eines Nachts zurück. Er sank erschöpft auf den Erdboden, ließ den Kopf zwischen den Knien herabhängen und starrte vor sich auf die Erde. Ich bemerkte im Mondlicht, daß seine Mokassins bereits verschlissen waren, obwohl der Sommer gerade erst begonnen hatte.

»Ich habe nicht gewußt, daß ein einziger Mensch so viel Erde bewegen kann«, sagte er.

»Großvater«, sagte jemand und schüttelte mich wach.

»Ja«, sagte ich, erwachte in meinem Mantel, in dem ich eingeschlafen war. Ich rieb mir die Augen und setzte mich auf. Es war einige Stunden vor Tagesanbruch. Weit entfernt erklang ein dumpfes Dröhnen.

»Ich brauche die Hilfe einer starken Medizin.«

Er war mit Erde beschmiert und abgezehrt. Seine Augen waren stumpf vor Erschöpfung und reflektierten kaum die Feuer auf dem Berg. Er war nackt wie an dem Tag, als er sich auf die Suche nach einer Vision und seinem Namen begeben hatte.

In der Ferne hörte ich ein weiteres Donnergrollen, und Blitze erleuchteten den Himmel.

»Wenn ein Gewitter aufzieht, und du arbeitest inmitten von Sturmbestien, dann brauchst du mehr Kraft, als ich wecken kann. Aber ich will sehen, was ich tun kann.«

Zuerst einmal zog ich mich nackt aus und vollführte einen Schutztanz für mich selbst. Ich bin schließlich kein Narr. Dann absolvierte ich einen kleinen für ihn, denn er selbst ist ja auch noch klein. Ich glaubte allerdings nicht, daß das die Blitze davon abhalten würde, uns zu töten. Dann nahm ich meine Medizin in die Hand.

»Ist dir schon ein Name eingefallen, Enkel?« fragte ich, während wir den Berg hinuntergingen. Der östliche Horizont führt Selbstgespräche in Form von hellen Lichtblitzen. Große Wolken, deren Spitzen sich in alle Richtungen ausstreckten, zogen uns am Himmel entgegen.

»Ich werde in Zukunft Grüner Bruder genannt«, antwortete er.

»Grüner Bruder ist ein guter Name.«

Die jungen Bäume wurden vom aufkommenden Wind hin und her gepeitscht. Staub wehte von der großen Erdstraße herüber. Ich bekam allmählich Angst, was aber mein Enkel nicht ahnte.

Blitze schlugen hinter dem Fort des weißen Mannes in den Erdboden. Männer bewegten sich auf den Schutzwällen. Vielleicht würde ein Blitz es treffen und verbrennen und all unsere Probleme beenden. Auf die Soldaten konnte ich jetzt nicht achten.

Die Grube lag vor uns. Grüner Bruder hatte eine Rampe zu der Höhe erreicht, die er in die Erde gewühlt hatte. Die Rampe war lang, das Loch war so tief.

Auch ich hätte niemals gedacht, daß eine einzige Person so viel Erde bewegen kann.

»Führe mich«, sagte ich und schloß die Augen. Ich bewegte meine Lippen in einem Todesgesang. Wenn ich das Geisttier insgesamt und auf einmal sähe, dann wäre es für mich einfacher. Ich würde in diesem Moment entweder am Leben bleiben oder sterben.

Ich spürte, wie wir immer tiefer in die Erde vordrangen. Das Pfeifen des Windes verstummte, von oben wehte mir nur noch Staub ins Gesicht. Ich spürte, wie das Herz in meiner Brust schlug, und konnte kaum richtig atmen.

Grüner Bruder sprach zu mir: »Es befindet sich vor dir, Großvater.«

»Ist es schrecklich, Enkel?«

»Nicht, wenn du dich daran gewöhnt hast.«

In diesem Moment verließ mich der Mut.

»Dreh mich von ihm weg«, bat ich. »Der Zauber ist besser, wenn ich nicht an seinen Anblick gewöhnt bin.«

»So«, sagte er und drehte mich.

Ich öffnete die Augen. Die Seitenwände des Lochs erstreckten sich neben mir nach unten. Die Rampe führte von dort aus, wo ich stand, nach oben. Ein Blitz erzeugte einen furchtbaren Schatten auf dem Boden vor mir. Ich spürte die tote Nähe des Dings hinter mir.

»Mach deinen Zauber mit ihm, Großvater«, sagte Grüner Bruder.

»Steht es aufrecht? Sind seine Arme und Beine frei? Wird es auf uns treten?«

»Es sind nur Knochen, aber die sind wie Eisen. Es steht aufrecht, aber etwas zu uns herabgebeugt, als fiele es nach vorn. Sein Körper steckt im Fels unter uns. Ich konnte ihn mit der Schaufel nicht herausschaffen.«

»Es ist gut, daß du es nicht getan hast. Es hätte auf dich stürzen können, und ich hätte deinen neuen Namen nie erfahren.« Ich wischte mir über die Stirn. »Das wird schwer. Was möchtest du denn, daß es tun soll?«

Grüner Bruder schaute hinter mich. Er lächelte. »Ich möchte, daß es die große Rampe hinaufsteigt und dann über die große Erdstraße ins Fort geht.«

»Das würde auf die weißen Männer sicherlich Eindruck machen«, sagte ich.

Donner ertönte draußen vor dem Loch, begleitet von einem weißen Blitz. Das machte mich etwas unruhig. Ein paar Regentropfen trafen auf meinen Kopf. Bald würde das Gewitter losbrechen. Vielleicht würden noch mehr Sturmbestien auf uns herabstürzen und uns töten.

»Tritt zurück«, sagte ich. »Ich brauche viel Platz.«

»Kann ich irgend etwas tun?« fragte mein Enkel Grüner Bruder. »Ich fühle Verwandtschaft mit diesem Tier. Ich war dieses Tier in meiner Vision.«

»Wenn es sich bewegt, kannst du tun, was immer du willst«, sagte ich.

Ich breitete die Gegenstände für mein Ritual vor mir aus. Sie waren alle nötig. Ich wünschte, ich hätte noch mehr heilige Dinge. Ich hatte noch nie etwas so Gewaltiges versucht.

Ich rief das Große Geheimnis an und erinnerte es daran, daß ich im Angesicht des Gewitters so klein war wie alle Männer und Frauen. Ich bat es, daran zu denken, was unser Volk aus Dankbarkeit für seinen Segen getan hatte, und dankte ihm für die vielen Male, die es für mich mit dem Tod gerungen hatte.

Nachdem ich es mir gewogen gestimmt hatte, begann ich bestimmte Dinge zu schildern, die die Soldaten uns angetan hatten, dann bat ich es, sich mir durch die Sturmbestien hinter mir mitzuteilen.

Als ich innehielt, um Luft zu holen, hörte ich den ersten Gewehrschuß. Dann den Warnruf von unseren Leuten, der bedeutete, daß die Soldaten aus dem Fort kamen.

»Sing deinen Todesgesang, Grüner Bruder«, sagte ich. »Ich versuche, das hier zu Ende zu führen.«

Ich hatte meine Flinte auf dem Berg zurückgelassen, denn ich wollte sie nicht in einem Gewitter bei mir haben. Vor Jahren hatte ich einmal gesehen, wie ein Mann mit seinem Gewehr verschmolz, während er im Gewitter saß. Es war nicht sehr schön gewesen.

Das Gewitter entlud sich krachend über uns. Lautes Schießen erklang, und Hufe trommelten auf uns zu.

»Beeil dich, Großvater!« sagte Grüner Bruder. »Beeil dich!«

Ich rief den Geist der Sturmbestie an, uns zu helfen. Ich machte es voller Inbrunst, fühlte es in mir, da es nicht mehr nur um mein Volk ging, sondern Grüner Bruder und ich selbst in Schwierigkeiten waren. Ein Gewehr wurde in der Nähe des Erdhügels abgefeuert, und Stimmen riefen etwas. Der Wind heulte und brüllte. Der Himmel erbebte vor Lärm und Licht.

Eine Kugel schlug direkt neben mir in den Boden. Ich kniff die Augen zu. Ich hörte Männer am Ende der Rampe, die nervös lachten.

»Ding!« schrie ich, öffnete die Augen und tanzte herum. »Ding! Werde lebendig! Lebe!«

Ein mächtiger Blitz schlug außerhalb des Lochs ein.

Ich sah viele Dinge gleichzeitig:

Ich sah sechs Soldaten zu Fuß etwa in der Mitte der Rampe. Einige kauerten, hielten die Gewehre im Anschlag. Zwei standen und zielten auf mich.

Ich sah Grüner Bruder neben mir, den Kopf erhoben, die Schaufel in den Fäusten und bereit, die Soldaten auf der Rampe anzugreifen.

Ich sah den Schatten des Dings hinter mir auf dem Boden.

Er bewegte sich. Es konnten auch Schattenbilder verschiedener Blitze sein, die aufzuckten.

Ich sah die beiden Soldaten zurückweichen. Ich sah, wie die Herzen in ihrer Brust stehenblieben. Ich sah, wie sechs Augenpaare sich weiteten und groß wurden wie die Türknaufe an den Häusern des weißen Mannes. Die Augen der beiden Männer, die starben, fielen zur Seite heraus. Die anderen Männer verschwanden die Rampe hinauf.

Donner entlud sich über uns.

Ich drehte mich um und sah das Ding hinter mir an.

Ich machte meine Hose naß und fiel nach vorn ins weiche Erdreich.

Der Regen strömte vom Himmel, peitschte mir ins Gesicht und in die Augen. Ich setzte mich auf. Wasser floß ins Loch. Grüner Bruder lag ausgestreckt neben mir auf der Erde, sein Kopf blutete an der Stelle, wo er gegen die Schaufel geprallt war.

Ich ging zu ihm, nachdem ich meine Medizin aufgesammelt hatte. Seltsamerweise gab es keinen Donner und keine Blitze mehr, sondern nur Regen.

Ich nahm den beiden toten Männern die Gewehre ab und hängte sie mir über eine Schulter. Ich hob Grüner Bruder auf und ging die schlammige Rampe hinauf. Ich drehte mich nicht um. Es war mir egal, ob die anderen Soldaten noch da waren oder nicht.

Es war sehr still im kalten Regen.

Kurz nachdem die weißen Männer abgezogen waren, brannten wir das Fort nieder. Als im nächsten Frühjahr der Schnee geschmolzen war, unterschrieben wir einen weiteren Vertrag, und ein Doktor der Knochen kam vom Großen Fluß Potomac herüber, um sich das Feld der Sturmbestien anzusehen.

Er und Grüner Bruder verbrachten viel Zeit in dem Erdloch und in seiner Umgebung. Dann kamen Männer und Wagen und nahmen alle Sturmbestien mit. Der Doktor der Knochen sagte, daß Traumtier von Grüner Bruder heiße in der Sprache des weißen Mannes *Tyrannosaurus Rex*. Er sagte, dieses Exemplar sei einmalig.

Grüner Bruder bat darum, mit dem Doktor nach Osten zu gehen, um mehr über all die Traumtiere zu erfahren, die er gesehen hatte.

Daher ist er jetzt in der Universität, und ich vermisse ihn sehr. Wir leben in Frieden und bekommen jeden Monat unseren Kaffee und Vieh und Mehl, und es ist ziemlich langweilig.

Ehe er wegging, erzählte Grüner Bruder, daß sein Geisttier ausgesehen hatte wie eine langschwänzige, gelbe und braune Eidechse, nur viel größer und wilder.

Ich bin ein einfacher Mann und habe von vielen Dingen der weißen Männer keine Ahnung. Aber ich kenne die Wahrheit, und solange ein blauer Himmel über mir ist und das Große Geheimnis lächelt, weiß ich es sicher. Das Ding, das ich in jener Nacht in dem Erdloch sah, war keine Eidechse.

Bitte dreht mich jetzt zur Sonne, damit ich rauchen kann.

(Ins Deutsche übertragen von Michael Kubiak)

Brutzeit

Harry Turtledove

Science-fiction ist ein Genre, das sich buchstäblich über Nacht allgemeiner Beliebtheit erfreute, deshalb kann es nicht sehr überraschen, zu sehen, welch großen Raum Harry Turtledove eingenommen hat – und innerhalb so kurzer Zeit. In einigen wenigen Jahren wurde er zum Stammautor von Zeitschriften wie Analog, Amazing *und Isaac Asimovs* Science Fiction Magazine, *zusätzlich liefert er regelmäßig Beiträge für* Fantasy Book, Playboy, The Magazine of Fantasy and Science fiction *und* Universe. *Obwohl sich sein Ruf bis heute hauptsächlich auf nur zwei beliebte Fortsetzungsreihen gründet, hat er längst begonnen, an umfangreicheren Geschichten zu arbeiten. 1987 erschien sein Roman* Agent of Byzantium; *seine Tetralogie* The Videssos Cycle *wird innerhalb der nächsten Jahre in einer Gesamtausgabe erscheinen. Sein neuestes Buch ist der Roman* A Different Flesh. *Turtledove ist gebürtiger Kalifornier, mit einem Doktorgrad in Byzantischer Geschichte, den er an der Universität U. C. L. A. erwarb. Er hat eine wissenschaftliche Übersetzung einer byzanthinischen Chronik aus dem neunten Jahrhundert veröffentlicht. Er lebt mit seiner Frau und seinen zwei Töchtern in Canoga Park in Kalifornien.*

In der folgenden Geschichte weist er darauf hin, daß manchmal *die scheinbar unüberbrückbaren Grenzen zwischen den Arten zu leicht zu überqueren sind – aber vielleicht ist das gut so.*

Die Montana Rockies zeichneten sich im Westen gegen den Horizont ab – ein purpurfarben-schwarzer Gesteinshaufen. Die schwache Brise kam aus dem Osten. Sie brachte den Anflug eines würzig-harzigen, nadelholzartigen Duftes mit sich und, etwas zarter, den Geruch des Meeres.

Von ihrem Moskitonetz aus, das sie in der Mitte einer Gruppe von Farnpalmen aufgebaut hatte, beobachtete Paula Shaffer, wie die Hadrosaurier am Fluß nach Nahrung suchten. Nicht viele Leute, dachte sie etwas gereizt, erinnerten sich an diese großen, plumpen Schnabeltiere, wenn sie das Wort »Dinosaurier« hörten. Man dachte dabei eher an bizarr gehörnte Horn-Dinosaurier und an wilde, rohe Tyrannenechsen, ähnlich wie der Begriff »Säugetier« das Bild eines Tigers oder einer Giraffe in einem wachrufen würde und weniger das einer Kuh.

Dennoch gibt es wesentlich mehr Kühe als Tiger und Giraffen, und in der Kreidezeit zählten die Hadrosaurier zu den erfolgreichsten Dinosauriern. Deshalb würden sie auch noch weitere zehn Millionen Jahre überleben, bis irgendwann die Asteroiden die Erde treffen, das Klima von unterst zu oberst drehen und alle Dinosaurier auslöschen würden.

Nebenbei bemerkt – Paulas Dissertation hatte das Verhalten der Hadrosaurier zum Inhalt. Die Biester selbst waren nicht sehr dramatisch, aber Paula fand sie dennoch faszinierend. Das war auch gut so, denn ihr Stipendium gab ihr nur zwei Wochen Zeit, um praktische Erfahrung zu sammeln. Sie war dankbar, daß sie mitten in der Brutzeit angekommen war. Das war reines Glück gewesen. Die Zeitrakete konnte weder eine spezielle Jahreszeit noch ein spezielles Jahr auswählen.

Etwas biß sie in den Knöchel: eine Dinosaurier-Wanze. Voll Ekel schrie sie auf und steckte die Wanze in ein Teströhrchen mit Formaldehyd, so daß sie es später mit in ihr eigenes Zeitalter nehmen konnte. Die Wanze hatte sich beinahe leicht von ihrem Bein lösen lassen. Das warme Blut, das sie mit den sonst üblichen Gastwirten der Wanze teilte, hatte sie angezogen, aber irgendwie schien es der Wanze nicht so ganz geschmeckt zu haben. Ein ganzes Äon an Evolution hatte dafür gesorgt.

»Und, verdammt noch mal, das tut mir auch nicht im geringsten leid«, brummte Paula vor sich hin und klebte sich ein Heftpflaster auf die offene Wunde.

Während sie ihre Verletzung versorgte, trottete ein Hadrosaurier langsam zu den Farmpalmen, die sie umgaben, um an den Blättern zu knabbern. Obwohl er sich aufrecht bewegte – oder eher, watschelte – mit einer deutlichen Vorderlastigkeit, war sein Kopf immer noch eineinhalb Meter höher als ihrer; er war ungefähr sieben Meter lang. Wenn er sich dazu entschied, durch den Zykadenhain zu brechen, dann blieb ihr nur die Möglichkeit, auszuweichen.

Glücklicherweise zeigte er keinerlei Anzeichen dafür; er kaute einfach munter drauflos. Die kleinen, flachen Zähne des Schnablers verursachten ein mahlendes Geräusch, das an eine riesige Pfeffermühle erinnerte. Paula kicherte. »Seine rumpelnden Verdauungsgeräusche sind einfach phänomenal«, sprach sie in ihr Aufnahmegerät und äußerte damit den einzig witzigen und sauberen Kommentar, der jemals aufgezeichnet wurde.

Der Hadrosaurier strömte einen kühlen und beinahe angenehmen Geruch aus, etwas unterschiedlich von all den Gerüchen, die sie aus ihrer Zeit kannte – eigenartige Pflanzen als Nahrung und eigenartige Feromone, dachte sie. Das Biest leistete gute Arbeit, und bevor es weiterging, um nach mehr Futter Ausschau zu halten, fraß es die Farnpalmen kahl. Wie Elefanten verbrachte es eine Menge Zeit mit der Nahrungsaufnahme.

Es hielt inne, grunzte, hob seinen Schwanz in die Höhe und hinterließ einen großen Haufen, bevor es weiterwatschelte. Nur ein Spezialist hätte die Fliegen, die um den Kot herumschwirrten, von ihren zeitgenössischen Gegenstücken unterscheiden können. Wie Schaben hatten auch Fliegen rechtzeitig ihre Nische gefunden und blühten und gediehen.

Das war zu deprimierend, um darüber nachzudenken. Nur Zeitreisende, dachte Paula, erkannten, daß der Mensch auf der Erde nichts als eine Eintagsfliege war... und niemand kam aus der Kreidezeit zurück, ohne neue Einsichten in die Beständigkeit und Wichtigkeit seiner Arbeit mitzubringen.

Mühsam schob sie ihre düsteren Gedanken zur Seite. Bevor sie diese Feldarbeit begonnen hatte, war sie von ihrem Vorsitzenden gewarnt worden, daß sie selbst hier draußen ihr ärgster Feind sein würde. »Sie werden das einzige denkende Wesen auf dem Planeten sein. Manchmal glaube ich, daß die Bürde, die man jemandem damit auferlegt, einfach zu groß ist.«

»Ja, Professor Musson«, hatte sie gehorsam geantwortet und sich gewünscht, er würde nicht ganz so mystisch sein. Nun erkannte sie, daß er aus Erfahrung gesprochen hatte.

Der Hadrosaurier grunzte wieder, aber das war einen willkommene Ablenkung. Er bückte sich, um einen riesigen Farn zu entwurzeln und danach einen zweiten, der gleich daneben stand. Aber anstatt die Farne zu fressen, behielt er sie in seinem Maul und trottete zielbewußt flußabwärts.

Paula wurde sehr aufgeregt. Sie rollte ihr grünes Nylon-Moskitonetz, unter dem sie sich versteckt gehalten hatte, zusammen und verstaute es in ihrem Rucksack. Dann verließ sie den Palmenfarnhain, um dem Dinosaurier zu folgen.

Er sah sich voller Argwohn nach ihr um. Natürlich hatte er keine angeborene Furcht vor Menschen, aber viele kleine, fleischfressende Dinosaurier waren ebenfalls Zweifüßler; vielleicht nahm er Paula als solches wahr. Sie duckte sich hinter einen Zypressenstamm. Da Hadrosaurier kein nennenswertes Erinnerungsvermögen besitzen, vergaß er sie, sobald sie aus seinem Sichtkreis verschwunden war.

Sie schlenderte hinter ihm her; sogar das Watscheln eines sieben

Meter langen Tieres ist alles andere als langsam. Von Zeit zu Zeit tauschte er Begrüßungs- und Erkennungslaute mit anderen Tieren aus der Herde aus, als er an ihnen vorüberkam. Paula erkannte diese Rufe als Erkennungssignale, aber sie ließ dennoch ihren Kassettenrecorder die ganze Zeit über laufen. Jemand hatte unlängst in Neu-Mexiko eine Arbeit über Hadrosaurier beendet; vielleicht war es die Sache wert, herauszufinden, ob die »Dialekte« vom Norden nach Süden variierten.

Ein Hypsilophodon raste brüllend vor Angst und Entsetzen an ihr vorüber. Der kleine Dinosaurier rannte auf seinen Hinterbeinen, aber er war Vegetarier; Geschwindigkeit war seine einzige Verteidigungsmöglichkeit. Wegen seines enormen Tempos lag er beinahe flach auf dem Boden – oder es sah zumindest so aus –, sein langer Schwanz war steif aufgerichtet, um das Gewicht seines Körpers auszugleichen.

Aber er brauchte auch alle Geschwindigkeit, die er aufbringen konnte, denn auf seinen Fersen war einer der Schrecken, der sogar die mächtigen Hadrosaurier nervös machte: ein Deinonychus. Der Räuber war ungefähr zweieinhalb Meter lang und von ähnlichem Körperbau wie der Dinosaurier, den er verfolgte. Seine langen Vorderbeine endeten in kralligen, greifenden Vorderfüßen, und die dritte Zehe der Hinterbeine war eine heimtückische, gemeine Klaue, die dazu bestimmt war, das Opfer aufzureißen.

Der Deinonychus verfolgte das Hypsilophodon ungefähr hundert Meter entfernt von der Stelle, an der Paula stand. Er griff sich sein Opfer mit den tödlichen Vorderbeinen und hielt es in einiger Entfernung von seinem Körper, so daß er ihm mit seinem Hinterbein den letzten, entscheidenden Schlag versetzen konnte. Sein Schwanz half ihm dabei, das Gleichgewicht zu halten, während er auf nur einem Bein stehend sein Opfer erlegte. Sobald das Hypsilophodon tot war, neigte sich sein Schlächter über den Kadaver und begann ihn gierig zu verschlingen.

Paula erschauerte und klopfte auf den .45er, den sie an ihrer Hüfte trug. Der Deinonychus hätte ebensogut auch sie angreifen können, aber ein paar Kugeln hätten seinen Sinn vermutlich geändert. Sie wünschte sich, sie hätte einen Granatwerfer bei sich, nur für den Fall, daß es einen der größeren Fleischfresser danach gelüstete, ihre Anwesenheit wahrzunehmen. Sie war froh, daß es diese Tiere nicht so häufig gab.

Sie eile hinter dem Hadrosaurier her, der nun einen großen Vorsprung hatte. Als sie am Brutplatz anlangte, war sie ziemlich ins Schwitzen geraten, sowohl vom Laufen und ihrem jüngsten Abenteuer als auch wegen des feuchten, subtropischen Klimas.

Der Nistplatz erinnerte sie an eine Seevögel-Kolonie zur Brutzeit. Das ist ziemlich passend, dachte sie, denn was sind denn Vögel schon anderes als die gefiederten Nachfolger der Dinosaurier?

Die Größenordnungen hier waren natürlich etwas unterschiedlich. Jedes der kugelförmigen Schlammnester hatte einen Durchmesser von ungefähr zwei Metern und war mehr als einen Meter hoch. Der muffige Geruch von absterbenden Pflanzen übertraf sogar noch den Gestank der Dinosaurier. Die Hadrosaurier saßen nicht auf den Nestern, sondern benutzten wie Krokodile die Wärme der verfaulenden Pflanzen, die sie in die Nester warfen, um den Kleinen das Ausschlüpfen zu erleichtern.

Nicht alle Nestlinge waren schon ausgeschlüpft; um einige Nester lungerten immer noch die Eltern-Dinosaurier herum, um die Jungen vor Räubern zu beschützen, ganz so wie Pinguine ihre Eier vor Möwen schützen. Paula beobachtete, wie ein Hadrosaurier drohend grunzte und den Kopf senkte, als sei er im Begriff, einen Troodon, einen kleinen fleischfressenden Dinosaurier, der oft unbewachte Nester überfiel, anzugreifen. Der Troodon zischte, zog sich jedoch zurück.

Hadrosaurier waren sicherlich keine perfekten Wächter. Eine Eidechse kroch mühsam an einer Seite eines Nestes vorbei und machte, daß sie davonkam; sie leckte sich noch immer mit einem methodischen Schnalzen ihrer schwarzen, gegabelten Zunge das Dotter vom

Maul. Die Dinosaurier-Eltern waren etwa zwei Meter entfernt, zeigten dennoch keinerlei Reaktion. Für einen erwachsenen Hadrosaurier war eine Eidechse so klein, daß er sie nicht einmal wahrnahm.

Paulas Hadrosaurier zwängte sich durch die Menge seiner Artgenossen; vorsichtig folgte sie ihm. Mit jedem weiteren ihrer Schritte hörte sie, wie die alten Eierschalen unter ihren Stiefeln zermalmt wurden. Diese Hadrosaurier waren seit ungezählten Generationen immer wieder zu derselben Brutstätte zurückgekehrt. Wiederum ein Faktum, das sie an Seevögel erinnerte.

Deshalb kannte Paulas Biest trotz seines kleinen Gehirns seinen Weg. Sobald das Tier sich dem Nest, das es gebaut hatte, näherte, stellte sie ihre Videokamera auf Nahaufnahme. Würde sie versuchen, näher an den Hadrosaurier heranzukommen, würde er sie davonjagen, wie es der andere Hadrosaurier mit dem Troodon getan hatte.

Der Hadrosaurier beugte sich über sein Nest und ließ die gesamte Farnladung, die er so lange mit sich herumgetragen hatte, fallen. Sofort machte sich ein Dutzend oder mehr der Schlüpflinge über die Nahrung her und vertilgte sie, als gäbe es kein Morgen. Ihr erregtes Quieken war eine Art Sopran-Mimikry zu den tiefen Lauten der Älteren.

Als Paula die Jungen beobachtete, mußte sie lächeln. Ein sieben Meter hoher Hadrosaurier war ein geruhsames, ernsthaftes Tier, dessen einziges Streben darauf ausgerichtet war, Futter zu sammeln. Ein dreißig Zentimeter kleiner, frischgeschlüpfter Hadrosaurier war natürlich etwas anderes. Die Schlüpflinge hüpften durch die Gegend, fielen übereinander her und zogen sich dann wieder ins Nest zurück, im Falle, daß Gefahr drohte. Sie balgten sich um Blätter und Zweige und bissen sich gegenseitig in Füße und Schwänze.

Als einer der Schlüpflinge mühsam versuchte, aus dem Nest zu krabbeln, schubste einer der erwachsenen Hadrosaurier das kleine Biest mit seinem Schnabel zurück in das Nest. Ein anderes Baby hatte Erfolg und entkam aus dem Nest. Es schlich sich davon. Das erwachsene Tier gab einen schnarrenden Laut von sich, woraufhin sich das Junge gehorsam umdrehte und wieder ins Nest kletterte.

Paula hätte gern gewußt, ob das erwachsene Tier männlich oder weiblich war; die Geschlechter unterschieden sich nicht so offensichtlich voneinander. Es gab zwei unterschiedliche, einander widersprechende Schulmeinungen: Die eine vertrat den Standpunkt, daß sich beide Elternteile um das Junge sorgten, die andere war der Meinung, daß nur die Mutter für die Jungen verantwortlich war. Eines Tages würde ein Forschungsteam ein ganzes Jahr in der Kreidezeit bleiben und die Wahrheit herausfinden. Aber wann die Geldmittel für ein solches Projekt bewilligt werden würden, konnte natürlich niemand voraussehen. Sicherlich würde es nicht sehr bald sein, dachte Paula traurig.

Ein weiterer, vollausgewachsener Hadrosaurier geleitete einen etwas älteren Schlüpfling ein kleines Stück aus dem Nest – auf eine gewagte Expedition. Die Jungen waren beinahe so lang wie Paula groß war, und ihre Haut verlor allmählich die Flecken, die Kennzeichen ihrer Kindheit waren, und nahmen die einheitlich grünbraune Farbe der Erwachsenen an.

Als ihr Hadrosaurier sich davonmachte, um mehr Nahrung für seine Jungen zu sammeln, näherte sich Paula vorsichtig dem Nest, um herauszufinden, von welchen Pflanzen sie sich ernährten. Als sie sich durch die Nahrungsreste kämpfte, wichen die Schlüpflinge voller Angst zurück.

Sie war überrascht, daß ein Ei noch immer aufrecht dastand und nicht ausgeschlüpft war. Mitten in den verrotteten Pflanzen, in die es gelegt worden war, konnte man ein wenig mehr als die Hälfte davon sehen. Die graugrüne Schale war mit Furchen durchzogen, um die Oberfläche zu vergrößern und die Kohlensäure, die der wachsende Embryo produzierte, abzustoßen.

Einen Augenblick dachte sie, daß dieses Ei nicht befruchtet war, aber dann bemerkte sie den Sprung auf einer der vertikalen Furchen.

Der Baby-Hadrosaurier war soeben dabei auszuschlüpfen; vielleicht war er so spät dran, weil sein Ei nicht so gut bedeckt gewesen war wie das übrige Gelege, und es hatte sich vermutlich deshalb nur langsamer entwickeln können.

Sie stellte die Videokamera auf das Ei; soweit sie sich erinnern konnte, hatte noch niemand jemals zuvor das Schlüpfen eines Hadrosauriers aufgezeichnet. Es war schade, daß keiner der beiden Elternteile dabei war, dachte sie, so daß sie sehen konnte, wie sie auf den Neuankömmling reagierten.

Das Schlüpfen war nicht einfach – Eierschalen von Dinosauriern waren etliche Millimeter dick. Zu guter Letzt jedoch lag der Baby-Hadrosaurier nach Luft ringend im Nest, immer noch naß vom Fruchtwasser. Einer seiner Brüder oder Schwestern trampelte, ohne sich darum zu kümmern, über seinen Kopf hinweg.

Er nahm das Kleine überhaupt nicht wahr. Aber Paula hatte die Größe, den Vorgang zu registrieren. Der Baby-Hadrosaurier öffnete sein Maul und sah sich erwartungsvoll um.

Paula brach in Gelächter aus. Das kleine Tier sah genauso aus wie die ausgestopften Spielzeuge, die sie im Buchladen in ihrer Universität verkauften. »Okay, Knabe, du hast es dir verdient«, sagte sie. Sie fand einige zarte Farnblätter, die die anderen übersehen hatten, und fütterte sie dem Jüngsten. Voller Entzücken kaute es daran.

Das Grunzen eines der erwachsenen Hadrosaurier in der Nähe veranlaßte Paula, sich eilig aus dem Nest zurückzuziehen. Sie wollte nicht, daß das Tier sie für einen Räuber hielt. Es war zu dumm, um auf Erklärungen zu hören, und zu groß, als daß sie sich mit ihm auf einen Streit einlassen konnte.

Ein weiteres Grunzen war zu hören, dieses Mal klang es sehr viel höher. Der jüngste Nestschlüpfer hatte sich zum Rand des Nestes durchgekämpft und schaute sich um. Als er Paula sah, sprang er zurück und landete auf einem Haufen in der Mitte des Nestes. Er rappelte sich mühsam wieder auf und näherte sich ihr.

»Oh, zum Teufel«, sagte sie ärgerlich. Sie nahm den kleinen Hadrosaurier auf. Verzweifelt schlug er seinen kleinen Schwanz um ihr Handgelenk. So sanft, wie sie konnte, setzte sie ihn zurück ins Nest.

Bevor sich die Gelegenheit ergeben würde, einen der Erwachsenen zu verärgern, zog sie sich zurück. Hinter sich konnte sie das gleiche, hohe Grunzen hören. Sie wandte sich um und sah, daß der Nestschlüpfer noch ungeschickter als vorhin auf seinen Beinen gelandet war.

»Bleib, wo du bist, bitte«, rief sie ihm zu, »ich bin nicht deine Mama... oder bin ich es vielleicht doch?« fügte sie hinzu, als der Kleine sich auf seinen Hinterbeinen aufrichtete und ihr folgte.

Ihre Augen weiteten sich. »Du kleiner Bastard, ich glaube, ich habe Eindruck auf dich gemacht!« Sie wußte, daß es mit Vögeln auf ähnliche Art funktionierte; das erste Ding, das sie beim Ausschlüpfen sahen, erkannten sie als ihre Mutter an, und das führte manchmal zu einem so lächerlichen Schauspiel, daß eine ganze Reihe junger Enten einem Huhn folgten.

Seit dem späten zwanzigsten Jahrhundert hatte die wissenschaftliche Gemeinschaft erkannt, daß Vögel die Nachkommen von Dinosauriern waren. Dennoch wußte Paula von keiner anderen Gelegenheit, bei der jemand einen Dinosaurier beeinflußt hatte. »Manchmal ist es besser, Glück zu haben und sich erst hinterher darum zu kümmern, ob es gut war oder nicht«, sagte sie heftig atmend und begann in ihr Aufnahmegerät zu sprechen.

Zum zweiten Mal setzte sie den Baby-Hadrosaurier in sein Nest zurück. »Beim dritten Mal wirst du Pech haben«, murmelte sie. Ihr war nach Schreien zumute, als das kleine Tier wieder verzweifelt an den Rand des Nestes kroch und nach ihr Ausschau hielt. Um diesen Anlaß zu feiern, pflückte sie einen jungen, zarten Farn, der zu klein war, als daß ein erwachsener Hadrosaurier ihn bemerkt hätte, und gab ihn dem Kleinen.

Mehr als alles andere verstärkte dieses zweite Füttern die Beziehung, die der kleine Dinosaurier zu ihr aufgebaut hatte. »Du glaubst wohl, ich bin ein Faß ohne Boden?« fragte sie. Jedesmal wenn sie zum Nest zurückkehrte, versuchte das Junge, mühsam herauszukriechen.

Sie war überrascht, wie tief die Sonne im Westen gesunken war. Bald würde sie hinter den Rockies verschwinden, mit ihren Spitzen, die vor achtzig Millionen Jahren höher und zackiger waren als in ihrer Zeit. Sie grinste. Der Baby-Hadrosaurier, der ihr nun zum ungezählten Male folgte, hatte bereits eine Menge ihrer wertvollen Zeit in der Kreidezeit aufgebraucht. Nein, das war nicht fair, beschloß sie – was sie von ihm lernte, war die Zeit wert.

Sie nahm den Schlüpfling auf und war drauf und dran, ihn wieder ins Nest zurückzusetzen, als sie aus dem Osten beunruhigende Geräusche hörte: auch die erwachsenen Hadrosaurier hörten sie. Köpfe hoben sich; Augen wurden weiter. Obwohl sie nichts wirklich Gefährliches gesehen hatten, brüllten die erwachsenen Tiere besorgt und riefen die gesamte Herde zur Flucht auf.

Einer der Hadrosaurier brach aus dem Gestrüpp und den riesigen Farnen am östlichen Rand des Nistplatzes hervor. Sein watschelndes Trotten erweckte einen verzweifelt dringenden Eindruck. Paula konnte in ihrem Kopf eine laute Alarmglocke läuten hören. Nicht viele Tiere waren groß genug, um einen Dinosaurier, der in etwa so viel wie ein kleiner Elefant wog, in Panik zu versetzen.

Paula nahm den Nestschlüpfer in ihre linke Hand und zog die Pistole; wieder einmal wünschte sie sich, sie hätte ein größeres Kaliber. Sicherlich waren riesige Fleischfresser eher selten, aber sie hätte von Anfang an erkennen sollen, daß eine Ansammlung von großen Pflanzenfressern wie diese hier an ihrem Brutplatz sie anziehen würde. Sogar der Granatwerfer, an den sie noch vorhin gedacht hatte, würde einen Tyrannosaurier nicht aufhalten können.

Wiederum erzitterte das Unterholz, als der Fleischfresser es auf seiner Verfolgungsjagd nach dem Hadrosaurier durchbrach. Paulas Mund wurde trocken. Es war kein Tyrannosaurier, es war das nächst

Schlimmste: ein Gorgosaurier. Er war neun Meter lang, drei Meter hoch und mit einem Maul voller riesiger, zehn Zentimeter langer Zähne bewaffnet. Paula fragte sich verwirrt, ob es einem Zebra etwas ausmachen würde, von einem Löwen oder einem Leoparden gefressen zu werden.

Die Hadrosaurier in dem nahegelegenen Brutplatz hatten natürlich keine solche Gedanken. Sobald sie den Gorgosaurier sahen, flohen sie, und wehe den Brutstätten oder Schlüpflingen, die ihnen in den Weg gerieten. Paula rannte mit ihnen und hoffte, daß sie nicht stolperte. Ihr Training hatte sie in keiner Weise auf eine Massenflucht von Dinosauriern vorbereitet. Sie wußte nur mit Sicherheit, daß es besser war, mit der Masse mitzuhalten, als ihren Fluß zu unterbrechen. Sie war schon immer der Meinung gewesen, daß König Knut ein verdammter Narr gewesen war.

Das Brüllen des Gorgosauriers klang wie eine Dampfmaschine, die fürchterliche Verdauungsprobleme hatte. Paula konnte hören, daß die Bestie die Herde einholte; sie wagte nicht, sich umzusehen und festzustellen, wie schnell das tatsächlich passierte. Ihre Lungen schmerzten, aber sie rannte weiter. In ihrer Studentenzeit war es für sie kein Problem gewesen, die ganze verdammte Länge von dreitausend Metern zu laufen, aber der Druck, ihr Studium zu beenden, hatte sie davon abgehalten, weiterhin mit der Leichtathletikgruppe mitzuhalten. Nun wünschte sie sich, ein Marathonläufer zu sein.

Etwas stieß gegen ihr linkes Handgelenk. Sie wurde sich bewußt, daß sie immer noch den kleinen Hadrosaurier in ihrem Arm hielt. Er drehte und wendete sich und versuchte zu entkommen. Sie hielt ihn fest. Er behinderte sie nicht beim Laufen, aber wenn sie ihn niedersetzte, würde er sofort zermalmt werden.

Ein pfeifendes Zischen war hinter ihr und zu ihrer Rechten hörbar und kündete das Herannahen eines weiteren Gorgosauriers an. Das ist nicht fair, dachte sie – die großen Fleischfresser waren doch Einzelkiller. Sie gingen nicht zu mehreren auf Jagd wie die Deinonychus oder andere kleinere Fleischfresser. Das wütende Bellen des ersten Hadrosauriers machte deutlich, wie wenig er seine Verfolger schätzte.

Paula hörte einen Schrei, der sie an den eines verwundeten Pferdes erinnerte: eines der Monster hatte getötet. Dann begann wieder das Dampflokomotiven-Pfeifen, zweimal so laut wie vorher, als der zweite Gorgosaurier dem ersten die Beute abnehmen wollte.

Als die beiden großen Fleischfresser miteinander kämpften, stieß Paula einen zitternden Seufzer der Erleichterung aus. Es war vorbei; der Rest der Herde war sicher. Bald würden die Hadrosaurier aufhören zu rennen, und sie würde sich aus der Herde lösen können.

Nur, sie hielten nicht inne. War eine Massenflucht einmal in Gang gesetzt, entwickelte sie ihre Eigendynamik, die mit dem Auslöser überhaupt nichts mehr zu tun hatte. Paula schwankte vor Erschöpfung und fand sich an der Seite eines dicken, hinkenden Hadrosauriers wieder. Sie hatte keine andere Möglichkeit, als aufzugeben und zertrampelt zu werden. Bei den wenigen Versuchen, sich gegen den Strom der Herde zu bewegen, um an ihren Rand zu kommen, war sie beinahe niedergerannt worden. Das gleiche würde geschehen, wenn sie ihr Tempo verlangsamte. Sie biß die Zähne zusammen und rannte weiter.

Die Hadrosaurier hatten bereits die Deckung der Bäume und Farne südlich der Brutstätte erreicht. An der Spitze wichen die Anführer der Herde nach der einen und anderen Seite aus, manchmal erkundeten sie auf diese Weise das Terrain, manchmal hatte diese Vorgehensweise keinen offensichtlichen Grund. Im halbdämmrigen Wald wußte Paula bald nicht mehr, in welche Richtung sie marschierte.

Sie suchte sich einen Baum aus – unter all den möglichen mußte es ein Magnolienbaum sein –, der stark genug aussah, daß sie sich dahinter verstecken konnte, während die Herde an ihr vorbeistampfte. Aber als sie sich bemühte, um den Baum zu erreichen, traf sie einer der Hadrosaurier – eher zufällig – mit der Spitze seines Schwanzes. Sie prallte gegen den Magnolienbaum und verlor das Bewußtsein.

Als sie wieder zu sich kam, war es dunkel. Sie setzte sich auf und stöhnte. Der Schmerz pulsierte mit jedem Herzschlag hinter ihren Augen und preßte ihren Brustkorb wie in einem Schraubstock zusammen. Ihr rechtes Handgelenk brannte wie Feuer. Der Schmerz in ihrer Brust wurde nicht schlimmer. Auf jeden Fall waren keine Rippen gebrochen, dachte sie sich.

Die Sache mit dem Handgelenk war etwas anderes. Sie konnte die Knochen knirschen hören, wenn sie es bewegte. So vorsichtig wie möglich nahm sie ihren Rucksack ab und tastete mit der linken Hand nach ihrer Taschenlampe.

Als sie das Licht anknipste, bewegte sich etwas voller Überraschung an ihrem linken Knie. »Bist du noch immer da?« fragte sie und lenkte den Lichtstrahl von dem Hadrosaurier weg. Nach kurzer Überlegung entschied sie, daß das kleine Tier keinen Ort hatte, an den es sich wenden konnte. Es hatte kein Nest mehr – was konnte es schon anderes tun, als sich an die einzige Person zu wenden, die für ihn Sicherheit bedeutete? Viele Gefahren lauerten in den mesozoischen Nächten: nicht nur kleine umherstreunende Säuger, sondern auch – und die waren mehr gefürchtet – die nächtlichen Vettern der Deinonychus, die auf Jagd nach den Säugern und allem, was sie finden konnten, gingen.

Diese Überlegung war nur ein kleiner Teil von Paulas Ängsten, als sie eine Packung mit Schmerzmitteln suchte. Sie schluckte eine Pille und nach ein paar Sekunden eine weitere. Während sie auf die Wirkung wartete, nahm sie eine Rolle Bandagen aus dem Rucksack und fand gleichzeitig ein paar Schienen.

Ihre Schmerzen ließen allmählich nach. Sie löste das Band um ihr Handgelenk, an dem der Kompaß befestigt war und fand den Auslöser für ihre Zeitmaschine. »Oh, verdammt noch mal«, sagte sie. Das Medikament vermittelte ihr das Gefühl, weit entfernt und gelassen zu klingen, aber sie konnte den Schrei hinter ihren Worten fühlen. Beide Apparaturen waren zertrümmert.

Sie setzte sich ruhig hin und versuchte, sie durch reine Willenskraft wieder funktionsfähig zu machen. Als ihr das nicht gelang, nickte sie bitter, als ob dieser Mißerfolg einer nicht erfüllten Bittstellung an einen Dekan gleichkäme. Sie kämpfte ihre aufsteigende Panik nieder. »Das Wichtigste zuerst«, sagte sie und schiente ihr Handgelenk.

Sogar während sie die Bandage festzog, hörte ihr Geist nicht auf zu jammern. Wenn sie nicht durch dieses Zeitschema gehen konnte, um das Kreidezeitalter zu verlassen, mußte sie für den Rest ihres Lebens hierbleiben – und das würde sicherlich nicht lange dauern. Das hatte man ihr während ihres Trainings eingebleut. Die Regeln, die sie unterschrieben hatte, um ihre Eigenverantwortlichkeit zu demonstrieren, füllten ein kleines Buch.

Vielleicht war es die Angst, gescheitert zu sein, vielleicht war es der Schlag auf den Kopf, den sie erhalten hatte, auf jeden Fall beging sie einen schlimmen Fehler. Anstatt bis zum Morgen zu warten und die Spur, die der Ausbruch der Hadrosaurier gezogen hatte, zurückzuverfolgen, entschied sie sich, sofort weiterzugehen, und zwar ohne auf die Richtung zu achten. Sie stand auf und hielt Ausschau nach einer Lichtung, von der aus sie die Sterne sehen konnte.

Der Baby-Hadrosaurier trottete vertrauensvoll hinter ihr her, so wie er vermutlich seinen wahren Eltern auf dem Weg zu einer Ansammlung von Beerensträuchern folgen würde. Nach einer Weile hielt sie inne und hob ihn auf. »Jetzt haben wir schon einen so langen Weg miteinander zurückgelegt, dann können wir ebensogut beisammen bleiben«, sagte sie zu ihm, als würde er ihre Worte verstehen.

Da der Wald sehr dicht war und die Gipfel der Bäume zusammenwuchsen, konnte man am Himmel nur hin und wieder einen einzelnen Stern sehen. Paulas starke Taschenlampe zog die Insekten an, ebenso wie es in ihrer eigenen Zeit geschehen wäre. Sie ging ziemlich großzügig mit dem Mittel gegen Insekten um. Die Wanzen in der Kreidezeit hatten Mundwerkzeuge wie Bohrmaschinen. Das war auch notwendig, um die Haut von Dinosauriern durchbohren zu können.

Es waren immer zwei oder drei gleichzeitig, und ihre Augenpaare spiegelten das Licht ihrer Lampe in Gelb oder Rot wider. Solange die Augen nahe am Boden waren oder nahe beieinander, bereiteten sie Paula kein Kopfzerbrechen.

»Endlich!« rief sie nach langer, mühevoller Zeit. Einer der Waldriesen war umgestürzt und hatte bei seinem Fall einige kleinere Bäume mitgerissen. Farne und kleinere Pflanzen begannen bereits das Loch auszufüllen, aber dennoch reichten die jungen Pflanzen noch nicht weiter als bis zu Paulas Knie.

Sie ging in die Mitte der Lichtung und schaltete ihre Lampe aus, um ihren Augen Gelegenheit zu geben, sich an die Dunkelheit zu gewöhnen. Sie kannte sich in der Astronomie nicht besonders gut aus, aber sie hatte genügend Selbstvertrauen, um sicher zu sein, die wichtigsten Konstellationen erkennen zu können, die ihr den Weg weisen würden.

Zumindest dachte sie das, aber als sie zum Himmel aufsah, erkannte sie keines der Sternenmuster. Direkt über ihr stand ein roter Stern; er war so hell wie die Venus. Einige andere in der unmittelbaren Umgebung konnten es beinahe mit ihm aufnehmen. Die Anordnung knapp über dem Horizont hätte die Plejaden verblassen lassen.

»Scheiße«, sagte sie, als sie sich ihrer Lage bewußt wurde. Für sie waren Sterne Sterne, die kaum jemals ihren Standort veränderten. Und nahezu achtzig Millionen Jahre war dies auch der Fall gewesen; die Erde war ungefähr auf halbem Wege durch die Galaxie von der Position entfernt, die sie heute einnahm. Sie hatten in der Ausbildung darüber gesprochen, aber sie hatte nur halbherzig zugehört: Was man ihr erzählt hatte, war ihr nicht nützlich erschienen, zumindest nicht, wenn sie einfachere, genauere Methoden hatte, um ihren Weg zu finden. Aber die hatte sie jetzt nicht mehr.

Die alte Legende, daß Moos auf der Nordseite von Bäumen wuchs, hatte hier auch nicht viel Geltung. In diesem Klima wuchs das Moos überall.

Ungefähr zu diesem Zeitpunkt erkannte sie, was sie getan hatte. Wenn sie nur ihren Weg zurück zur Lichtung wiederfinden könnte… ihr Lachen war reine Verzweiflung. Sie hatte sich so sehr damit beschäftigt, die Sterne zu betrachten, daß sie nicht einmal mehr wußte, aus welcher Richtung sie gekommen war.

»Dumm, Paula, dumm«, sagte sie. Zuvor hatte Dummheit für sie bedeutet, in einem Seminar eine schlechte Note zu bekommen oder eine Klausur wiederholen zu müssen. Nun schränkte Dummheit die Überlebenschancen ein.

Sie war dankbar, Schmerzmittel zu haben. Sie nahmen ihr ihre schlimmsten Ängste, aber sie ließen ihr dennoch die Fähigkeit, logisch zu denken – wenn es auch etwas länger dauerte. Wenn die Sonne wieder aufging, würde sie aus den Schatten, die sie warf, die Richtung erkennen können, zumindest genau genug, um nach Norden gehen zu können. Das würde sie zum Fluß führen, und ihr eine Chance geben, in vertrauteres Gelände zurückzufinden.

»Oder hast du etwa eine bessere Idee?« fragte sie den Baby-Hadrosaurier. Wenn er eine solche hatte, ließ er es sie nicht wissen.

Das Beste, was man bis zum Morgen tun konnte, war, sich auszuruhen, entschied sie. Sie beabsichtigte, bis Tagesanbruch einen möglichst klaren Verstand zu bekommen. »Keine weiteren Fehler«, sagte sie bestimmt, als sie ihren Schlafsack ausrollte. Den Hadrosaurier setzte sie neben sich ab. »Wenn du gehen willst, dann geh. Wenn nicht, sehe ich dich am Morgen.«

Sie fürchtete, nicht schlafen zu können, aber das nächste, was sie bewußt wahrnahm, war die Sonne, die ihr voll ins Gesicht schien. »Osten«, sagte sie: geh weiter. Sie sah sich nach dem Baby-Hadrosaurier um. Er saß immer noch an derselben Stelle und schlief. Seinen Schwanz hatte er über die Augen gelegt.

»Ich wünschte, ich könnte das auch tun«, sagte sie und diesmal war ihr Kichern Ausdruck ehrlichen Vergnügens. Dieses lächerliche, kleine Wesen tat ihr gut, und sie brauchte alle Hilfe, die sie bekommen konnte. Sie hob den Kleinen auf – er zischte, da er sich gestört fühlte, beruhigte sich jedoch gleich wieder – und machte sich auf den Weg.

Zu wissen, welchen Weg sie einzuschlagen hatte, machte die Reise nicht einfacher. Paula watete durch den Morast – fand auf die harte Art heraus, daß es in der Kreidezeit Blutegel gab – und stolperte durch das Unterholz, das zu dicht war, um einfach schnell vorwärts zu kommen. Etliche Male verdeckte das hohe Laubdach die Sonne und verhinderte, daß sie die Himmelsrichtung richtig einschätzen konnte. Einmal kam sie aus dem Dickicht heraus, nur um festzustellen, daß sie statt nach Norden nach Osten marschiert war. Kopfschüttelnd wandte sie sich nach links.

Ihre Freude, als sie den Fluß sah, erschreckte den Baby-Hadrosaurier, der seinen Schwanz wieder um ihr Handgelenk gewunden hatte. Er verspannte sich und umklammerte ihren Arm auf schmerzhafte Weise. Sie fühlte sich wie einer der Männer Xenophons, die das Schwarze Meer erkundeten.

Sie näherte sich vorsichtig dem Wasser und trank, aber sie behielt ihre Umgebung ständig im Auge, um nach Gefahren Ausschau zu halten. Die Flüsse der Kreidezeit waren voll von Krokodilen und Schlimmerem.

Sie beobachtete den Fluß in beide Richtungen. Wie sie befürchtet hatte, war ihr die Gegend unvertraut. Sie setzte den Baby-Hadrosaurier ab und gab ihm ein Blatt zu fressen. »Du weißt wohl auch nicht, in welche Richtung wir weitergehen sollen, oder?« sagte sie anklagend.

Sie blieb stehen und sah sich erneut um, aber diesmal sehr gründlich. »Oder weißt du es doch?« Die Hadrosaurier einer Herde kamen immer zum selben Ort, um zu brüten. Waren sie biologisch darauf programmiert wie Lachse, die immer zum selben Fluß zurückkehrten, oder wie die Vögel, die jedes Jahr auf derselben Insel brüteten?

Niemand wußte das. Sogar nach all den Jahren, in denen man durch die Zeit gereist war, gab es immer noch so viel, was man nicht über die Dinosaurier wußte. Hätte Paula Grund gehabt, zu glauben, daß das

Junge selbst seinen Weg nach Hause finden könnte, hätte sie sich sehr viel besser gefühlt. Aber so wie die Dinge standen, war die Auswahl der Richtung so etwas wie russisches Roulett.

Ihr Mund zog sich zusammen. Vielleicht konnte sie es herausfinden. Sie setzte den Baby-Hadrosaurier auf den Boden. Er bewegte sich nicht von der Stelle. Er stand da und sah sie an. »Ich wünschte wirklich, du würdest mich nicht für deine Mutter halten«, sagte sie zu ihm.

Während sie nachdachte, hob sie ihn wieder hoch. Nach einer Weile nahm sie einige Meter einer Leichtgewichtsschnur aus ihrem Rucksack und legte dem Kleinen eine Art Leine an. Das andere Ende der Schnur schlang sie um einen größeren Holzstab, den sie fest im Boden verankerte.

Dann ging sie in den Wald und achtete auf die Windrichtung, so daß der Hadrosaurier sie weder sehen noch wittern konnte. Die Kassette, nach der sie suchte, trug die Aufschrift *Nesting Ground – I.* Sie setzte den Kopfhörer auf und spielte die Kassette ab, bis sie den Teil fand, nach dem sie gesucht hatte.

Sie drehte die Lautstärke voll auf, und als das Schnauben ertönte, hob der Baby-Hadrosaurier den Kopf. Er bewegte sich zielbewußt stromaufwärts – in Richtung seiner Brutstätte, hoffte sie. Die Leine brachte das Junge zum Stehen. Es wußte nichts über Stricke und versuchte unbeirrt, weiterzumarschieren.

Als Paula sich ihm wieder näherte, wandte sich der Hadrosaurier ihr zu. Sie nahm ihn auf den Arm – er war immer noch an der Leine – und trug ihn und den Holzpflock einige hundert Meter stromaufwärts. Sie setzte ihn nieder, zog sich in die Wälder zurück und wiederholte das Experiment. Dabei überlegte sie sich, daß die Richtung, die das Baby beim ersten Mal eingeschlagen hatte, sehr wohl eine Zufallsauswahl gewesen sein konnte.

Es begann sich wieder stromaufwärts zu bewegen.

Sie ging einige hundert Meter weiter und versuchte es nochmals – mit dem gleichen Ergebnis. Auch bei den nächsten drei Wiederholungen reagierte das Baby-Hadrosaurier gleich. Paula warf die Arme in die Luft. Sie lockerte die Fesseln und ließ das Tier frei. »Okay, ich bin überzeugt. Es ist stromaufwärts.«

Innerhalb einer Stunde begegnete sie einigen Hadrosauriern, die sich in der Nähe des Flusses herumdrückten. Als sie die ersten vertrauten Lichtstriche erkannte, tanzte sie fröhlich und war erstaunt, wie wunderschön ein zwei Meter langes Schlammnest sein konnte. Sie kannte den Weg vom Nistplatz zu ihrer Zeitmaschine genau.

Zum letzten Mal stellte sie das Baby-Hadrosaurier auf die Erde. Sie spielte den »Komm zurück ins Nest«-Ruf, leise jetzt, um die anderen Dinosaurier nicht zu stören. So wie zuvor, kannte das Junge seinen Weg. Unter den vielen hundert verschiedenen, hatte es keine Probleme, sein eigenes Nest zu finden. Hineinzuklettern war schon etwas schwieriger, aber der kleine Dinosaurier schaffte es.

Paula hatte nie daran gezweifelt, daß er es schaffen würde. Obwohl sie es niemals erfahren würde, war sie überzeugt, daß er jedem Kreidezeit-Räuber entkommen und dick und fett und dumm aufwachsen würde, so daß er den traurigen Irrtum, auf dem seine Beziehung zu ihr gründete, vergessen würde.

Als sie die Brutstätte verließ, war sie traurig. Aber natürlich: Sie war noch nie zuvor Mutter gewesen.

(Ins Deutsche übertragen von Ingrid O. Fischer)

Leises Entrinnen

Steven Utley

Der Traum vom Fliegen ist vielleicht der meistgeträumte. Wir können hier erfahren, daß einige dieser Träume vor langer Zeit entstanden... Steven Utleys Erzählungen sind im Magazine of Fantasy and Science Fiction, Universe, Galaxy, Amazing, Vertex, Stellar, Shayol *und anderen erschienen. Er ist zusammen mit Geo W. Proctor der Mitherausgeber der Anthologie* Lone Star Universe, *der ersten – und vielleicht einzigen – mit Science-fiction-Geschichten von Texanern. Er wurde in Smyrna, Tennessee, geboren und lebt heute in Austin, Texas.*

* * *

Unzählige fleischige Kreaturen wimmelten ebenso auf dem Grund wie Schalentiere mit Tentakeln, merkwürdig orangefarbene Skorpione, Trilobiten, groteskes Gewürm, das wie gepanzerte Tausendfüßler aussah, ab und zu ein Fisch, der mit mißmutigem Maul und stumpfen Augen aus knochengeränderten Höhlen glotzte. Es gab Büschel blasser Pflanzen auf unterteilten Stielen, die wie Säulen aus dem Schlamm ragten, als stützten sie die gekräuselte und durchsichtige Oberhaut des Teiches. Jenseits der Oberhaut schien eine rissig-zerfranste Sonne.

Devonische Träume. Ich wachte auf und versank erneut. Dieses

Mal sah ich blaue Gletscherfelsen am Horizont. Noch näher war der Gestank nach Teer und verrottetem Fisch. Die untergehende Sonne verwandelte das Regenwasser, das auf den Oberflächen der Teerlöcher schwamm, in geschmolzenes Silber.

Hier und da lagen Klumpen in den Pfützen. Manchmal war ein gebogener Stoßzahn zu sehen; eine zersetzte Vorderpfote mit langen krummen Klauen, der teilweise verweste Buckel eines halb untergetauchten Bisons. Kondore und Schakale waren überall, und ich war unter ihnen.

Pleistozäne Bilder. Ich erwachte und stand auf. Heute war ich an der Reihe, Frühstück zu machen.

Dies ist mein einziger wirklicher Luxus, verstehen Sie – diese Zeitschrift, diese kostbaren Papiere. Vorige Woche habe ich mir etwas gegönnt und gab mein letztes Geld für ein gebundenes Buch mit leeren Seiten aus. Zweihundert Blatt Papier und vierhundert Seiten, auf denen ich meine umherstreifenden Gedanken festhalten konnte. Papier, mit dem ich nichts Edleres im Sinn hatte, als »Liebes Tagebuch«-Notizen zu machen.

Willkommen auf Seite zwei des »Buches von Bruce Holt«, der möglicherweise tot sein wird, bevor er auch nur annähernd die vierhundert Seiten beschrieben hat.

»Warum immer Dinosaurier und solche Sachen?« fragt Carol, die Frau, mit der ich zusammenlebe. »Und warum immer Gedichte über den Moment des Aussterbens, wie du es bezeichnest?«

Ich mampfe meinen Toast und nippe an meiner lauwarmen Soja-Vanille-Milch.

Carol steht in der Kochnische neben dem Müllschlucker und fächert sich mit der Schiefertafel Kühlung zu, auf die ich meine ersten Entwürfe und Notizen schreibe.

»Das ist genau das, was ich sehe«, erzähle ich ihr. »Dinosaurier und solche Sachen. Darüber fällt mir etwas ein.«

»Es ist alles so deprimierend. Und in deinen Geschichten kommt es auch so zum Ausdruck.«

»Das ist eine natürliche Reaktion auf den Unsinn, den ich fürs Fernsehen schreibe.«

»Dieser Unsinn bringt uns etwas zu essen auf den Tisch.«

Ich kichere kurz und scharf – ich bin nicht zu alt, um zu wissen, was richtiges Brot und richtiger Kaffee bedeuten – und zwinge mich, den Rest des Frühstücks zu essen; danach angele ich mir eine Zigarette aus der Hemdtasche. Carols letzte Bemerkung hatte gesessen, weil sie wahr war. Meine Geschichten sind nur gelegentliche Verkaufserfolge. Zu deprimierend für die meisten Leute. Das Fernsehen hält mich am Leben, und es verlangt nach Optimismus. Oder es muß wenigstens eine Fluchtmöglichkeit bieten. Die Formel des alten Jack Woodward für kommerzielle Erzählliteratur ist zeitlos. Junge trifft Mädchen, Mädchen bringt Junge in Schwierigkeiten, Junge macht dem Mädchen Schwierigkeiten.

»Ich gehe heute in die Stadt«, sage ich nach einer Weile. »Soll ich dir etwas mitbringen?«

Carol schüttelt langsam den Kopf. »Mir fällt nichts ein. Ich könnte in den Laden gehen, während du weg bist, und etwas zum Abendessen kochen.«

»Ich bin heute dran.«

»Aber dann hätte ich etwas zu tun.«

»Hast du dein Buch zu Ende gelesen?« Sie benutzt ihren Fingernagel, um eine Linie über die untere Kante der Schiefertafel zu ziehen. »Es interessiert mich nicht besonders. Camus deprimiert mich genauso wie du.«

»Freut mich, daß du mich in der Nähe von Camus einordnest.« Ich nehme meinen ersten langen Zug aus der Zigarette und überlege, was, verdammt noch mal, man angerichtet hatte, als man begann, Tabak zu schneiden. »Komm schon, Carol. Worüber sollte ich deiner Meinung nach Gedichte schreiben? Über rauschende Bäche und den blauen

Himmel. Die gibt es nicht mehr, falls es deiner Aufmerksamkeit entgangen sein sollte.«

»Sei nicht gemein, Bruce. Es gibt auch keine Dinosaurier mehr. Also, unentschieden.«

Ich lasse das Thema fallen, weil sich im hinteren Bereich meines Schädels plötzlich Energie freisetzt und ich mich von ihr entferne in das nächste bereitstehende Gehirn – irgendeine Frau namens Sharon Kraft, die in der Mitte des Nashville Metroplexes in einem Apartment lebt, das noch kleiner ist als unseres. Es ist extrem kalt in Sharon Krafts Zimmer, und das einzige dreckige Fenster ist von außen mit Eisblumen überzogen. Glühend von der Hitze des August bin ich während irgendeines kürzlich vergangenen Winters zu ihr gegangen. Ich habe Sharon Kraft vor diesem Moment nicht gekannt, wußte nichts über sie, und alles, was ich von ihr erfahre während dieser vier oder fünf Sekunden, in denen ich in ihr bin, ist das übliche Zeug, Momenteindrücke von Essen und Geld. Bleierne Angst lauert.

Carol schlägt die Schiefertafel vor mir auf den Tisch. »Laß das sein, wenn ich mit dir rede!«

Ich reiße mich zusammen, rette die Tafel vor den Toastkrümeln und murmele eine Entschuldigung.

»Immer entziehst du dich mir auf diese Art!« Mit lauter Stimme macht Carol weiter. »Das ist alles, was du anfangen kannst, oder nicht? Schwierigkeiten tauchen auf, und solange sie da sind, flüchtest du dich in deine kleine Welt.«

Ich versuche, mich von ihrem Ärger nicht anstecken zu lassen. Es ist zu heiß für Streitereien. Ich biete ihr einen Zug von meiner Zigarette an. Sie schüttelt heftig ihren Kopf.

»Paß auf«, sage ich und versuche, meine Stimme ganz ruhig und beschwichtigend klingen zu lassen, »ich habe es nicht gewollt. Es ist einfach passiert, und jetzt werde ich es nicht mehr los, Carol.«

»Nicht mehr loswerden! Du redest über diese Dinge wie über einen Klumpfuß!«

»Carol, Liebling. Ich muß versuchen, so gut wie möglich damit klarzukommen.«

»Warum verwendest du es dann nicht dafür, unsere Umstände zu verbessern?«

»Was verlangst du von mir? Soll ich die Zeit zurückspulen und herausfinden, wo Kapitän Kid seine Beute vergraben hat?«

»Mir ist egal, was du tust, aber mach irgend etwas.«

Carol läuft in der Kochnische hin und her. Drei Schritte vor, drei zurück. Als sie merkt, daß ich nicht mehr sagen will, mich nicht mit ihr herumstreiten möchte, stampft sie aus der Küche und läuft im Wohnzimmer im Kreis herum, fährt über die Rücken der zerfledderten Taschenbücher meiner kleinen Bibliothek und starrt wütend auf die lädierten Plastikschachfiguren – sie sind immer noch so plaziert wie beim mexikanischen Unentschieden von letzter Woche. Und ich sitze da und versuche mir etwas einfallen zu lassen, um ihre Gnade zurückzugewinnen.

Aber die Miete ist nächste Woche fällig, und der Scheck vom Studio ist noch nicht da. Sie ist gelangweilt und fühlt sich nutzlos, weil sie keine Arbeit finden kann. Sie kann alles leicht an mir auslassen, weil ich der Verantwortliche bin. Ich habe das gewisse Etwas, das die meisten nicht haben. Ich habe Talent. Aber es bringt uns nichts ein. Also...

Also gebe ich auf, drücke meine Zigarette vorsichtig in einem Tonaschenbecher aus und deponiere den Resttabak der Kippe in einem Steinkrug, der schon mit früheren Resten halbvoll ist. Das Beste, was ich tun kann, ist, Carol für eine Weile aus dem Weg zu gehen.

Dennoch kann ich nicht anders, als mich ein bißchen zu ärgern. Wir haben das schon öfter besprochen, und man konnte von Carol eigentlich erwarten, daß sie meine Grenzen akzeptiert. Wie oft soll ich ihr noch erzählen, daß ich nichts *anfangen* kann mit meinem gewissen Etwas?

Es kommt. Es geht. Ich habe keine Kontrolle darüber, gar keine. Die

Zeit entführt mich aus meinem eigenen Kopf und trägt mich, wohin sie will. Ich kann nie sagen, wo ich wahrscheinlich lande, und sobald ich dort bin, kann ich nichts tun, außer die Geschehnisse durch diejenigen Augen, Ohren oder andere Sinnesorgane der Kreatur zu verfolgen, die sich mir geöffnet hat. Trilobiten durch die Augen von – glaube ich – Lungenfischen zu beobachten, macht mich nicht reich.

Doch, ich habe es versucht. Das habe ich wirklich.

Als ich diese chronopathischen Rückblenden das erste Mal hatte, hielt ich sie für Alpträume und Tagträumereien. Dann kamen die Zweifel an meinem Verstand, die Sitzungen beim Psychiater, das lähmende Entsetzen des Wahnsinns. Bis dann Dr. D. M. Mayes von der Universität Texas genau hier in Austin berichtete, daß die Art meiner Beschwerden offensichtlich würde. Vorübergehende Verschiebung. Chronopathie. Wieviel besser ich mich fühlte, seit ich den Namen meiner Krankheit kannte! Wie schön zu hören, daß es Dutzende gab wie mich.

Das letzte, was ich hörte, war, daß man nur nicht verstand, *wie* der menschliche Geist durch die Zeit reiste. Wenn Mediziner schon verblüfft waren vom Mechanismus der Telepathie, Hellseherei und Telekinese, so waren sie erst recht entsetzt von der Chronopathie, die dreist alle Erkenntnisse über die Bedingungen von Raum und Zeit widerlegte. Aber ich habe meine eigene Theorie, um zu erklären, *wieso*.

Ich denke, es wurde durch Verzweiflung ausgelöst. Vielleicht ist Chronopathie immer schon im Menschen verborgen gewesen und trat gelegentlich auf, um Anlaß zu Vermutungen über Geister und Reinkarnation zu geben. Diese Erscheinungen sind während des letzten Vierteljahrhunderts jedoch häufiger geworden. Und ich glaube, daß dies als Folge eines Gefühls hoffnungsloser Bedrücktheit durch eine ständig schlechter werdende Umwelt geschehen ist. Die Menschen haben alles Vertrauen in die Zukunft verloren. Unglücklich in der Gegenwart, sehnen sie sich nach der Vergangenheit, weil diese immer rosiger, einfacher und leichter erscheint.

Auf diese Art entledigt sich die menschliche Psyche ihrer Fesseln.

Nun, wie auch immer, als ich achtunddreißig Jahre alt war, stellte sich heraus, daß ich chronopathisch war. Damit leben zu lernen war nicht einfach, aber ich habe es geschafft. Glaube ich.

Einmal habe ich sogar Mayes aufgesucht und ihm meine Dienste angeboten. Aber er hatte bereits ein Team von ausgesuchten Chronopathen, Männer und Frauen, deren Eigenschaften schon passend verfeinert waren und die alle notwendigen paleo-, achäo-, und anthropologischen Schulungen hinter sich hatten, um ihre Talente zu vervollständigen. Ich war untrainiert. Ich hatte keine Gewalt über meine Energie.

Ich war, kurz gesagt, ein halbtalentierter Amateur, ein Laie, ein gekaufter Schreiberling und noch dazu ein minimal erfolgreicher Dichter.

»Wir wissen Ihr Interesse an uns in dieser Angelegenheit zu schätzen, Herr Holt, aber…«

Nicht geeignet für künftigen Bedarf. Schrecklich. Die Geschichte meines Lebens.

Letzte Nacht habe ich aus der Menge heraus beobachtet, wie Louis XVI. unter die Guillotine mußte. Du hättest seinen Gesichtsaudruck sehen sollen, liebes Tagebuch. Er glaubte nicht, daß man so weit mit ihm gehen würde. Bis zu dem Moment, in dem der Henker das Messer fallen ließ, hatte er sich geweigert, die Realität des Geschehens zu akzeptieren. Aber dann, gerade als das Beil zu fallen begann, sah ich, wie er seinen Kopf so weit wie möglich drehte. Ich hätte schwören können, daß ich sah, wie seine Lippen die Worte ›Mon Dieu‹ formten.

Na ja. Wo hatte ich die fortlaufende Saga von Bruce und Carol unterbrochen?

Neulich, als ich darauf wartete, daß sie ihren Wutanfall überwinden würde, habe ich meine alte tragbare Olympia auf den Tisch gestellt und an der Fortsetzung meiner neuesten TV-Seifenoper gearbeitet. Ich hatte eine halbe Stunde geschrieben, als Carol irgend etwas umstieß und auf dem Weg zum Klo jede Menge unnötigen Lärm verursachte. Sie versuchte, davon bin ich überzeugt, mich absichtlich zu provozieren. Aber ich lehnte mich in meinem Stuhl zurück, schloß die Augen und spürte, wie ich wieder leise entrann.

Als ich ankam, war der Himmel bezogen und warmer Regen fiel. Die tiefen Wolken hatten eine schwach grünliche Färbung. Ich hockte mich in eine gemütliche Höhle an der Vorderseite einer Klippe, die steil zum Meer hin abfiel. Meine Nische stank nach verwestem Fisch und Exkrementen, aber der Gestank war nicht allzu schneidend. Der Geruchssinn des Gastwesens, in dem ich mich befand, schien verkümmert zu sein. Wie dem auch sei, trotz der Düsternis war die Aussicht außergewöhnlich – das einzige Mal, als ich solch eine Klarheit der Sicht früher schon erlebt hatte, war der Flug mit einem der wohl allerletzten Adler gewesen.

Allmählich hörte es auf zu regnen. Mein Gastwesen – nein – ich räkelte mich und streckte die erbärmlich kleinen Hinterbeine, um den Kreislauf wieder in Schwung zu bringen, und öffnete die Schwingen wie Membranen, die mit feinen Daunen bedeckt waren. Die Schwingen wurden wie durch einen übermäßig verlängerten Finger gehalten. Ich wußte jetzt, was, wann und wo ich war.

Pterosaurus, Cretaceous Periode. Beim Binnensee Kansas vielleicht.

Ich wartete, bis der Aufwind vom See sich passend anfühlte, stieß mich sanft von der Klippenwand ab, ließ mich fallen, stieg auf und befand mich in der Luft.

Ich hatte den ganzen Himmel für mich.

Schließlich brachte mein Gastwesen uns tiefer, strich dicht über die Wellen und achtete aufmerksam auf silberne Schatten direkt unter der Wasseroberfläche. Mein langer, zahnloser Schnabel tauchte plötzlich ins Wasser und gabelte einen zappelnden Fisch auf, der in meiner Speiseröhre verschwand.

Dann stieg mein Gastwesen wieder auf. Es war immer noch die einzige Kreatur am Himmel. Die Sonne versank allmählich hinter dem Horizont. Ich konnte mich des Gefühls nicht erwehren, daß dies womöglich der letzte aller Abende war, daß ich zufällig auf den letzten Drachen gestoßen war. Vorher war ich schon öfter in der mesozoischen Ära gewesen. Ich war Gorgosaurus und Plateosaurus gewesen und kannte mich aus im Zeitalter der Dinosaurier. Aber irgendwas war jetzt anders. Das Land, der See und der Himmel sahen aus wie bei meinen vorigen Besuchen im späten Kreidezeitalter, mein Gastwesen flog herum, als wäre nichts ungewöhnlich, aber ich wußte, ich wußte, eine Luftaufklärung des Landes im Osten würde zeigen, daß die Riesen verschwunden waren. Es gab nur mein Gastwesen, und es näherte sich ruhig gleitend dem – wie ich es in einem Gedicht formuliert hatte – »Moment des Aussterbens«. Es erschien mir eine Verletzung der Privatsphäre, wenn ich blieb und beobachtete, wie dieser letzte Pterosaurus fiel; also zog ich mich zurück und schrieb weiter.

Ich hatte starke Kopfschmerzen, als ich mit dem Tippen fertig war. Carol hatte sich zurückgezogen zu dem Punkt, wo sie sich mit »Der Fremde« auf das Bettsofa fallen lassen konnte. Aber sie blätterte nur verärgert durch das Buch. Sie hatte meine unbewohnte Hülle bemerkt.

Ich ging zu ihr und war sehr zärtlich, umarmte sie und so weiter, und nach ungefähr dreißig Minuten hatten wir uns mehr oder weniger versöhnt. Es war uns klar, daß dies nicht die letzte Auseinandersetzung wegen des gewissen Etwas gewesen war, aber im Moment waren wir sehr verschmust und zufrieden. Der Sturm war vorbei, und wir konnten uns auf ein bißchen Frieden freuen, bevor sich das Thema das nächste Mal rührte.

In solchen Momenten bedaure ich es wirklich und aufrichtig, daß ich nicht besser mit Worten umgehen kann. Das Mesozoikum drängt mich jedesmal dazu, mit Carol darüber sprechen, wie es war als junger Mann während der sechziger und frühen siebziger Jahre, als es so aussah, als gäbe es noch Hoffnung für die Menschheit... als Schwarze auf ihre Rechte als Menschen pochten, als Frauen nach ihren Rechten als menschliche Wesen verlangten, als… als so viele verschiedene Stimmen laut wurden und nach Vernunft und Gerechtigkeit riefen, als es noch gute und edle Anliegen gab, lohnenswerte Ziele, als noch Zeit war, und die Zukunft, die dann eintraf, erst eine kleine graue Wolke tief am Horizont war, als…

Als der Gestank des Aussterbens nicht in der Luft hing.

Aber ich kann es Carol nicht verständlich machen. Sie ist zu jung. Sie wurde geboren, nachdem alles bereits zum Teufel gegangen war. Sie war kaum aus ihren Windeln, als Kalifornien zerbrach. – Auf Wiedersehen, Los Angeles. Ich fand dich immer faszinierend. Sie war gerade ein Kind, als Texas seinen vergeblichen Versuch unternahm, sich in fünf einzelne Staaten aufzuteilen; und was Carol betrifft, so war für sie Texas immer von feindlichen Truppen besetzt.

Carol kam zu spät, nachdem die Hoffnung keinen Raum in unserem Leben mehr hatte. Und ich bin nie in der Lage gewesen, ihr den entscheidenden Unterschied zu erklären zwischen dem armen, dummen und ehrlichen Optimismus meiner Jugend und dem hirnverbrannten, überschwenglichen Zeug, das ich fürs Fernsehen schreibe.

Carol, Carol, Dinosaurier und all ihre Brüder waren majestätische Kreaturen. Wie majestätisch, wirst du nie verstehen können, weil man es mit Worten nicht ausdrücken kann. Man muß es *fühlen*, wie es ist, zwanzig Meter lang und der Herr der Welt zu sein. Oder auf sechs Meter breiten Schwingen über den Kansas-See zu gleiten. Dinosaurier waren die am meisten Ehrfurcht gebietenden Erscheinungen aller Zeiten. Und trotz ihrer geistigen Beschränkungen waren sie edlere Monster als der Mensch, Carol. Als die Dinosaurier starben, hinterließen sie eine saubere Welt. Sie verließen die Welt, die trotzdem noch voller Leben war. Die Dinosaurier sind ehrenvoll gestorben.

Wenn wir aussterben, nehmen wir auf irgendeine Art die ganze Welt mit uns.

Ich habe eine Menge übrig für die einfachen Dinge. Den ganzen Morgen ging mir ein Lied nicht aus dem Sinn, das ich unmöglich während der letzten zwanzig Jahre gehört haben kann. Es ist irgend etwas aus den Sechzigern, glaube ich, etwas von Bob Dylan. Ein Aufschrei des Leidens, der Enttäuschung. *»Oh Mama, can this really be the end...«*

Und eine der Strophen lautet in etwa: »...Die Ladies behandeln mich nett und versorgen mich mit Dingen, aber ich weiß tief in meinem Innern, ich kann nicht mehr entrinnen.«

Aber ich versuche es doch.

Heute ist Freitag – Lebensmitteltag –, und die Straßen sind voll. Ich mußte zum Studio gehen. Ich schob und drängelte mir einen Weg zur Massentransithaltestelle an der Ecke, und dann hatte der Dampfbus zwanzig Minuten Verspätung. Aber als er kam, fand ich einen freien Platz ganz vorn. Trotzdem war es eine fürchterliche Fahrt. Mein Respirator war gesprungen. Wer im Himmel hätte geglaubt, daß Austin, Texas, jemals richtig *schlimmen* Smog haben würde? Der Tag war brütend heiß, und alles stank, der Bus, die Straßen, die Leute, die ganze Stadt. Der Geruch des Aussterbens.

Also lehnte ich meinen Kopf zurück, schloß die Augen und entfernte mich von allem, so gut ich konnte. Alles ist ruhig, alles ist heiter.

(Ins Deutsche übertragen von August W. Krüger)

Die Renner

Bob Buckley

Dinosaurier werden oft als schwerfällige, plumpe, sich langsam bewegende Giganten beschrieben; wir können jedoch behaupten, daß einige von ihnen alles andere als langsam waren – in der Tat konnten einige von ihnen sogar äußerst schnell sein.

Vor manchen *Dingen kann man jedoch nicht davonlaufen, egal wie schnell man ist.*

Es sei denn, man bekommt Hilfe.

Bob Buckley wurde in Louisville, Kentucky, geboren und lebt heute im Trabuco Canyon in Californien. Hauptberuflich verfaßt er technische Texte für die Burroughs AG. Seinen ersten Roman World in Clouds *veröffentlichte er 1969. Er ist auch häufiger Mitarbeiter für* Analog. *Zur Zeit arbeitet er an einem Sachbuch über Dinosaurier mit dem Titel* The Terrible Lizards.

* * *

Ich muß gleich sagen, daß ich nicht gerade vernarrt bin in Dinosaurier. Die größeren stinken und haben noch nicht einmal den Verstand eines Insekts, während dir die kleineren, die etwas gescheiter sind, lieber den Arm abbeißen, als dich anzugrinsen. Und ich habe noch nie einen von ihnen grinsen gesehen. Noch nicht.

Und da wären wir, mitten unter ihnen... Wiedersehen mit der Hölle. So nennt Rogers den Ort.

Ich stand an einem trockenen, lehmigen Ufer und betrachtete das Meer. Die Sonne war warm, und keiner von uns trug mehr als Shorts. Ein weitkrempiger Hut schützte mein Hirn vor der sengenden Hitze. Unter mir mündeten die bläulich, braunen Wassermassen eines breiten, namenlosen Flusses in dieses Meer. Hier müßten eigentlich die Rockies sein, und nicht ein von einem Horizont bis zum anderen reichendes mit Inseln übersätes Gewässer. Aber sie waren nicht da. Sie würden erst sehr viel später entstehen.

Weiter draußen waren die Wellen schmutzig braun. Vom trockenen Hochland, das dort begann, wo sich die Wälder des Küstenstreifens lichteten, führte der Fluß Unmengen von Felsgeröll mit sich, und es hatte sich ein beträchtliches Delta gebildet.

Mangrovenähnliche Bäume überwucherten die Sandbänke und dienten als Nistplätze für Tausende schrill schreiender Seevögel, die wie weißer Rauch aus Schornsteinen in den dunklen Himmel hochzufliegen schienen, sobald ein Pterosaurus majestätisch vorbeisegelte. Ich denke, es sind Pterosaurus. James ist anderer Meinung. Ich meine, er sollte es wissen. Er ist einer der Paläonthologen.

Dort, wo sich der purpurfarbene dunstige Horizont wölbte, konnte man gerade noch die schneebedeckte Kuppe eines Vulkans erkennen. Eines sehr großen. Rogers hat ihn wegen der weißen Wolke, die über seinem östlichen Krater schwebt, Federkappe genannt. Der Name ist so gut wie jeder andere, und als solchen markierte ich ihn in unserer Landkarte, die wir gerade anfertigten.

Hinter der Federkappe erstreckten sich weitere Vulkane und die zerklüftete Küste der Kordilleren Nordamerikas. Dies alles würden einmal die Staaten der Westküste sowie Kaliforniens mit seinem langen, kargen Finger Baha sein. In dieser Zeit jedoch war es ein gigantischer Inselkontinent.

Unsere Methode, ins Mesozoikum zurückzukehren, ist zur Zeit

noch geheim. Und ich bezweifle, ob in einem so inoffiziellen Bericht wie diesem, Erklärungen über physikalische Voraussetzungen überhaupt sinnvoll wären – na ja, wie auch immer. Ich möchte nur so viel dazu sagen, daß wir keine Zeitmaschine benutzten. Unser Beförderungsmittel war ein ganz gewöhnliches druckwiderstandsfähiges Frachtshuttle mit einer großen, am Heck installierten Schubdüse. Eine automatisch gesteuerte Kraftstoffraumfähre begleitete uns. Wir parkten sie im zeitgleichen Orbit über Nordamerika zurück, einem Gebiet, das die östliche Sundance Sea mit Europa verbindet.

Unseren Physikern zufolge würde unsere Rückkehr sehr viel komplizierter sein als unsere Ankunft. Da die Bezahlung jedoch unverschämt großzügig war, und die Computer es für möglich hielten, ließen wir uns darauf ein.

Die erste Mannschaft war durch Zufall hierhergeraten. Sie waren so lange unterwegs gewesen, daß sie tatsächlich Geschmack an getrocknetem Echsenfleisch entwickelt hatten. Aber sie waren zurückgekehrt. Und sie hatten nicht die geringste Ahnung, welches Verhalten der Jupiter-Spiral-Effekt bewirkt.

Wir hatten die Aufgabe, eine Landkarte über dieses Gebiet anzufertigen und die Zeitveränderungen während unserer Reise zu dokumentieren.

Notwendigerweise war unsere Mannschaft klein. Rogers war der Geologe, und Jack und James die Paläontologen. Ich war der Pilot. Bevor ich an der Astronautischen Akademie promovierte, hatte ich im Hauptfach Tierverhaltensforschung studiert. Und ich war noch für ein anderes Aufgabengebiet verantwortlich. Ich war der Astronom unserer Truppe.

All das, nur um herauszufinden, in welchem Jahr wir gelandet waren!

Wir waren völlig auf uns allein gestellt. Keine gelassenen Scherze mit der Kontrollstation. Keine aufmunternden Botschaften der Freundinnen. Wir waren überhaupt die einzigen Primaten der Erde im Zeitalter des Mesozoikums. Ich denke, wir hätten stolz sein müssen oder verängstigt, wenn wir ehrlich gewesen wären. Aber eigentlich waren wir viel zu beschäftigt.

Auf einem hohen Plateau aus Präkambrium-Basalt, das sich wie eine riesige schwarze Bank von der Hochebene abhob, landete ich das Shuttle. Sechzig Millionen Jahre später würde das Plateau nicht mehr existieren. Zu feinem, dunklen Sand hätte die Erosion es dann über alle umliegenden Täler verteilt.

Hier wuchs fast nichts. Spärliche Erdbrocken hingen in einigen Felsspalten, und hier und da gab es Haine von palmartigen Zycaden. Einige waren riesengroß, und selbst die kleineren sahen vorzeitlich aus.

James erklärte uns, daß sie aus dem Dioön stammten und heute als lebende Art nur noch im östlichen Mexiko vorkommen würden.

Als wir den Helikopter aus dem Frachtraum des Shuttles ausluden, entdecken wir auch, daß sie Stacheln hatten, die, sobald sie mit der Haut in Berührung kamen, einem einen heftigen Schlag versetzten. Nach dem Ausladen untersuchte ich die Landungshydraulik des Shuttles auf Beschädigungen. Da schlenderte James vorbei und in seinen Händen hing schlaff eine Art Pterosaurus. Mit einem erfreuten, wenn auch leicht nachdenklichem Gesichtsausdruck untersuchte er ihn.

»Nun«, fragte ich, »was ist es?«

Ausgiebig hatten wir auf unserer langen Reise hierher darüber diskutiert, wie weit die Ausgrabungen des 20. Jahrhunderts mit der Wirklichkeit übereinstimmen würden. Ich persönlich hatte meine Bedenken, da Versteinerungen dazu neigen, die verschiedenartige schöne Hautstruktur, die lebende Tiere so einzigartig macht, zu zerstören.

Und als ich jetzt James und seine Verwirrung sah, mußte ich unwillkürlich grinsen.

Der Flugsaurier war hellbraun. Ein feines, fast filzartiges Fell bedeckte Körper, Kopf und Flügel. Der Kiefer war lang, bezahnt und wurde von einem gebogenen Schnabel geschützt. Der rechte Flügel war eingerissen.

Ich nahm James seine Beute ab. Der Körper war noch warm. Ich tastete ihn ab und entdeckte einen Kropf. Es fühlte sich an, als sei darin eine kleine Eidechse verborgen. Und weitere Besonderheiten fielen mir auf.

»Es ist ein Männchen«, erklärte ich.

»Woher willst du das wissen?« frage er.

Ich schnipste gegen die leuchtendroten, teilweise aufgeblähten Kehllappen, die unter der Kehle herabhingen.

»Dieser Kehlsack scheint ein wichtiges Organ zu sein. Und wenn es deinem Pterosaurus gelingt, in dieser Umgebung seinen vogelähnlichen Sack zu füllen, so können wir doch annehmen, daß er ein vogelähnliches Verhalten hat. Ich vermute, daß du, wenn du dich hier umsiehst, ein Nest mit einem brütenden Weibchen finden wirst. Ich denke, daß Baby-Pterosaurus ebensowenig wie junge Vögel ihre Körpertemperatur halten können.«

James nahm sein einst lebendes Fossil wieder an sich und sah mich leicht verwirrt und irgendwie verletzt an. Er sagte nichts, aber später beobachtete ich ihn dabei, wie er auf dem Plateau herumwanderte und hinter jeden Felsvorsprung spähte. Er erzählte mir jedoch nie, ob er ein Nest gefunden hatte.

An diesem Nachmittag unternahmen wir den ersten unserer Erkundungsflüge. Nur Jack blieb in der Kommandozentrale des Shuttles zurück, um uns per Bildschirm zu überwachen. Wir ließen das Plateau hinter uns und folgten der nördlichen Küstenlinie. Anhand der zur Zeit lebenden Tiere hofften wir, genug Material sammeln zu können, um diese Zeit genau datieren zu können.

Rogers steuerte. Ich war der Flugbeobachter, und neben mir, mit einer Mikrodatei auf dem Schoß, saß James. Sie enthielt die Rekonstruktionen und Skelettfunde sämtlicher Lebensformen, die aus dem Mesozoikum entdeckt worden waren. Die von uns identifizierten

Gattungen wurden mit den ausgegrabenen Gesteinsablagerungen so verglichen, daß wir eine grobe Angabe hatten, aus welcher Periode der Jura- oder Kreidezeit sie stammen könnten. Die genauere Zeit würde ich später mittels der Astronomie ausarbeiten.

Rogers flog so tief über den Strand, daß aufgeschreckte kleine Plesiosaurier mit vielen Luftsprüngen zurück in die Brandung flüchteten. Sie waren noch ganz jung, und James war außerstande, sie zu identifizieren.

Er war so fasziniert, sie zu beobachten, daß er vergaß, die Datei zu Rate zu ziehen.

In der nächsten Bucht gab es keinen weißen Sand, hier wuchs statt dessen niedriges Gehölz, ein paar Büsche, kleine Bäume. Ab und zu entdeckten wir Tiere. Aber wir sahen nur ihre Rücken oder Kopf und Nacken, und das reichte für eine Identifizierung nicht aus.

James sah jetzt nicht mehr so fröhlich aus.

Wir überquerten eine seichte Bucht. Unter uns wälzte sich ein Mosasaurier in den Wellen und tauchte wieder weg. Endlich eine kleine Spur. Mosasaurier hatten sich sehr spät entwickelt. Sie waren Eidechsen gewesen, die sich dem Meer angepaßt hatten. Aber bevor James ihn in der Datei finden konnte, war er auch schon wieder verschwunden.

Langsam sah es so aus, als sei der einzige Weg, eine positive Identifizierung zu erstellen, eines der Biester zu fangen, es zu röntgen, und sein Skelett mit den Fossilien in der Datei zu vergleichen.

Als ich das laut äußerte, begannen James Augen seltsam zu schimmern. Ich wußte sofort, daß ich mit meiner Äußerung einen großen Fehler gemacht hatte. Denn ich konnte mir etwas Besseres vorstellen, als mit sechs Tonnen schweren wütenden Dinosauriern zu kämpfen. Also begann ich die Schwierigkeiten eines solchen Kraftaktes in allen Einzelheiten zu erklären.

»Schließlich haben wir die Gewehre«, entgegnete James.

Mit »Gewehren« meinte James die Betäubungsgewehre. Wir hatten Anweisung, wenn möglich kein Lebewesen zu töten. Das sagte schon der gesunde Menschenverstand. Schließlich waren die Dinosaurier ausgestorben und hatten keine Nachkommen. Und die Experten wollten nichts riskieren. Was, wenn es auf einmal den großen Onkel Harry nicht mehr geben würde? Und so weiter.

Unsere Betäubungsgewehre waren wuchtig und schlecht ausbalanciert. Aber die Zielvorrichtung war elektronisch und konnte nicht fehlschlagen, und ein Mikrocomputer berechnete das optimale Gewicht, Typus und die angemessene Dosierung und Formel des Beruhigungsmittels für das entsprechende Zielobjekt.

All das war James bekannt, und er war fast erpicht darauf, sofort mit der Jagd zu beginnen.

Gott sei Dank rettete Rogers die Situation, indem er uns erklärte, daß die Belastungskapazität des Helikopters begrenzt sei. Ausschlaggebend war jedoch seine Ankündigung, jetzt ins Inland zu fliegen. Das Hochland war als Heimat der Ceratopsiden bekannt. Über diese gigantischen Grasfresser aus dem letzten Abschnitt des Mesozoikums gab es viele Dokumente.

Rogers stieg höher auf, und wir schwirrten in Richtung auf das, was später einmal Montana sein würde, davon.

Zu unserer Linken sahen wir ab und zu noch das Meer, doch dann nur noch Salzebenen und Ödland. In den Tälern gab es brackige Sümpfe, und auf den Inseln schimmerten weißlich eine Menge Knochen. Aber abgesehen von einigen gelblichen, schwächlichen Schilfrohrpflanzen wuchs hier nichts. Die Landschaft war abgestorben. Dennoch äußerte James den Wunsch, hier zu landen, um sich kurz umzusehen.

Rogers lehnte ab und deutete auf ein schuppiges Etwas, das hinter einem ausgewachsenen riesigen Kalkstein Schutz gesucht hatte.

Es war ein Carnosaurier. Jung, nur etwas größer als der Helikopter, völlig abgemagert, schlafend. Für dieses Tier waren es schlechte Zeiten. Seine Haut war gelbbraun und hatte grünliche Streifen. Es könnte eine Art Pigmentierung sein oder eine exotische Krankheit. Ihm fehlten zwar die ulkigen Kämme auf dem Rückgrat wie sie die Filmmonster haben, dafür hatte er jedoch eine glänzend bunte Halsfalte unter der Kehle.

»Sicherlich ein Männchen«, sagte ich zu James.

Er seufzte. Schnell liefen Bilder über den Bildschirm der Mikrodatei.

In diesem Moment wachte der fleischfressende Dinosaurier auf. Langsam hob er den Kopf und starrte aus blutunterlaufenen Augen über die rauhe Landschaft. Er sah aus wie alle, die einen Kater haben und unter unerträglichen Kopfschmerzen leiden.

Ich vermute, daß es sehr lange her sein mußte, daß er ein gutes Leben hatte, und jetzt schien gar nichts mehr da zu sein. Wären wir eine Woche später hierhergekommen, hätten sicherlich schon die Aasgeier an seinen Knochen genagt.

Indem er seine Vorderbeine als Stützen benutzte, richtete er sich unbeholfen auf, während sich sein langer Schwanz steif nach oben bog wie die Balancestange eines Seiltänzers. Schnaubend kam er mit ein paar watschelnden Schritten auf den Helikopter zu. Unsere Rotorblätter verursachten einen kleinen Sturm. Staub wirbelte auf, und das Schilfrohr in seinem ausgetrockneten Sumpfbett schwankte heftig hin und her. Noch nie zuvor hatte es so etwas wie uns in seiner Welt gegeben. Aber Bewegung bedeutete immer Fressen, und er war hungrig genug, alles, was in Reichweite seines Maules gelangte, zu vertilgen.

Inzwischen hatte James aufgehört an der Steuerung der Mikrodatei herumzufingern.

»Ich möchte behaupten, es ist eine Art des Dryptosaurus. Es ist weder ein Allosaurus noch ein Ceratosaurus. Natürlich sind die Jungen schwieriger zu charakterisieren. Unsere Aufzeichnung enthält nur Ausgewachsene.«

»Dryptosaurier traten in der späten Kreidezeit auf, oder?«

»Dieser könnte zu einer Stammform gehören. Er ist ziemlich allgemein abgehandelt. Man könnte ihn vor dem Tyrannosaurus einordnen.«

Als sich der Carnosaurier näherte, ließ Rogers den Helikopter aufsteigen.

»Warum versuchen wir nicht, ihn aus dieser tödlichen Falle herauszulocken?« fragte er.

»Das wäre Manipulation, und wir sollen alles so lassen, wie es ist. Wenn das Tier in diesem Sumpf verhungert, können wir es nicht ändern.«

»Klingt hartherzig«, entgegnete Rogers. Dann lachte er leise. »Dieser alte Junge sieht nicht gerade wie ein Heiliger aus. Vielleicht hat er eindeutige Absichten.«

Nach diesen Worten beschrieb der Helikopter eine Kurve und steuerte auf einige niedrige Hügel, die sich am Horizont erhoben, zu.

Ich machte von dem verwirrten Carnosaurier noch ein paar holographische Aufnahmen und vergaß ihn augenblicklich.

Er vergaß uns jedoch nicht.

Die Hügel waren dicht mit Nadelbäumen bewachsen. In den Tälern entdeckten wir Eichen und einige Palmen und Lorbeerbäume.

Ab und zu tauchten Lichtungen auf, in denen unzählige Rebstöcke wucherten, voll mit wilden Weintrauben. Alles wirkte sehr einladend. Fast heimatlich, wenn auch auf exotische Art und Weise. Menschen hatten dieses Land weder gepflügt noch jemals betreten. Es war völlig unverdorben.

Rogers landete auf einer Wiese, über die sich wie ein Teppich eine Pflanze ausgebreitet hatte, die unserem Gras glich, es jedoch nicht war.

Ich öffnete die Tür. Die hereinwehende Brise war kühl und brachte den Geruch von Hartriegel und das Rauschen der Kiefern mit sich.

Plötzlich deutete James auf etwas.

»Letzte Periode der Kreidezeit. Jetzt gibt es keinen Zweifel mehr. Da ist ein Hadrosaurier.«

Wir schauten in die Richtung, in die seine Hand deutete.

Der Dinosaurier gehörte zu den großen, er war über zwölf Meter lang.

Hadrosaurier sind zweifüßige Vegetarier. Wir beobachteten, wie er seine trägen grauen Massen aus dem Wald bewegte. Der Kopf war flach, und dieser Art fehlte der charakteristische knöcherne Kamm auf dem Kopf. Er kaute an einem Kiefernzweig. Die Hinterbeine waren gewaltig und sehr muskulös, ebenso der Schwanz, der wie ein Ruder abgeplattet war. Während wir ihn fasziniert beobachteten, wischte er sich mit dem Arm die Nadeln aus dem großen, hellen Schnabel. Die Haut war glatt, aber mit winzigen Schuppen übersät. Fast alles an ihm war grau, nur der Bauch war leicht bräunlich. Aber das konnte auch Schlamm sein.

Geschäftig hantierte James in der Datei.

»Das ist ein Antosaurus. Im Westen Amerikas waren sie weitverbreitet. Dies ist ein Ausgewachsener.«

Lässig warf er sich die Tragegurte, an denen die Datei befestigt war, über die Schulter und griff nach einem Betäubungsgewehr.

»Laßt uns rausgehen.«

»Es könnte gefährlich sein«, wandte ich zweifelnd ein.

»Du hast doch wohl nicht eine Milliarde Meilen und siebzig Millionen Jahre zurückgelegt, um dich in einem Helikopter zu verstecken, oder, Bill?«

Das reichte.

Wir ließen Rogers im Helikopter zurück. Jemand mußte schließlich unser einziges Mittel, schnell zu fliehen, bewachen. Ich nahm ebenfalls eines der Gewehre, und wir stiegen aus und betraten die Wiese.

Es war unsere erste von Angesicht-zu-Angesicht-Begegnung. Das Verhalten der Dinosaurier war uns so gut wie unbekannt. Alles, was wir wußten, war das, was wir bisher beobachtet hatten und was die Funde uns verraten konnten, und das war verdammt wenig. In Anbetracht der winzigen Gehirne und der gewaltigen Körper mußte es dennoch bei allem, was sie taten, eine beträchtliche instinktive Komponente geben. Das heißt, starre Verhaltensmuster. Sie hatten nicht genug Gehirn, um so etwas wie »Vernunft« zu kennen oder überhaupt Informationen speichern zu können.

Ich bat James, hinter mir zu bleiben, und wir gingen auf den Wald und den Hadrosaurier zu. Das »Gras« roch süßlich, als wir es durchstreiften. Einige Büschel waren kniehoch und hatten Ähren mit schmalen Samenkapseln. Manchmal sahen wir Bewegungen in der Wiese, als ob ungesehene Bewohner des Grasmeeres vor uns flüchteten.

Der Hadrosaurier beobachtete mit einem großen Auge unser Näherkommen. Er schnüffelte auch in der Luft, aber wir befanden uns nicht in seiner Windrichtung. Er bewahrte seine ruhige Haltung, bis wir nur noch zwanzig Meter von ihm entfernt waren. Dann hörte er auf zu kauen. Man brauchte kein Fernglas, um zu wissen, daß er so weit war, auf unsere Gegenwart zu reagieren.

Ich packte James' Schulter und hielt sie fest. Er blieb stehen.

Lange Zeit rührte sich nichts, außer dem Wind, der die Bäume wiegte.

Dann, ganz plötzlich, raste der Dinosaurier los. Er rannte angesichts des völlig überwucherten Waldes mit unvorstellbarer Geschwindigkeit. Wie ein zweibeiniger Bulldozer bahnte er sich seinen Weg. Wir verloren ihn aus den Augen, aber wir konnten ihn durchs Unterholz krachen hören. Dann nur noch ein Platsch und Ruhe.

»Hinter dem nächsten Hügel muß ein See sein«, spekulierte James. »Hadrosaurier benutzen als Versteck vor den Carnosauriern Flüsse und Seen. So lautet jedenfalls die Theorie. Vielleicht war das gerade der Beweis dafür. Glaubst du, er hielt uns für Baby-Karnosaurier?«

»Hoffentlich nicht«, murmelte ich. Ich hielt es für einen ziemlich deprimierenden Vergleich.

James starrte über die Lichtung. Die Sonne stand tief und tauchte die Baumgipfel in rötliches Licht.

»Wir sollten lieber einen sicheren Platz zum Campieren suchen. Es wird spät.«

Ich ging nicht weiter darauf ein.

Auf dem Weg zum Helikopter stolperte ich über etwas, das im aufgewühlten Boden eingebettet lag. Es war der Oberschenkelknochen eines mittelgroßen Dinosauriers, lang und porös – er hatte die Form eines Vogels.

James war über meinen Fund hocherfreut. In großen Büscheln riß er das Gras aus und fand noch mehr Knochen. Wir standen über der Ruhestätte eines auseinandergebrochenen Skeletts. Die meisten der Überreste waren schlecht abgenagt. Aber ich fand einen gut erhaltenen Schädel. Unglücklicherweise war die Schädeldecke abgebrochen, aber der Rest war hochgewölbt, und die Augenhöhlen waren nach vorn gerichtet. Das und die Zähne machten deutlich, daß es sich um einen Jäger gehandelt haben mußte.

Triumphierend brachte James alles, was er für wertvoll hielt, in den Helikopter. Es war, als trüge er die Kronjuwelen von England. Er war in seinem Element. Mitten unter all diesen lebenden Dinosauriern hatte er ein paar Knochen gefunden. Er war eben der geborene Paläontologe. Ich glaube, alte Gewohnheiten kommen immer wieder durch.

Wir untersuchten die Knochen, während Rogers weiterflog, um einen »sicheren Hafen« zu suchen.

James zog die Datei nur kurz zu Rate. Er schien genau zu wissen, wonach er suchte. Dann erklärte er, daß die Knochen zur Gattung des Steonychosaurus, einer entfernten Abart des gigantischen Tyrannosaurus, gehörten. Eine Linie von ihnen war auch in Zentralasien vorgekommen. Es wurde behauptet, daß sie nächtliche Nahrungssucher wären, die sich von kleinen Säugetieren und frisch ausgeschlüpften Dinosauriern ernährten. Erst durch die Oldman Formation von Alberta waren sie überhaupt bekanntgeworden. Überreste waren selten. Aber das lag wohl daran, daß sie schlecht versteinerten. Auch die

Knochen, die wir gefunden hatten, wären nicht erhalten geblieben, sondern zu Erde geworden.

Wie James vermutet hatte, lag hinter dem Hügel ein See. Er war sehr groß, formlos und mit mehreren kleinen, sandigen Inseln bedeckt. Eine davon, in der Mitte des Sees, wählte Rogers als Landungs- und Lagerplatz für uns. Zwar konnte ein Karnosaurier immer noch durch das Wasser waten, denn so tief war der See nicht, ich zweifelte jedoch daran, daß er das tun würde. Die Hadrosaurier fühlen sich hier anscheinend sicher.

Bis lange nach Sonnenuntergang blieben die riesigen Dinosaurier im Wald. Selbst in der Nacht hörten wir sie noch geräuschvoll fressen. Wir öffneten unsere Verpflegungspakete und kochten uns etwas. Nach dem Essen mußten Wachen eingeteilt werden. Ich übernahm die dritte. Der Helikopter hatte eine Funkverbindung, und ich konnte das Relais im Shuttle dazu benutzen, den astronomischen Computer an Bord der sich auf der Umlaufbahn befindenden Raumfähre zu befragen. Es machte viel Arbeit, über den Himmel der Kreidezeit eine Karte zu erstellen.

Nachdem James mich geweckt hatte, verbrachte ich einige Zeit damit, einmal um die Insel durch den weichen Ufersand zu stapfen, um sicherzugehen, daß sich nichts Gefährliches an uns heranschleicht. Da dem nicht so wahr, begann ich mit meiner Arbeit.

Kurz vor der Dämmerung hörte ich etwas im Wald zischen. Ich war mit dem Studium einer Sternkarte so beschäftigt, daß ich kaum Notiz davon nahm. Nach einer Weile bemerkte ich jedoch plötzlich, daß aus dem Wald kein Hadrosaurier mehr zu hören war. Sie hatten ihr Freßgelage beendet.

Als ich über den See blickte, sah ich eine Anzahl verschwommener Gestalten, die wie ägyptische Statuen die Wasseroberfläche betrachteten. Die Hadrosaurier hatten sich zu uns ins Wasser gesellt.

Ein Schauer, der nicht vom kalten Nordwind herrührte, lief mir über den Rücken und endete in der Nähe meines Nacken.

Ich tastete nach der großen Taschenlampe, die an meinem Gürtel festgeschnallt war, und leuchtete damit über das Wasser. Der Lichtschein war stark, und alles, was er anstrahlte, trat deutlich hervor, während ich ihn langsam über das ferne Ufer wandern ließ.

Scharlachrot blitzte das Auge des Karnosauriers auf, als der Lichtstrahl ihn traf. Es war unser alter Freund aus dem ausgetrockneten Sumpf. Eigentlich müßte er halbtot sein, nachdem er diesen langen Weg in nur einem Tag zurückgelegt hatte, aber er gehörte zweifelsohne zu den hartnäckigen Burschen. Und er hatte einen jungen Hydrosaurier erwischt.

Er hob sein bluttriefendes Maul. Eigentlich müßte ihn das Licht blenden, aber es sah so aus, als würde er mich angrinsen. Dann zwang ihn sein instinktives Hungergefühl, sich wieder seinem Fressen zuzuwenden. Viel verlorene Zeit mußte nachgeholt werden.

Bei Anbruch des Tages war er immer noch da. Zur Abwechslung mal mit vollem Bauch, hockte er mit über dem sackförmigen Wanst gefalteten Händen am Ufer und starrte uns wie ein weiser alter Basilisk an. Ich hatte Abdrücke der Schädelinnenfläche seiner Gattung gesehen und wußte, daß seine Seligkeit auf Unwissenheit und nicht auf der Weisheit des Alters beruhte.

Wir ließen ihn dort im Sand mit einem See voll ängstlicher Hadrosaurier zurück. Seine Speisekammer war für Jahre gefüllt.

Wir nahmen mit Jack Funkverbindung auf und flogen weiter nach Norden Richtung Kanada. Dort sollte es einen beträchtlichen Bestand an Dinosauriern gegeben haben. James wollte wissen, warum. Inzwischen war er auch davon überzeugt, daß wir uns in der letzten oder vorletzten Periode der Kreidezeit befanden. Wir mußten nur noch seine Identifizierung mit gewissen Gesteinsablagerungen vergleichen. Wir müßten im Kampanian oder Maestrichtian sein. Von beiden war das Maestrichtian das spätere. Am Ende dieses Zeitabschnitts waren die Dinosaurier ziemlich abrupt verschwunden, und die Ausbreitung der Säugetiere hatte begonnen. In dieser Periode anzukommen war beinahe ein exotischer Glückstreffer.

James' psychische Anspannung wuchs von Tag zu Tag. Unentwegt fingerte er in der Datei herum.

Wir flogen weiter nordwärts. Palmen traten jetzt außerhalb des Waldes vereinzelt auf. Nadelbäume und Eichen überwogen. Hartnäckig hielten sich die Zycaden. Aber sie sahen verkümmert aus.

Am Nachmittag meldete sich Jack. Er hatte mit seinem Betäubungsgewehr einen Sauropoden zu Fall gebracht. In diesem Zeitabschnitt waren die meisten dieser Giganten schon ausgestorben. Offensichtlich war einer übriggeblieben, vielleicht extra für Jack? Jedenfalls war es keiner der wirklich großen Sauropoden.

Jack identifizierte seine Beute als einen Tenontosaurus. Ein überraschendes Überbleibsel aus den Anfängen der Kreidezeit. Sie waren Pflanzenfresser, teilweise zweifüßig mit riesigen Köpfen. Dieser war nicht länger als acht Meter. Und völlig dumm, berichtete Jack. Das riesige Tier hatte ihn beinahe zu Tode getrampelt, nachdem es sein Betäubungsmittel erhalten hatte und weiterstolperte.

Aufgeregt gratulierte James seinem Partner. Aber die Konversation blieb kurz, weil wir unsere ersten gehörnten Dinosaurier entdeckten.

Es war eine riesige Herde von Ceratopsiden. Sie bewiesen, daß soziales Verhalten nicht allein von der Größe des Gehirns abhängig ist. Es war behauptet worden, daß Triceratopiden und andere dieser Gattung zu dumm seien, um in einer Herde leben zu können. Jetzt wußten wir es besser.

Sie befanden sich auf einem Berghang und fraßen Büsche, kleine Bäume und alles, was sie vorfanden. Sie wirkten wie riesige, überraschend behende fressende Maschinen, gegen die selbst Ziegen heikle Gourmets waren.

Auch sie wurden von ein paar Karnosauriern begleitet.

James entschied, daß sie Gorgosaurier seien. Ich stritt es nicht ab. Ich habe noch nie einen Unterschied zwischen Alt-Gorgo und Tyrant-Lizard sehen können. Beide hatte unvorstellbar große Mäuler und so viele Zähne, daß ein Zahnarzt vor Freude strahlen würde.

Die Ceratopsiden, so dumm sie auch waren, hatten das Wesentliche begriffen. Diese hier gehörten zu den größten ihrer Rasse: Pachyrhinosaurus. Sie waren hornlos. Ein riesiges Rammschild wuchs von der Spitze ihres Schädels wie ein Granitblock herab. Die Nackenkrause, die das Rückgrat davor schützte, durchgebissen zu werden, war klein und von zwei kurzen Stacheln bedeckt. Die einzige weiche, ungepanzerte Stelle war der Bauch.

Es waren furchterregende Tiere. Und das war wohl auch der Grund, weshalb sich die Carnosaurier in einiger Entfernung aufhielten.

In der Herde gab es nicht nur ausgewachsene Tiere. Mitten unter ihnen entdeckten wir auch Junge. Sie wirkten zart und hilflos. Das Rammschild war erst ein kleiner Höcker auf ihren Stirnen.

Sowohl die Herde als auch die Karnosaurier ignorierten den Helikopter. Ich fragte Rogers, ob er diese Entfernung beibehalten könnte, und begann zu filmen. Eine ganze Zeit passierte nichts Besonderes. Wir folgten der Herde auf ihrem langen, weitschweifigen Marsch.

Da schien eines der Jungen plötzlich Durst zu bekommen. Es brach aus der Herde aus und lief auf einen kleinen Fluß zu, der durch das Flachland floß. Die ausgewachsenen Tiere unternehmen keinerlei Versuch, es daran zu hindern. Ich bin mir noch nicht einmal sicher, ob sie es überhaupt bemerkten.

Im Gegensatz zu den Carnosauriern – der größte von ihnen nahm einen schnellen, watschelnden Anlauf und brach mit einem Knacks seiner mächtigen Kiefern dem Jungen das Rückgrat. Es fand keinerlei Kampf statt.

Der Vorgang wurde von der Herde völlig ignoriert. Wahrscheinlich reagierten die Ausgewachsenen nur auf eine direkte Konfrontation. Und etwas natürliche Auslese gehörte wohl mit zum Spiel.

Rogers flog einen Bogen, während sich der Carnosaurier satt fraß. Nachdem er davongetrottet war, kam Nummer zwei zur Freßstelle und verputzte den Rest. Nur ein Stückchen knöchernen Schädel ließ er übrig, was James zu der Vermutung veranlaßte, daß dies der Grund dafür sei, daß es nur so wenige Versteinerungen von Heranwachsenden gäbe. Offensichtlich schienen Carnosaurier tüchtige Müllmänner zu sein.

Fast den ganzen Nachmittag folgten wir der Herde, um die Reaktionsweise der Tiere zu beobachten. In ihrer Art, sich zu bewegen und zu fressen, erinnerten sie mich an Rhinozerosse. Sie waren sicherlich auch genauso reizbar.

Später flogen wir nach Westen, um eine Bergkette, die bis zur fernen Küste zu reichen schien, zu studieren. Rogers glaubte, es handle sich um eine Landverbindung zu den Kordilleren. Die Fossiliendatei wies auf die Existenz so einer Verbindung hin.

Kurz vor Einbruch der Dunkelheit landeten wir schließlich in einem üppigen Tal inmitten dieser Bergkette. Die nächsten Tage verbrachten wir damit, das Tal zu erforschen. James und Rogers waren beeindruckt. So sehr, daß sie Jack trotz meiner Bedenken aufforderten, mit dem Shuttle nach Norden zu fliegen, um sich mit uns zu treffen.

Wir richteten ein Lager ein und stellten den Helikopter und das Shuttle auf den Kamm eines Sandsteinberges. Hierher konnten die großen Dinosaurier unmöglich gelangen, und die kleineren hätten es wohl kaum gewollt. Wir waren mit dieser Lösung zufrieden.

Das Team teilte sich auf, denn jeder konzentrierte sich auf sein eigenes spezielles Aufgabenfeld. Jack und James schienen verschwunden zu sein, nur Rogers sah ich morgens während des Frühstücks. Er erfaßte kartographisch Gesteinsschichten, die in unserer Zeit nicht mehr existierten. Und ich versuchte mich tagsüber als Ethologe und nachts als Astronom.

Ich stieß auf eine Meute Dromaeosaurier.

Meute war der richtige Begriff, ebenso wie Herde für die Ceratopsiden, denn es paßte eher zu ihnen. Sie waren aktive Jäger, sehr stark und sehr blutrünstig. Und sie waren intelligent. Ihre Gehirne waren mit denen hochentwickelter Emus oder anderer großer auf dem Boden lebender Vögel vergleichbar.

Sie waren zweifüßige Läufer, nur geringfügig kleiner als ein normalgroßer Mann, und sie jagten junge Hadrosaurier, die in diesem Tal lebten. Manchmal jagten sie gemeinsam und töteten sogar ausgewachsene Hadrosaurier.

Ihre bevorzugte Angriffsmethode bestand darin, die armen Tiere in ein Dickicht zu treiben, ihnen den Fluchtweg abzuschneiden und sie mit Zähnen und Klauen zu zerfleischen. Und sie waren bestens für eine solche Jagd ausgestattet. Denn jeder dieser Killer hatte am zweiten Zeh des Fußes eine gewaltige Kralle. Sie benutzten sie wie ein großes Messer und schlitzten damit ihrem Opfer den Bauch auf.

Ich filmte mehrere Jagden, obwohl man sie nicht gerade als Sonntagsunterhaltungssendung für Tierfreunde anbieten konnte. Abgesehen von lautem und aufgeregtem Zischen vollzog sich der Tötungsvorgang in grimmigem Schweigen. Der zivilisierte Mensch in mir war sowohl abgestoßen als auch fasziniert von dieser blutigen Angelegenheit.

Vielleicht war es das, was mich veranlaßte, meine Studien ganz auf sie zu konzentrieren.

Eines Tages, als ich hoffte, ein Duell zwischen zwei Männchen filmen zu können, geriet ich auf eine einsame Fährte, die einen der Hauptbäche, die zum Fluß im Tal strömten, kreuzte. Hier befand sich auf jeder Seite des Weges ein dichter Bestand von Zycaden. Ich hatte ihn für unpassierbar gehalten. Doch offensichtlich war dem nicht so. Fußabdrücke in dem erst kürzlich aufgewühlten Staub sprachen dagegen. Die trockenen Baumstämme waren voll mit den Resten alter, verwelkter Farne. Eine große dickbäuchige Spinne kroch träge davon, als ich mir durch die trockenen Blätter einen Weg bahnte. Zwischen zwei toten Stämmen entdeckte ich einen engen Durchgang.

Von anderen Pflanzen herabhängende Farne hatte ihn verborgen gehalten.

Ich zwängte mich hindurch. Vor mir sah ich eine Felsspalte mit niedrigen Sandsteinwänden. Das Rot der Felsen bildete einen starken Kontrast zu dem dunklen Grün der Weinstücke, die überall so üppig wuchsen. Kreuz und quer schlängelten sich unzählige Ableger vom Felsboden aus über die Spalte. Aber irgendein Wesen schien hier regelmäßig durchzugehen. Die Spur war undeutlich, aber sie war da.

Die Schlucht verlief schräg nach unten zum hinteren Teil des Hochlandes. Schließlich öffnete sie sich zu einem breiten ausgewaschenen Felsband. Hier wuchs kein Wein mehr, nur üppige, robuste Pflanzen hatten sich in den Spalten festgesetzt. Am Fuße des Felsbandes entdeckte ich eine tiefe Höhle. Ein Bach rann aus der Höhle und bildete einen seichten Teich. Der Abfluß stürzte über eine Klippe ins Tal. Überall im fahlen Schlamm waren Spuren, und eine ganze Menge führten in die Höhle.

Statt meines Betäubungsgewehrs hatte ich eine zweite Kamera bei mir. In diesem Tal gab es keine großen Carnosaurier, und die Dromaeosaurier waren an meine Anwesenheit gewöhnt. Deshalb hätte das Gewehr nur eine überflüssige Last für mich dargestellt. Jetzt, als ich dem Unbekannten unbewaffnet gegenüberstand, wünschte ich, ich hätte mich anders entschieden.

Die Abdrücke verrieten mir, daß ich größer und schwerer war als das Wesen, das sie verursacht hatte. Ich hob einen trockenen Ast auf, der mir als Knüppel nützlich zu sein schien, und drang in die düstere Tiefe der Höhle vor.

Ich hatte keine Lampe bei mir, und blieb deshalb seitlich vom Eingang stehen, damit sich meine Augen an die Dunkelheit gewöhnen konnten.

Die Höhle war riesig. Der Bach sickerte durch den Kalkstein, und von der niedrigen Decke hingen groteske Kalksteingebilde, während aus dem matschigen Boden spitze Zapfen in die Höhe ragten. In der schwarzen Tiefe der Höhle gluckerte Wasser. Aber mein Interesse galt nicht dem Fluß. Beinahe sofort spürte ich, daß ich beobachtet wurde, und nach einer Weile konnte ich auf der anderen Seite der Höhle schemenhaft eine Gestalt erkennen.

Auf einem sandbedeckten Felsvorsprung hockte ein schlanker Dinosaurier. Aus seiner Haltung schloß ich, daß es ein brütendes Weibchen war, obwohl ich weder Eier noch ein Nest entdecken konnte.

Doch dann sah ich, daß sich auf dem Geröll ein kleines Nest befand.

Die Dinosaurier-Dame fürchtete sich offenbar vor mir, aber sie ließ ihr Gelege nicht im Stich. Das beeindruckte mich.

Seit unserer Ankunft hatten wir die Lebensformen, denen wir begegnet waren, als auferstandene Museumsstücke und weniger als wirkliche lebendige Wesen betrachtet, obwohl ja wir die Aliens in dieser Zeit waren. Und jetzt plötzlich wurde mir bewußt, daß das hier ein Wesen war, das, wie ich selbst, das Leben kannte und liebte. Es hatte so viel Verstand, daß es sich vor etwas Unbekanntem fürchtete.

Einem Dinosaurier jagten nur wenige Dinge Angst ein, da er hauptsächlich von seinem Instinkt geleitet wurde – ähnlich wie die Vögel in unserer Zeit. Selbst die Dromaeosaurier, die offenbar intelligenter waren als andere Arten, konnten sich mit einem Strauß oder Emu nicht messen.

Dennoch hatte diese Dinosaurierin Angst um ihre Eier.

Ich trat einen Schritt zurück, um sie zu beruhigen, und nach einiger Zeit wirkte sie entspannter, aber sie behielt mich dennoch wachsam im Auge.

Zum Filmen war es zu dunkel in der Höhle, und ich konnte nichts anderes tun, als mir die Details ihrer Anatomie einzuprägen.

Auf den ersten Blick hätte man vermuten können, einen Dromaeosaurier vor sich zu haben. Doch dann entdeckte ich, daß der hintere Teil des Schädels abgerundet war, und die Augen nicht seitlich am Kopf saßen. Die Kiefer waren ein wenig kleiner als bei anderen Arten. Vielleicht dienten sie zum Zerlegen der Beute und nicht unbedingt als

Angriffswaffe. Die Hände, die bei den Dromaeosauriern extrem behende waren, sahen auch ein wenig anders aus – auf dem kleinen Finger saß noch ein zweiter. Die Klauen waren kleiner. Ich hatte fast den Eindruck, daß ich die dinosaurische Entsprechung eines *Australopithecus* vor mir hatte. Kein Dinosaurier war so intelligent.

Aber trotzdem war das hier eine wirkliche Entdeckung. James würde außer sich geraten, wenn ich ihm diese neue Gattung zeigte.

Ganz langsam bewegte ich mich rückwärts aus der Höhle.

Plötzlich traf mich wie ein zischender Blitzstrahl etwas von hinten. Ich spürte, wie meine Jacke zerriß, und wirbelte herum, bevor die Klaue – das hatte ich blitzschnell begriffen – mich selbst zerreißen konnte. Ich fiel hin, und mein Angreifer war gezwungen, einen Bogen um mich zu machen. Ich schlug zu... und spürte, wie meine Faust etwas Warmes, Hartes und Schuppiges traf, und plötzlich war es weg.

Hastig stand ich auf. Vor mir auf dem Boden der Höhle lag der Gefährte meines Dinosaurier-Weibchens. Zwischen uns färbte die kopflose Leiche eines jungen Hadrosauriers den Bach mit seinem Blut rot. Tja, dachte ich, warum sollen einige Dinosaurier ihre brütenden Weibchen nicht genauso wie Vögel mit Beute versorgen? Wie leicht traut man einem Tier mehr Intelligenz zu, als es wirklich hat!

Der Dinosaurier war nur benommen. Bevor ich mich umgedreht hatte, um die Flucht zu ergreifen, hatte er sich wieder hochgerappelt. Und mit einer einzigen Aktion widerlegte er all meine Vorurteile über Dinosaurier. Er hob den Knüppel, der mir heruntergefallen war, auf und schlug mir damit auf den Kopf.

Es gelang mir dennoch, die Höhle zu verlassen, und kurz darauf stand ich im Sonnenlicht.

Der Dinosaurier folgte mir, blieb aber im Eingang der Höhle stehen.

»Ich habe nicht die Absicht, dir oder deinem Weibchen etwas anzutun«, sagte ich sanft, um ihn zu beruhigen.

Als Antwort zischte er laut, um mir zu zeigen, daß er immer noch wütend war. Seine Logik war einfach: Du warst bei meiner Frau, also breche ich dir den Hals. Und diese Art von Schlußfolgerung ließ natürlich keine Diskussion zu. Ich konnte mich nur zurückziehen – wenn er es zuließ.

Ich hatte Glück – er machte keine Anstalten, mich noch einmal anzugreifen.

Auf dem Weg ins Lager überlegte ich fieberhaft, so daß mich beinahe ein dürrer Ankylosaurier, der wie ein alter Volkswagen aussah, über den Haufen gerannt hätte.

Mir war klar, daß ich James nichts davon erzählen konnte. Er würde mir nie glauben. Jack ebensowenig. Beide Männer waren von den anerkannten Dogmen der Paläontologie überzeugt. Nun, Dogmen ändern sich, wenn auch langsam, aber niemals so schnell, wie es hier erforderlich gewesen wäre. Einen von beiden davon zu überzeugen, daß ein Dinosaurier einen logischen Gedanken verfolgt und vernünftig gehandelt hatte, wäre ein sinnloses Unterfangen gewesen. Selbst Rogers würde mir nicht ohne weiteres Glauben schenken. Aber ich mußte mit jemandem über mein Erlebnis sprechen, und Rogers, der Geologe, war vielleicht toleranter als die anderen.

Am nächsten Morgen gab ich vor, Rogers eine merkwürdige Steinausbuchtung zeigen zu wollen, und führte ihn zu der Felsspalte. Wir kämpften uns durch den Weinstockdschungel auf das Felsband.

In einiger Entfernung zur Höhle bat ich ihn, stehenzubleiben. Ich wollte nicht riskieren, daß wir angegriffen wurden.

»Wo ist die Ausbuchtung?« fragte Rogers mißtrauisch und betrachtete den Felsen vor uns.

Ich gab keine Antwort, sondern betrat die Höhle und leuchtete sie mit der Taschenlampe aus. Sie war leer. Nichts war mehr auf dem Felsvorsprung. Keine Eier, kein Knüppel, keine Knochen. Während der Nacht mußten sie die Höhle verlassen haben.

Ich erzählte Rogers nichts. Statt dessen zeigte ich ihm eine ziemlich gewöhnliche Kalksteinausbuchtung im Felsen, die ihn ganz und gar nicht beeindruckte.

Auf dem Rückweg murmelte er unfreundliche Dinge über das Urteilsvermögen von Laien.

Eine Woche verging. Wir waren alle sehr beschäftigt, und meine Entdeckung der intelligenten Dromaeosaurier nahm allmählich die Dimension eines Traumes an. Ich war mir plötzlich nicht mehr sicher, ob ich diese Tiere wirklich gesehen hatte.

Ich widmete mich meinen Studien über die Killer mit den Klauen.

Eines Tages, als ich die Saurier bei der Jagd filmte, geschah jedoch etwas, was mich an mein Erlebnis erinnerte.

Einer der Renner hatte sich vom Rudel getrennt, das einen betagten Hadrosaurier verfolgte. Wahrscheinlich hatte er eine neue Fährte aufgespürt. Als er auf einem schmalen Pfad durch einen dichten, düsteren Wald lief, folgte ich ihm.

Auf einer kleinen Lichtung lag ein großer Hadrosaurier, und ein anderer Dinosaurier war gerade dabei, ihn zu zerstückeln. Es war das Männchen. Ich wußte es sofort, noch bevor ich das grobe Steinmesser, das er in der Hand hielt, sah.

Der »wilde« Dromaeosaurier griff sofort an, sprang über den Kadaver auf den anderen zu mit einem Zischen, das an das geöffnete Ventil einer Dampfmaschine erinnerte. Der Messerschwinger sprang zur Seite und stach zu. Das Steinwerkzeug hatte jedoch eine so stumpfe Spitze, daß sie nichts weiter ausrichten konnte, als gerade die Haut des Angreifers zu verletzen. Aber der Zusammenprall war heftig genug, um den »wilden« Dinosaurier zu Boden zu werfen. Er blieb liegen, denn ich hatte mein Gewehr benutzt, um ihn zu betäuben.

Ich versteckte mich hinter einem Baum, während das Männchen den Hadrosaurier zerlegte. Dann wandte er sich dem betäubten Dromaeosaurier zu. Plötzlich hatte das intelligente Männchen mehr Fleisch, als es mit seiner Gefährtin vertilgen konnte. Als es mit seiner blutigen Last davonwankte, näherten sich die Aasfresser in Zweier- und Dreiergruppen.

Wieder folgte ich meinem Dinosaurier und benutzte mein Fernglas, um ihn nicht aus den Augen zu verlieren. Ich war sehr vorsichtig, weil ich nicht von ihm entdeckt werden wollte.

Im Tal, wo die Felsen besonders hoch waren, befand sich in einer Höhle das neue Nest. Bis kurz vor Einbruch der Nacht lungerte ich dort herum und beobachtete alles. Dann ging ich ins Lager zurück. Niemand war zu sehen. Ich aß etwas und legte mich ins Bett, aber ich konnte vor Aufregung nicht einschlafen.

Am nächsten Morgen schlich ich wieder in die Nähe der Höhle, um meine Studien fortzusetzen.

Faszination ist sehr vielschichtig. James hätte diesen Dinosauriern wenig menschliche Werte zugebilligt. Das Männchen und auch das Weibchen, wenn sie das Nest verließ, töteten, was immer sie brauchten, ohne die geringsten Gewissensbisse. Und sie waren sehr erfolgreiche Killer. Schließlich waren sie keine menschlichen Wesen, und sie lebten in einer Welt, die völlig anders war als unsere. Ich verurteilte sie nicht, ich beobachtete sie nur.

Da ich keine unmittelbaren Forschungen anstellen konnte, war es mir unmöglich, die Intelligenz des Männchens genau zu beurteilen, aber ich hatte keinen Zweifel daran, daß dieses Pärchen außer uns die intelligentesten Geschöpfe des Planeten waren. Eine sorgfältige Suche ergab, daß sie die einzigen ihrer Art im Tal und der näheren Umgebung waren.

Im Laufe der Zeit entwickelte ich für diese beiden Renner eine gewisse Zuneigung.

Inzwischen konnten wir genau bestimmen, in welcher Zeit wir uns befanden.

An diesem Nachmittag hielten Jack und James einen kurzen Vortrag. Das Ende des Maestrichtians sei nicht eindeutig zu bestimmen, weil es keine Veränderung in den Gesteinsschichten gegeben habe. Vielmehr waren die Dinosaurierknochen mit einem Mal verschwunden. Zufällig waren wir genau in dieser Periode gelandet. Ein Zeitalter ging zu Ende. Wir akzeptierten das zwar, aber diese Erkenntnis veränderte unsere Einstellung, und wir betrachteten unsere Umgebung jetzt aus einem nostalgischen Blickwinkel. Wir diskutierten über alle möglichen Theorien, über die Ursache für das kommende Aussterben der Dinosaurier.

Jack und James waren überzeugt, daß dieser Prozeß schon vor einiger Zeit eingeleitet worden war. Das Klima war gemäßigt, aber man konnte die verschiedenen Jahreszeiten voneinander unterscheiden. In letzter Zeit waren die Winter jedoch immer strenger geworden.

Das Meer im Landesinneren schrumpfte ständig, und durch Erdverschiebungen entstanden Gebirgsformationen. Das hatte zur Folge, daß sich auch die Witterungsverhältnisse änderten. Die großen Dinosaurier waren der Kälte schutzlos ausgesetzt, obwohl sie Warmblüter waren. Sie waren zu groß, um sich vergraben zu können, und verfügten nicht über die Fähigkeit, während der Kälteperioden Winterschlaf zu halten. Angeblich sollen einige von ihnen in wärmere Gebiete abgewandert sein. Wir hatten auch schon riesige Herden beobachtet, die am Flußufer nach Süden wanderten.

Wir sahen uns jetzt öfter; irgendwie schien jeder wieder die Gesellschaft der anderen nötig zu haben. Abends saßen wir an einem Feuer und lauschten dem Schmatzen der fressenden Hadrosaurier, während wir uns über ihr Sterben unterhielten.

Rogers machte sich gern über die verschiedenen Theorien lustig und bestritt, daß die klimatischen Veränderungen das Aussterben der Dinosaurier verursacht hatten, da ihnen die Tropen als Lebensraum zur Verfügung stünden.

Dort könnten die Dinosaurier sogar ein Eiszeitalter überleben. Und außerdem könnten sie sich auch den neuen Bedingungen anpassen und zum Beispiel ein Fell bekommen, da sich die Witterungsverhältnisse in Millionen von Jahren verändern würden, hätten sie Zeit genug, sich weiter zu entwickeln. Haare seien lediglich eine Abart reptilischer Schuppen. Hatten sich nicht die Mastodons und Mammuts während der Eiszeit an die Kälte angepaßt und ein Fell bekommen und es, als das Wetter sich änderte, wieder verloren?

Hier hakte Jack ein. Selbst in unserer Zeit hätten die Elefanten noch die Veranlagung für Haarwuchs. Und obwohl wir nackt seien, besäßen wir doch die gleiche Anzahl von Haarfollikeln wie alle anderen Primaten. Entscheidend sei jedoch die Dichte des individuellen Haarzellgewebes. Für das nackte Mastodon sei es leicht gewesen, ein langes Fell zu entwickeln. Die Dinosaurier würden dazu viel mehr Zeit benötigen. Und ein behaarter Dinosaurier sei noch nie entdeckt worden.

»Vielleicht hatten sie ja Kleidung?« scherzte Rogers.

»Das hätte ihnen auch nichts genutzt«, erklärte ich kategorisch.

Den ganzen Tag war ich schon schlecht gelaunt gewesen, aber das hatten die anderen nicht bemerkt. James beobachtete unsicher, wie ich eine Sternkarte auf den Eßtisch knallte. In einer Ecke sah man einen großen, krebsartigen weißen Fleck.

»Das ist G0538«, teilte ich ihnen mit. »Mit bloßem Auge ist nichts Besonderes zu entdecken, aber es wird eine Supernova.«

Meine Gefährten schauten in die leuchtende sternenübersäte Dunkelkeit des Nachthimmels.

»Eine Zeitlang sind wir noch sicher«, sagte ich. »Frühestens in einem Jahr wird ein Sturm voll energiereicher Strahlung diesen Planeten erreicht haben.«

»Wie weit ist er entfernt?« wollte James wissen.

»Ich bin mir nicht sicher. Vielleicht ein paar Lichtjahre. In unserer Zeit ist nichts mehr davon übrig, bis auf ein schwarzes Loch, dessen Strahlungen zufällig bei einer Sonnenstudie entdeckt worden ist. Die Strahlenschale der Explosion verschwand vor Millionen von Jahren im All.«

Rogers verstand als erster, was das bedeutete.

»Die Strahlung wird sich verheerend auf die höhere Atmosphäre auswirken. Ich frage mich, was mit den Tieren passiert.«

»Nur die kleinsten Arten können überleben«, behauptete ich. »Schildkröten, Schlangen, Echsen, Nachtsäugetiere, Fische. Wesen, die in der Lage sind, sich bei Tag und Nacht im Boden zu vergraben, oder durch das Wasser geschützt sind. Alles, was größer als ein Hund ist und sich im Freien aufhält, muß gegen die Kälte und Strahlung kämpfen.«

»Mein Gott.« Jack atmete heftig. »Als würde mit einem Schlag alles vom Tisch gefegt werden. Ein völlig neuer Gesichtspunkt.«

James, der wohl am praktischsten von uns allen denken konnte, wies auf etwas anderes hin.

»Wir können nicht riskieren, noch länger hierzubleiben. Das Schutzschild des Shuttles ist für die Abblockung einer derartigen Energie nicht konstruiert. Der Strahlengürtel um Jupiter wird wie eine Neonröhre aufflackern, wenn der Sturm darüber hinwegfegt. Wir müssen unsere Exkursion früher als geplant beenden. Wann bist du mit deinen Studien fertig, Bill?«

»In etwa einer Woche. Die meisten Sternkarten sind fertig. Der Computer kann sie genausogut im All vervollständigen wie hier unten.«

»Okay. Unser Abflugtermin richtet sich ganz nach dir. Wir anderen packen alles zusammen und bereiten uns auf die Abreise vor.«

Noch nie zuvor ist eine Woche für mich so schnell vergangen.

Die Stimmung war so angespannt, als würde uns eine Hinrichtung bevorstehen. Es war unmöglich, den Gedanken an das Aussterben einer ganzen Rasse zu verdrängen.

Andererseits waren wir viel zu beschäftigt, um in Melancholie zu verfallen.

Bevor das Shuttle abhob, um an der Raumfähre aufzutanken, hatte ich noch Zeit für einen Besuch in der Höhle. Ich kann nicht behaupten, daß meine Renner glücklich waren, mich zu sehen, und ich war gezwungen, beide zu betäuben, um mit heiler Haut davonzukommen.

Aber es gab etwas, was ich tun mußte. Eigentlich bin ich nicht sentimental veranlagt, und ich bin mir nicht darüber im klaren, was mich veranlaßte, zu handeln. Es schien einfach notwendig zu sein, obwohl ich gegen die Vorschriften verstieß.

Unsere letzten wenigen Stunden im Mesozoikum verbrachten wir damit, in das umwölkte Auge Jupiters zu starren, dem wir uns näherten. Jetzt verstehe ich, warum es der König der Planeten genannt wird. Jack ging so weit, es als einen Gott zu bezeichnen, aber er ist leicht beeinflußbar.

»Welcher Gott würde sich selbst mitten in einen Planeten einsperren?« fragte Rogers, und ich konnte nur zustimmen.

Und kein Gott würde sich das Recht nehmen lassen, seine Meinung zu ändern.

Ich hatte nicht mehr das Gefühl, daß unser Eintreffen zufällig war.

Ohne weiteren Aufenthalt kehrten wir nach Hause zurück. Bei der Ankunft fühlte ich mich nicht gerade wohl, aber in ein oder zwei Tagen mußte die Brutzeit zu Ende sein. Es sind fünf Eier. Hoffentlich ist das Verhältnis von Männchen und Weibchen ausgewogen. Unsere Renner brauchen eine Chance.

James und Jack haben sich bereit erklärt, die Patenschaft zu übernehmen.

(Ins Deutsche übertragen von Monika Paul)

Blow-Up am Watson Creek

Sharon N. Farber

Seitdem Sharon N. Farber 1978 ihre erste Geschichte veröffentlichte, schreibt sie unter anderem für Isaac Asimovs Science Fiction Magazine, Omni, Amazing *und andere Zeitschriften. Die in San Francisco geborene Autorin lebt heute in Chattanooga, Tennessee.*

In der vorliegenden Geschichte erzählt sie eine mitreißende, altmodische Cowboy-und-Dinosaurier-Story... Ach, Sie haben noch nie etwas von Cowboy-und-Dinosaurier-Geschichten gehört? Nun, dann haben Sie ein besonderes Vergnügen vor sich. Sharon N. Farber entführt uns zu einer packenden und spaßigen Balgerei in den Wilden Westen. Im Mittelpunkt stehen skurrile Fossilienjäger – größtenteils historische Persönlichkeiten –, die in Situationen geraten, mit denen sie nicht gerechnet haben.

* * *

Die Männer in Abendgarderobe gingen ins Foyer. »Ich habe keine neueren Veröffentlichungen über Fossilien von Ihnen entdeckt, Professor Leidy«, sagte eine Stimme mit deutschem Akzent. »Werden Sie in diesem Jahr zu einer weiteren Forschungsreise aufbrechen?«

»Ha«, bemerkte jemand. »Leidy hat die Paläontologie aufgeben. Er widmet sich wieder mikroskopischen Studien – das ist sicherer.«

»Sicherer? Natürlich, wegen der gefährlichen Wilden...«

»Nein, nicht wegen der Indianer. Weil sich die Paläontologen untereinander bekriegen.«

Der Deutsche blickte verblüfft in die lächelnden Gesichter.

Ein vornehmer älterer Mann sagte: »Bitte, meine Herren, ich möchte nicht über diese persönlichen Dinge sprechen...«

»Ach, kommen Sie, Leidy. Wir wissen doch alle, was Sie von Ihrem Arbeitsgebiet vertrieben hat: diese in Fehde liegenden Fossilienjäger. Marsh und das Vermögen seines Onkels Peabody. Er würde Sie selbst dann überbieten, wenn es um den Schädel Ihrer Großmutter ginge.«

»Haben Sie den schon gehört? Marsh ist nur deshalb noch nicht verheiratet, weil er mit einer Frau allein nicht glücklich sein könnte. Er würde eine Sammlung haben wollen.«

Die Leute lachten. Der verärgerte Wissenschaftler fuhr fort: »Und dann gibt es da noch den wirklich brillanten Cope. Er wirft einen Blick über Ihre Schulter auf den Knochen, den sie gerade in der Hand haben, und merkt sich die auffälligen Merkmale. Danach macht er sich sofort auf, um die Beschreibung Ihres Knochens zu veröffentlichen.«

Leidy lächelte den Deutschen mitleidig an. »Na, jetzt kennen Sie zwei handfeste Gründe, weshalb ich die Wirbeltierpaläontologie aufgegeben habe.«

Die Sitzung der Akademie war beendet, und immer mehr Forscher strömten ins Foyer. Leidy nahm einen Briefumschlag aus der Innentasche seines Mantels.

»Früher hat man mir jedes Fossil geschickt, das in den Staaten gefunden wurde. Aber heute wenden sich die Leute an Marsh oder Cope. Doch gelegentlich erhalte ich immer noch einen Brief.« Er begann zu lesen. ›Lieber Professor Leidy.‹ Die Rechtschreibung ist höchst außergewöhnlich. Ich kann sie kaum angemessen wiedergeben. ›Lieber Professor Leidy. Ich hörte, Sie mögen seltsame Tiere. Also, Johnny und Dave haben die Großen umgebracht, nur Sairie und ich fingen ein Junges in der Schlucht am Watson Creek. Doc Watson sagte, es sieht aus wie ein – ich denke, das soll ›Wirbeltier‹ heißen; die Rechtschreibung ist so eigenwillig, daß ich mir nicht vollkommen sicher bin – aber eine Eidechse, die so groß ist wie ein Pferd, hat er auch noch nicht gesehen. Er sagte, daß ich Ihnen schreiben soll. Wenn Sie das Tier sehen wollen, kommen Sie nach Coyote, das liegt in der Nähe von Zak City. Fragen Sie einfach nach mir, hier kennt mich jeder.‹ Unterschrieben hat den Brief ein ›Charles Doppler‹.«

Während Leidy das Schreiben vorgelesen hatte, war Ruhe in den Raum eingekehrt. Jetzt nahm man die Unterhaltung wieder auf.

»Doppler. Der ist doch wohl nicht verwandt mit Christian Doppler aus Prag.«

»Wahrscheinlich nicht«, sagte ein kahlköpfiger Mann. »Haben Sie übrigens davon gehört, daß man mit seiner Formel die Entfernung von Sternen berechnen kann und...«

Leidy steckte den Brief in die Tasche zurück.

Zwei Männer auf den gegenüberliegenden Seiten des Foyers nahmen unabhängig voneinander ihre Taschenuhren zur Hand. Nach einem Blick darauf verabschiedeten sie sich hastig von ihren Kollegen und stürmten hinaus, um den nächsten Zug zu erwischen.

Am selben Abend fand, gute fünfzehnhundert Meilen weiter westlich, auf der Doppler-Ranch am Ufer des Foulwaters ein weniger erlesenes geselliges Beisammensein statt. Der Arzt Doc Watson hatte wie jede Woche Ma Doppler untersucht.

»Sie wird's doch schaffen?« fragte ihr ältester Sohn besorgt. Ohne Zweifel verdiente es Johnny Doppler, daß sein Name an den Wänden aller Gefängnisse und Postämter des Westens prangte, aber seine Sorge um die Mutter war echt.

»Ist doch alles in Ordnung mit Ma, oder, Doc?« fragte auch Young Charley, Johnnys jüngerer Bruder. Beide Brüder hatten schwarzes Haar, und Johnnys Gesicht zeigte Gefängnisblässe, während Charleys Haut eine rötliche Färbung angenommen hatte.

»Hm«, antwortete der Doktor. Er setzte sich an den weißgestrichenen Tisch und goß sich ein Gemisch aus Whisky und *Weihrauchextrakt* ein. Nachdem er genippt hatte, fügte er noch einen Schuß seiner Patentmedizin hinzu. »Also, ich sag's euch, Jungs, ich glaube, sie hat noch eine ganze Reihe von Jahren vor sich. Aber ihr wißt, daß Witwen empfindlich sind.«

»Sicher, man braucht sich ja nur Daves Frau anzusehen.«

»Obwohl die ja keine Witwe ist, Charley. Red-Eye Dave lebt ja noch, er zieht es nur vor, Kate aus dem Weg zu gehen.« Der Doktor verspritzte einige Tropfen des *Weihrauchextrakts* auf dem Tisch und sah zu, wie sich dessen Farbe veränderte. »Wie geht's Dave übrigens?«

»Der ist im Moment nicht da.«

»Oh. Ihr wißt doch, daß sich eure Mutter immer Sorgen um euch Jungs macht, wenn ihr nicht zu Hause seid.«

Johnny nickte langsam. Seine Blicke wanderten unruhig umher, als erwarte er, daß der Doktor oder sein Bruder ihn anklagen würde. »Ma bekam Zustände, als ich und Dave in den Krieg zogen.«

Doc schauderte. Vor zehn oder zwölf Jahren hatte er zusammen mit Johnny Doppler und Red-Eye Dave Savage gedient. Johnny war der gefürchtetste Scharfschütze der inoffiziellen Truppen Missouris. Sein Cousin allerdings war nie nüchtern genug gewesen, als Schütze Erfolg zu haben. Daves Spezialität war Sprengstoff. Seine Begeisterung dafür, Sachen in die Luft zu jagen, war mit der Bereitschaft verbunden, mit kurzen Zündschnüren zu arbeiten.

Doch bei Kriegserinnerungen wurde es dem Doc stets unbehaglich zumute. Er erhob sich und sagte: »Danke für den Drink, Freunde. Ich werde morgen Medizin schicken. Inzwischen solltet ihr darauf achten, daß sie den *Weihrauchextrakt* regelmäßig einnimmt.« Seine Finger fummelten am Etikett herum, auf dem eine lächelnde Indianerprinzessin abgebildet war. Dann ging er.

Charley rief ihm nach: »Ach Doc, ich hole die Medizin ab. Ich wollte morgen sowieso die große Eidechse trainieren.«

Johnny sah ihn erbittert an. »Was soll der Blödsinn? Du verschwendest nur deine Zeit damit, Kleiner.«

»Du wirst schon sehen, ich bringe dem Tier noch bei, daß es einen Pflug zieht«, entgegnete Charley mit weinerlicher Stimme.

Sein Bruder seufzte. Charley wollte Farmer werden und konnte einem manchmal ziemlich auf die Nerven gehen.

Die Gleise nach Zak City waren von den gebleichten Knochen der Büffel gesäumt, die gelangweilte Reisende von den Fenstern des Zuges aus geschossen hatten. Seit der Zug die Zivilisation im Osten verlassen hatte bis zur Ankunft in Zak City, wo der Zug seine Fahrgäste wieder ausspuckte, hatte sich kein einziger lebender Büffel gezeigt.

An den jeweils entgegengesetzten Enden des Bahnsteigs standen zwei Reisende. Sie erkannten sich und warfen sich finstere Blicke zu. Beide waren fünf Fuß und zehn Zoll groß – der dickliche Mann allerdings nur wegen der hohen Absätze seiner Jagdstiefel (garantiert klapperschlangensicher). Oberhalb seiner teuren Fußbekleidung bot er einen gewollt lässigen Anblick: Schlapphut, Kordanzug und Jagdjacke. Der oberste Knopf der Jacke war geschlossen; ein beträchtlicher Wanst schob die Rockschöße ein wenig auseinander. Ein abgegriffenes Exemplar des *Prairie Traveller* ragte aus seiner geräumigen Reisetasche. Er schleppte zwei Navy-Revolver, einen Sharps-50mm-Cavalry-Karabiner und ein großes Jagdmesser mit sich herum. Seine weit auseinanderliegenden Augen waren zusammengekniffen, wahrscheinlich wollte er dadurch seine Entschlossenheit zur Schau stellen. Er hatte einen rötlichen Vollbart und eine Halbglatze. Das Gesicht zeigte keine erkennbare Knochenstruktur.

Der andere Mann bot ein weniger wildwestliches und kriegerisches Bild. Er war zehn Jahre jünger, Anfang Dreißig, und unbewaffnet. Sein altmodischer Anzug vermittelte den Eindruck, daß er ein Gelehrter war. Der Bart im ovalen Gesicht war gestutzt, und die Haare waren dicht und braun.

Die beiden Männer starrten sich an. Die Entfernung milderte die unheilvollen Ausdrücke ihrer Gesichter. Schließlich nahm jeder seine Reisetasche und schlich in eine andere Richtung davon.

Der dicke Mann fand einen geöffneten Saloon. Einige Gäste standen auf der Straße und waren damit beschäftigt, sich mit den Frauen im ersten Stock des gegenüberliegenden Gebäudes zu unterhalten. Der Mann blieb neben einem kleinen Kavalleriegefreiten stehen.

»Ich bin Professor O. C. Marsh von der Universität Yale. Der Sekretär der Armee hat mich bevollmächtigt, bei jedem Außenposten der Regierung Männer und Ausrüstung zu beanspruchen.« Seine Hände deuteten auf die Tasche, in der er das Empfehlungsschreiben für Militärs, Eisenbahnbeamte, Politiker und verschiedene andere Leuchten des Westens trug. »Wie finde ich das Militär?«

»Schreiben Sie sich ein.«

»Wo ist Ihr befehlshabender Offizier?«

»Keine Ahnung, ich bin desertiert.«

»Ich möchte einen Führer mieten, der mich nach Coyote bringt.« Er gab sich Mühe, »Coyote« nur mit zwei Silben auszusprechen, um zu zeigen, daß er kein Greenhorn war.

Es wurde still. Endlich sagte jemand: »Wohl verrückt, was? Coyote? Gibt schließlich einfachere Wege, unter die Erde zu kommen.«

»Ich brauche einen Führer nach Coyote. Ich muß dort einen gewissen Mr. Doppler treffen.«

Das Schweigen wurde zu einem entsetzten Gemurmel, und die Menge löste sich auf, bis Marsh und ein anderer Mann schließlich allein dastanden. Der Fremde war größer als sechs Fuß, stank nach Whisky und war wie ein Texasranger gekleidet – Stiefel mit riesigen Sporen, eine helle rote Schärpe, ein Paar Revolver und ein breitkrempiger Hut. Er fragte: »Wen wollen Sie treffen?«

»Einen Mister Charles Doppler.«

»Charley?« Ungläubig schüttelte er den Kopf. »Mit dem ist doch nichts Besonderes.«

»Gehört er zu Ihrem Bekanntenkreis?«

»Er ist mein Vetter. Ich hab' die ersten Jeans für Charley geklaut.«

»Würden Sie mich zu ihm bringen?« In Marshs Hand glänzte ein Dollar. »Es würde Ihnen drei Dollar pro Tag einbringen. Mister...?«

»Savage. Red-Eye Dave Savage. Vielleicht haben Sie schon mal einen Roman über mich gelesen? Nennen Sie mich Red-Eye.« Er griff nach dem Dollar.

»Schön, Red-Eye. Jetzt müssen wir sehen, daß wir uns Proviant verschaffen.«

Sie gingen die Straße hinunter, und Marsh erzählte: »Wissen Sie, ich bin ein persönlicher Freund von Buffalo Bill Cody...«

Der ordentlich gekleidete Gentleman war inzwischen von den Gleisen nach Norden gegangen. Dort fand er sich in ruhigen Straßen zwischen gepflegten Holzhäusern wieder. Neben einer Kirche knabberten zwei gesattelte Pferde am spärlich wachsenden Gras. Ein langhaariger Scout in Wildleder, den Hut ins Gesicht gezogen, lehnte an einem Pfosten. Eine Indianerin saß neben ihm. Sie säugte ein dickliches Baby, das eine gewisse Ähnlichkeit mit Präsident Grant ohne Bart hatte.

Ohne aufzublicken, fragte die Squaw: »Kann ich Ihnen helfen?«

Er fuhr überrascht zusammen. »O ja. Kennen Sie den Weg nach Coyote?« Er sprach das Wort dreisilbig aus, wie man es im Südwesten und am Pazifik macht.

»Sicher kenne ich den.«

Er seufzte. »Wie komme ich nach Coyote?«

Die Frau lächelte verschmitzt. »Aus Coyote heraus kommen Sie in einem Sarg. Mit dem Pferd hin – und mit dem Leichenwagen zurück.«

Er sagte: »Madam, ein Forscher muß bereit sein, unbekannten Gefahren ins Auge zu sehen, wenn er sich Wissen aneignen will.«

Der Scout regte sich. Er murmelte eine Frage in Lakota. Die Indianerin hörte zu und fragte dann: »Wollen Sie damit sagen, daß Sie ein Naturforscher sind?«

»Ich bin Mitglied der Akademie der Naturwissenschaften in Philadelphia, der Amerikanischen Philisophischen Gesellschaft, der Amerikanischen Gesellschaft zur Förderung der Wissenschaften. Edward Drinker Cope, zu Ihren Diensten.« Er verbeugte sich und prägte sich dieses Bild fest ein, damit er seiner Tochter später eine amüsante Beschreibung davon schicken konnte.

Der Scout murmelte wieder etwas. Die Frau dolmetschte. »Kennen Sie ›Laufender Mann, der Knochen aufhebt‹?«

»Frederick Hayden? Ich war früher einer seiner Mitarbeiter.«

Unter dem Hut murmelte es wieder.

»Kennen Sie Professor Leidy?«

»Ich habe bei ihm studiert. In der Tat bin ich wegen eines Briefes hier, den er erhalten hat.«

Der Scout sprang auf und zeigte sein gebräuntes, narbiges Gesicht, das zarte weibliche Züge aufwies. »Ich 1868 Scout für ›Laufender Mann, der Knochen aufhebt‹.« Sie streckte die Hand aus, um die seine kräftig zu schütteln.

Begeistert sagt Cope: »Dann müssen Sie Chokecherry Sairie sein, die Philosophin der Wildnis.« Er hatte die Groschenromane gelesen, die von ihren Abenteuern erzählten. Die zierliche, in ein Mieder geschnürte Frau der Illustrationen wies allerdings nicht die geringste Ähnlichkeit mit dem Original auf.

Auch die Indianerin stellte sich vor. »Ich bin Jessie Crooked-Knife. Mein Mann ist auch ein Professa – Professa Lancelot D'arcy Daid, der Erfinder von *Weihrauchextrakt*, der alten Original-Indianerprinzessinnen-Wundermedizin. Hilft gegen alles, sogar gegen Frauenleiden. Ich bin die Indianerprinzessin.«

Cope verbeugte sich noch einmal.

Sairie spielte mit den Fransen ihres linken Ärmels. »Gekommen, um zu sehen Charleys Eidechse? Gehn wir.« Sie sagte schnell etwas in Lakota zu Jessie, dann band sie Copes Reisetasche hinter dem Sattel der braunen Stute fest.

Jessie sagte: »Sairie wollte eigentlich nach Süden und Frisco Flush und Goodenough Kid besuchen. Aber sie hat ihre Pläne geändert. Es hat ihr immer Spaß gemacht, für Forscher als Scout zu arbeiten. Sie können Boadicea nehmen, mein Pferd. Aber passen Sie auf – wenn man es sattelt, wird es leicht unruhig. Sairie spricht nicht sehr gut Englisch; sie ist bei Wölfen aufgewachsen, wissen Sie.«

Nach dieser überraschenden Bemerkung sprang Sairie auf ihren kleinen, gescheckten Wallach, gab Cope ein Zeichen, daß er sich auf die Stute schwingen sollte, und trabte davon.

Während sie über die Prärie trabten, erfuhr Cope Wort für Wort die Geschichte der riesigen Eidechse. Die Doppler-Gang hatte eine Herde dieser Eidechsen oder »Donnerpferde«, wie Sairie sie nannte, gefunden. Sie grasten friedlich in einer verlassenen Gegend in der Nähe von Foulwater. Johnny und Dave hatten alle bis auf eine den Geiern geschenkt.

Sairie versuchte die Tiere zu beschreiben. »Große Füße. Augen wie Vogel. Hüften so wie Vogel, aber haben vier Beine.« Entmutigt zögerte sie und fuchtelte mit den Armen durch die Luft.

»Ich glaube, ich verstehe schon«, sagte Cope, um sie zu ermutigen. Es gelang ihm nicht.

»Wirklich groß. Zähne wie Pferd, nicht Wolf.«

»Ein Vegetarier – Grasfresser?«

»Ja. Wie die großen Knochen überall. Nur kleiner.«

»Große...?«

Sie hielt ihren Arm gute acht Fuß über den Boden. »Knochen. Wirklich groß. Überall. Auf ganze Weg.«

Habgier und übermütige Freude brachten Copes Augen zum Leuchten.

In der Dämmerung bauten sie ihr Lager auf und aßen Dörrfleisch. Cope bewunderte den imposanten Sonnenuntergang und begann, von seinem Rivalen zu erzählen.

»Marsh ist nur deshalb Direktor des Museums in Yale, weil sein Onkel es gebaut hat, und weil er ihm das nötige Geld bezahlt. Der Mann wird sich ohne Armee-Eskorte nicht ins Indianerterritorium wagen.«

»Sie?«

»Ja, ich habe das schon einmal gemacht. Ich bin Quäker; ich trage keine Waffen. Damals konnte ich Indianer auf dem Kriegspfad mit meinen falschen Zähnen beruhigen...«

Freudig setzte Sairie sich auf. »Zauberzahn!«

Befriedigt darüber, daß ihm sein Ruf vorausgeeilt war, fuhr Cope fort. »Marsh hat so viele Fossilien gesammelt, daß noch gar nicht alle ausgepackt werden konnten. Er versteht nichts von Anatomie – eine Armee von Helfershelfern untersucht die Stücke und schreibt seine Aufsätze. Sie werden schlecht bezahlt, und es ist ihnen verboten, eigene Studien zu treiben...« Die Tatsache, daß er einmal versucht hatte, sie zur Revolte zu bewegen, erwähnte er nicht.

»Marsh liest keine Zeitschriften, weil es ihn dazu verleiten würde, die Thesen anderer zu wiederholen. Und trotz allem nennen sie ihn noch immer Wissenschaftler. 1872 beabsichtigte Mudge, mir den ›Vogel mit Zähnen‹ zu senden, auf dem Marsh seinen guten Ruf begründet hat. Aber Marsh hatte bereits von dem Fossil gehört und ihn überzeugt, es ihm zu überlassen. So kam es dazu, daß seine Männer *meine* Knochen am Bridger Basin in ihren Besitz brachten. Und er hat seine Fossilienjäger angewiesen, die übrigen Knochen zu zerstören, nur damit ich sie nicht in die Hände bekam!«

Sairie hatte seiner Tirade beim letzten Flackern des Lagerfeuers zugehört und murmelte: »Aufhängen!« Ihr Kommentar hatte zur Folge, daß Cope im Schlaf von Alpträumen heimgesucht wurde, in denen ihn wieder zum Leben erweckte Fossilien bis aufs Blut peinigten. Nach dieser Nacht begrüßte er sie mit den Worten: »Einen wunderschönen guten Morgen, Miss Chokecherry. Wie fänden Sie es, wenn wir die Rieseneidechse nach Ihnen benennen?«

»Hat schon Namen. Joe.« Sie tätschelte den Hals ihres Pferdes.

»Hmmm«, murmelte Cope. »*Josaurus*. Warum nicht? Da werden eine ganze Menge Leute ihre griechischen Lexika wälzen. Ich habe mal eine Spezies *Cophassus* genannt, und ein Freund fragte mich verzweifelt, was das bedeuten sollte. Ich habe ihm dann gesagt, der Name wäre zu Ehren der Cope-Hasser ausgewählt worden.«

Sie ritten weiter Richtung Coyote und sprachen über die Tiere, die sie auf dem Weg sahen. Cope identifizierte die verschiedenen Gattungen und erzählte Einzelheiten ihrer Geschichte und Entwicklung. Sairie ließ sich über Eigenarten und Verhalten aus und wußte darüber Bescheid, wie sie schmecken.

Marsh war fünfundzwanzig Meilen vor ihnen auf dem Weg nach Zak City und ebenfalls bester Laune. Den vorhergegangenen Tag hatten sie damit verbracht, sich ihre Ausrüstung zu besorgen: einen großen Wagen, Geschirr und ein Vierergespann – das Ganze für 520 Dollar; Proviant und verschiedene Lagerutensilien für 175 Dollar; ein Reitpferd für 75 Dollar. Zusammen mit Red-Eye Dave Savages Braunem, Lightning, trottete das neue Pferd hinter dem Wagen her. Red-Eye führte die Zügel des Vierergespanns, während sein Boß neben ihm auf dem Kutschbock saß.

Marsh war ein ausgezeichneter Erzähler, der eine Menge Anekdoten von früheren Expeditionen in den Westen auf Lager hatte. Red-Eye dagegen hatte seinen Vorschuß in der letzten Nacht durchgebracht und war jetzt nicht gerade der aufmerksamste Zuhörer. Alle paar Minuten nahm er einen Schluck *Weihrauchextrakt* zu sich, weniger der Kräuter als vielmehr des Alkoholgehalts wegen.

»... und der Colonel und die Offiziere lagen mir im wahrsten Sinne des Wortes zu Füßen. Für die bin ich eine Legende, der einzige Mann, der quasi vom Krankenbett aus drei Büffel geschossen hat. Das war 1870, und die Geschichte macht immer noch die Runde... Halt!«

Red-Eye riß die Zügel zurück und griff nach seinem Revolver. »Indianer? Klapperschlang'n?« lallte er.

»Sch.« Marsh zeigte auf einen einsamen Büffel, der in einiger Entfernung graste. Er hob seinen Karabiner, zielte sorgfältig und feuerte. Das Tier brach in die Knie, gab ein letztes Brüllen von sich und starb.

»Verdammt noch mal!« krähte Red-Eye. »Sie schießen ja wie ein richtiger Waldläufer!«

Marsch schnitt dem Büffel die Zunge heraus und wickelte sie in einen Stofflappen. Sie genossen sie beim Abendessen, während Marsh die Liste seiner Freunde durchging. »Darwin – schon mal was von ihm gehört? Tja, ein ziemlich wichtiger Bursche. Zu einem meiner Aufsätze hat er mich beglückwünscht. Huxley ist ebenfalls ein großer Bewunderer meiner Studien, insbesondere der über die Entwicklungsgeschichte der Pferde.«

Dieser letzte Satz verschlug Red-Eye die Sprache. Er warf einen mißtrauischen Blick zu Lightning hinüber, der in der Nähe des Wagens angepflockt war – das fehlte gerade noch, daß sich das Vieh jetzt entwickelte, was immer das auch heißen mochte. Zum Glück ließ ihn die Flasche *Weihrauchextrakt* jetzt nicht im Stich.

»In der Tat hat mir meine epochale Studie über die Gattungsgeschichte der Pferde Beifall von allen Seiten eingebracht. Brigham Young...«

»Ich hab' von ihm gehört«, murmelte Red-Eye.

»...hat mich einen Verteidiger des Glaubens genannt. Es ist nämlich so, daß es nach dem *Buch Mormon* schon im vorgeschichtlichen Amerika Pferde gab, und meine Fossilienstudien bestätigen diese Aussage. Man hat mich wirklich sehr freundlich in Salt Lake City aufgenommen...«

Red-Eye durchlief ein Schauer. Bei Salt Lake City mußte er an Vielehen denken, bei Vielehen an Ehefrauen, und bei Ehefrauen an Kate, die am Ziel ihrer Fahrt auf ihn wartete und ihm zweifellos einiges zu sagen haben würde. Es war Zeit für den nächsten Schluck Wundermedizin.

Bei Sonnenuntergang waren Cope und Sairie auf der Doppler-Ranch angekommen, die einige Meilen außerhalb von Coyote lag. Kate Savages Blockhütte war mit Rasen bedeckt und zusammen mit einer riesigen Scheune von einem ziemlich baufälligen Palisadenzaun umgeben. Das Tor hing aus den Angeln und war an die Seite geschoben.

Charley lehnte am Tisch. In seinem ganzen Leben war er noch nie so aufgedreht gewesen. Selbst das Hoedown-Duell, wo er zum ersten und bisher einzigen Mal einen Mann erschossen hatte, war nicht so spannend gewesen wie diese Unterhaltung mit einem leibhaftigen Naturforscher. Cope sagte gerade, daß sie einen Wagen brauchten, um die Eidechse zur Eisenbahn zu transportieren. »Ich kann doch mit, Ma, oder?« rief Charley dazwischen.

Ma Doppler sah von ihrem zerlesenen Exemplar von *Beachs Hausmedizinbuch* auf und sagte: »Ich weiß nicht recht, Charley. Vielleicht bist du noch zu jung, um nach Philadelphia zu gehen.«

»Aber es muß doch jemand auf Joe aufpassen. Und der Doc sagt, er führt mich an der Akademie ein, und dann kann ich aufs College.«

»Mach deiner Mutter keine Sorgen, Charley.« Johnnys Stimme kratzte wie eine Feile auf Kanonenstahl.

»Ich hab's doch nicht böse gemeint«, jammerte Charley.

Cope hatte gerade die Skizze eines prähistorischen Faultiers beendet und gab sie dem Jungen. Um den Maßstab zu verdeutlichen, hatte er neben das Faultier Charley gezeichnet, den man auch ohne die Beschriftung in Copes unleserlicher Handschrift erkannt hätte. Charley zeigte die Skizze herum.

»Das würde ich gern mal jagen«, sagte Johnny. »Wo findet man so was?«

»Ich fürchte, das letzte starb schon vor vielen, vielen Jahren.«

»Hatte keinen Platz in der Arche, als die Sintflut kam«, sagte Ma Doppler. »Denk an die Bibel, mein Sohn.« Cope grinste schwach. Seine eigene religiöse Überzeugung hatte ihn dazu gebracht, Darwin der »funktionellen« Anpassung Lamarcks vorzuziehen.

Die Tür ging auf; Johnny riß seinen Revolver hoch und richtete ihn auf den Eindringling. Doch es war nur Sairie. Sie trug ein Kind, dessen Alter und Geschlecht unbestimmbar waren, auf dem Arm. Sairie hielt das Kind hoch, damit die anderen es erkennen konnten.

»Ist das der kleine Johnny oder vielleicht Sue?«

»Ich bin Klein-Kitty«, heulte das Kind.

Sairie sagte: »Nicht Pferde ärgern, Kind!« Sie ließ Kitty fallen; die landete auf den Füßen und lief aus der Hütte. Charley beugte sich zum erstaunten Cope vor. »Das ist eins von Red-Eyes und Kates Kindern. Die Savages haben ungefähr zwölf Kinder.«

»*Dinopaed*«, murmelte der Gelehrte. Sairie lachte schnaubend, während Cope verblüfft dreinsah. »Verstehen Sie Griechisch, Miss Chokecherry?«

»Ein wenig.«

Charley sagte bewundernd: »Sairie hat das Gymnasium in Frisco zwei Jahre besucht. Bevor sie da keine Mädchen mehr genommen haben.«

Cope schüttelte den Kopf. Der Westen hielt immer eine Überraschung bereit.

Beim ersten Licht des Tages ritten sie zu Doc Watson. Der Arzt sagte: »Also, wenn Sie irgendwelche Medizin brauchen, solange Sie hier sind ...«

»Nein, danke«, gab Cope zurück. »Ich reise nie ohne dies hier.« Er zeigte dem Doc eine handliche Flasche mit Belladonna, Chinin und Opium.

»Also, wenn Sie sich mal schlecht fühlen ...« Der Doktor nahm seinen frühmorgendlichen Schluck *Weihrauchextrakt.*

Charley führte sie am Watson Creek entlang zu einem kleinen Tal. Der Boden war bedeckt mit riesigen, fossilen Knochen, von denen man etliche zum Bau eines Zauns und einer Hütte benutzt hatte. Charley schlüpfte unter einer Zaunlatte – ein Oberarmknochen, der zwischen aufgehäuften Wirbeln schwebte – durch und ging auf den Schuppen zu. »Joe, komm, komm, Joe...«

Ein dreieckiger Kopf spähte aus der Hütte; dem folgte ein zylindrischer Hals. Mit einem Auge beobachtete das Vieh Charley, das andere musterte die Umgebung. Dann kam Joe ganz aus der Hütte und ließ einen faß-ähnlichen Körper, dicke Beine mit platten Füßen und einen langen Schwanz sehen. Schwerfällig watschelte er auf den Jungen zu. Cope beobachtete das Tier erstaunt, während der Junge es fütterte.

»Hab' ihn selbst aufgezogen«, sagte er stolz.

»Er ist... ganz schön groß.«

»So groß wie ich. Die Erwachsenen waren zwei- oder dreimal so groß. Hier, füttern Sie ihn. Aber achten Sie auf Ihre Finger.«

Vorsichtig hielt Cope die Möhre. Joes Kopf schlängelte sich heran, mit einem Ruck riß er dem Forscher die Möhre aus der Hand und zerkaute sie zufrieden, während Charley ihm ein Halfter anlegte.

Sairie lehnte an einem Zaunpfahl. »Wird dünner.« Charleys Hand fuhr durch den weichen, braunen Flaum. »Hast recht. Ich kann seine Rippen fühlen. Ich sollte ihm mehr zu fressen geben.«

Inzwischen untersuchte Cope die Knochen, aus denen die Hütte bestand. »Diese Fossilien gehören sicher zu Tieren wie Joe, nur daß sie größer waren. Seine Vorfahren vielleicht.« Den Rest des Vormittags verbrachten sie damit, die herumliegenden Knochen zu untersuchen und sie zu identifizieren. Sie verglichen sie mit ähnlichen Knochen des menschlichen Körpers. Dann rekonstruierten sie Muskeln und Sehnenansätze und betrachteten Joe, um das Ergebnis zu bestätigen. Die Köpfe voll von anatomischen Spekulationen, machten sich die drei schließlich auf nach Coyote, wo ein kühler Drink auf sie wartete.

In der Zwischenzeit war Marshs Wagen auf der Doppler-Ranch angekommen. Während Red-Eye Dave in der rasenbedeckten Hütte ein für ihn wenig erfreuliches Wiedersehen mit Kate feierte, schwang Marsh große Reden, um die zwölf Savage-Kinder zu unterhalten.

»Die Indianer glauben, fossile Knochen seien die Überreste einer ausgestorbenen Rasse von Riesen. Mich betrachten sie als einen sehr weisen Mann, deshalb nennen sie mich ›Medizinmann der Knochen‹ oder Häuptling ›Großer Knochen‹ – Häuptling ›Rote Wolke‹ ist ebenso wie Buffalo Bill einer meiner besten Freunde.« Er hielt einen Moment inne.

Die älteste Tochter der Savages sagte: »Vetter Johnny sagt, Buffalo Bill ist ein langhaariger, kindischer Waschlappen.«

»Ach? Sagt er das? Also...«

»Das sage ich!« antwortete Johnny und genoß das rauhe Timbre seiner Stimme.

»Nun ja, er hat allerdings auch nur einen Tag als Scout für uns gearbeitet«, fügte Häuptling ›Großer Knochen‹ eilig hinzu. »Ich habe ihn eigentlich gar nicht so gut kennengelernt, und der erste Eindruck mag mich getäuscht haben.« Der *Prairie Traveller* empfahl, den rauhen Westlern besser nicht zu widersprechen.

Sichtlich niedergeschlagen tauchte Dave Savage vor seinem Haus auf. Seine Frau, die wie gewöhnlich schwanger war, stand im Eingang und warf ihm finstere Blicke hinterher. »Tag, Johnny. Na, hast du Professa Marsh schon kennengelernt? Er schießt wie ein richtiger Waldläufer. Hätten ihn gut damals im Krieg gebrauchen können. Er will dieses Vieh von Charley haben.«

»Ich will nichts mehr von dem Tier hören.«

»Meinetwegen können wir es auch verkaufen.«

Den Forscher traf Johnnys dünnes, verkniffenes Lächeln, und er fühlte sich wie eine Gans im Schaufenster. »Hört sich nicht schlecht an. Der andere Kerl wollte nichts bezahlen.«

»Welcher andere...? So ein Typ – groß – Bart. Teufel! Verdammt noch mal! Oh, entschuldigen Sie, Ma'am. Ich wünschte, der Herrgott würde ihn zu sich holen. Der ist verrückt, wissen Sie. Schon als ich ihn 1863 in Berlin traf, habe ich an seinem Verstand gezweifelt. Er war nach Europa gegangen, um nicht zur Armee gehen zu müssen.« Nachdem Marsh seinen Gefühlen freien Lauf gelassen hatte, brach er mit Red-Eye Dave zum Tal auf. Unterwegs entfuhr ihm ein nicht nachlassender Schwall von Befehlen und Flüchen für sein Pferd. Diese Gewohnheit hatte ihm einen weiteren Indianername eingetragen: ›Mann, der mit den Pferden spricht‹. Bei Doc Watson hielten die beiden und fragten nach dem Weg.

Doc Watson bot ihnen seine Medizin an. Marsh sagte: »Im *Prairie Traveller* steht, die frische Luft im Westen sei die beste Medizin.«

»Aber ich kann schließlich keine Luft verkaufen.«

»Auf der anderen Seite«, entschied Marsh, »würde es ja meine Andenkensammlung vom Wilden Westen ergänzen.« Also kaufte er zwei Flaschen zu überhöhten Preisen. Dem Arzt gefiel das gut, und er zeigte ihnen den Weg zu Charleys Eidechse.

Joe war in seiner Hütte, doch Dave trieb ihn mit Steinen heraus. Marsh rieb sich die Hände. »Besser, als ich gehofft habe. Eine Gattung, die dem heutigen Menschen völlig unbekannt ist.«

»Für mich sieht's nicht nach viel aus.« Red-Eye befürchtete, daß Bildung einem Mann den Blick für das Wesentliche nahm.

Nachdem Marsh sich einen Moment diebisch gefreut hatte, schwangen sie sich wieder in die Sättel. »Ich denke, es gibt wirklich einen Grund zu feiern, Red-Eye.«

Red-Eye hielt ihm eine fast volle Flasche *Weihrauchextrakt* hin.

»Nein, danke.«

»In Coyote gibt's ein Hotel.« Red-Eye kannte den Weg. Coyote bestand im Grunde nur aus dem Hotel. Cope und Charley standen an Lowland Larrys Bar und löschten ihren Durst mit Bier. Chokecherry Sairie prostete ihnen mit dem selbstgebrannten Whisky des Wirts zu. Johnny Doppler saß allein an einem Tisch, mit dem Rücken zur Wand. Seine Hand war bereit, sofort den Revolver zu ziehen. Denn er erkannte die Neuankömmlinge: sein Vetter und das dicke Greenhorn.

Marsh knurrte: »Cope.«

Cope drehte sich um und schenkte ihm ein gewinnendes Lächeln.

»Ach, der gelehrte Professor der Copeologie in Yale, Othniel Charles Marsh.« Aus dem Zucken des anderen konnte man entnehmen, daß der seine Vornamen nicht besonders liebte. »Kommen Sie, trinken Sie mit uns auf den *Josaurus Dakotae* Cope, Othniel.«

»Niemals!«

Cope wandte sich an seine Freunde. »Seht ihr? Genauso, wie ich es gesagt habe.«

Marsh entgegnete: »Hat er Ihnen auch erzählt, wie er bei meinen Ausgrabungen 1872 spioniert hat? Meine Männer haben ihm einen Schädel zusammengebastelt, der aus Knochen von einem Dutzend verschiedener Arten bestand. Den haben sie wieder verbuddelt, und ausgegraben, während der Herr uns bespitzelte. Nachts ist er heruntergeschlichen und hat den Schädel untersucht. Später schrieb er einen Aufsatz über die besondere Bedeutung des Fossils. Unser brillanter, genialer Dr. Cope.«

Der so Bloßgestellte zuckte mit den Achseln. »Irren ist menschlich. Und außerdem hatten Sie den Mann im Telegraphenamt bestochen.«

»Na, aber hat er Ihnen wenigstens diese Geschichte erzählt?« zischte Marsh. Er griff in die Jackentasche und zog ein dünnes, zerknittertes Exemplar der *Sitzungsberichte der Amerikanischen Philosophischen Gesellschaft,* Band XIV, hervor. Cope stand wie versteinert da, die Augen und den Mund weit aufgerissen. Marsh ging auf Cope zu und hielt ihm die Protokolle drohend entgegen, so wie ein Vampirjäger das Kreuz vor sich her trägt. Cope wich zurück und kam erst zum Stehen, als er mit dem Rücken an den Tresen stieß. Der andere kam bis auf Armeslänge heran, und hielt die *Sitzungsberichte* so, daß Cope das Datum lesen konnte.

»›Ein Bericht über einen neuen Eralisaurus‹, von Edward Drinker Cope«, dröhnte Marsh. »Die Beschreibung eines faszinierenden Geschöpfes, das er *Elasmosaurus* nannte, wegen seines beweglichen Halses und des steifen Schwanzes. Er mußte die Evolutionsgeschichte völlig neu ordnen, um das Tier unterbringen zu können. Als er mir seine Rekonstruktion zeigte, die er im Museum der Akademie aufgebaut hatte, bemerkte ich, daß die Gelenke der Wirbel verkehrt herum angebracht waren.«

»Sie Teufel!« zischte Cope zähneknirschend.

»Liebenswürdigerweise wies ich ihn darauf hin, daß er das ganze Ding falsch zusammengesetzt hatte. Aber er glaubte es erst, als ihm Professor Leidy zeigte, daß er den Hals mit dem Schwanz vertauscht hatte. Aber zu diesem Zeitpunkt hatte er seine falsche Beschreibung schon an die Amerikanische Gesellschaft geschickt und bei der *Amerikanischen Naturkunde*, nicht gerade der renommiertesten Zeitschrift, und den *Berichten* untergebracht. Und in den *Sitzungsberichten* hatte er ebenfalls eine längere Beschreibung veröffentlicht.«

»Ich habe versucht, die Manuskripte zurückzubekommen, um die Fehler zu korrigieren.«

»Ja, und ich habe Ihnen sogar eines meiner Exemplare zurückgegeben. Aber ich habe noch zwei weitere.« Er hielt seinem Gegner das Heft vor das bleiche Gesicht. Johnny Doppler grinste; er erwartete jeden Moment den Beginn eines Kampfes.

Chokecherry Sairie stellte sich zwischen die beiden Forscher. »Sind genug große Töne gespuckt.«

Red-Eye Savage warnte Marsh: »Ich würde mich nicht mit Sairie einlassen. Die ist ganz schön stark.«

»Chokecherry Sairie?« Es fiel Marsh nicht so leicht, einer Frau wie ihr gegenüber seinen schwülstig-galanten Tonfall beizubehalten. »Oh, ich erinnere mich, sie haben doch unter General George Armstrong Custer gearbeitet? Das ist einer meiner besten Freunde.«

»Meiner nicht!«

Dem Mann stieg die Röte ins Gesicht: »Bitte Ma'am – Sie als Dame – als Frau...«

Sie griff nach dem Heft in seiner Hand, zerriß es und verstreute die Fetzen auf dem Boden. Dann nahm sie Copes Arm, und sie verließen den Saloon. Charley stürzte sein Bier runter und lief ihnen nach.

»Wenn sie sich nicht eingemischt hätte, hätte er mich herausgefordert, wie Ihr Leute im Westen sagt«, bemerkte Marsh.

Red-Eye besah sich die Waffen des Forschers. »Würden Sie die Herausforderung annehmen?«

»Warum nicht? Auf schriftlichem Weg habe ich das schon oft genug getan. Also, warum sollten wir es nicht mit den Fäusten oder den Waffen austragen? Verdammt noch mal, ich will diese Eidechse!«

Johnny Dopplers Miene wurde nachdenklich.

Sechsundsechzig Jahre später, in der vorletzten Folge einer Serie der Republic Studios mit dem Titel *Die Doppler-Gang*: Sheriff John Doppler geht die Hauptstraße hinunter. Gleich wird es zu einer Schießerei mit den gekauften Banditen kommen, die die baskischen Schäfer schikanieren. Der Gesichtsausdruck des Schauspielers, helläugig, mit ausgeprägtem Kinn, ist die Personifikation von Würde, Entschlossenheit und Selbstaufopferung. Wenn man sich Johnnys Gesichtsausdruck vorstellen will, während er darüber nachdachte, wie er Marshs Verlangen nach Joe erfüllen konnte, muß man sich diesen Schauspieler in seinem größten Leinwandmoment ins Gedächtnis rufen und dann seine Miene ins Gegenteil kehren.

Johnny stand auf und ging zu Marsh und Red-Eye. »Wieviel liegt Ihnen an der Eidechse?«

»Einiges. Dreihundertfünfzig Dollar würde ich schon zahlen.

»Zu schade«, entgegnete Johnny, »dieser aalglatte Quäker war zuerst da. Übles Spiel.« Er klopfte Marsh auf die fleischige Schulter, winkte Red-Eye zu und verließ den Saloon.

Der fette Mann sagte: »Verflixt noch mal. Schlimm genug, wenn ich das Tier nicht kriege. Aber bevor Cope es bekommt... ich würde alles tun, damit das nicht geschieht.«

»Würden Sie das wirklich?« fragte Red-Eye. »Gut, gut. Ich sag' Ihnen was, Professa. Sie bleiben heute nacht hier bei Lowlife Larry. Die Betten sind jedenfalls besser als auf der Ranch. Und ich komme morgen früh zu Ihnen mit einer guten Nachricht. Hey, Larry, kümmer dich um meinen Freund, ja?« Verwundert sah Marsh Red-Eye nach, der durch den Saloon torkelte. Dann bestellte er noch ein Glas importierten Whisky aus Missouri und begann mit dem Barkeeper ein Gespräch über ihre gemeinsame Freundschaft mit General Custer.

Charley und Cope ritten zurück nach Foulwater. »Warum ist Miss Chokecherry gegangen? Bin ich ihr etwa zu nahe getreten?«

»Unsinn, Doc. Sairie wird es schnell zuviel, mit Leuten zusammenzusein, und dann verzieht sie sich. Sie ist nicht so sehr an Leute gewöhnt, weil sie doch bei Wölfen aufgewachsen ist.«

»Gut, daß Sie das erwähnen. Ich habe mich schon gefragt...« Er verstummte, als Charley sein Pferd wendete und sein Gewehr zur Hand nahm.

»Nehmen Sie Ihr Gewehr«, zischte Charley.

»Ich besitze keines.«

Der Junge warf ihm einen verwirrten Blick zu, dann zielte er auf die Staubwolke, die sich näherte.

Als die Staubwolke auf Schußentfernung herangekommen war, konnte man einen einzelnen Reiter erkennen, der ihnen zurief: »Hey, Charley!« Der Junge nahm das Gewehr runter. »Es ist mein Bruder.«

Johnny kam heran und zusammen trabten sie auf die Doppler-Ranch zu. »Nicht schlecht, mein Junge. Gab Zeiten, da hast du nicht so schnell gezogen. Du lernst dazu.« Während Charley sich im Lob des Älteren sonnte, wandte Johnny sich an Cope.

»Sie haben einen schönen Koffer für Ihre Sachen, Professa.«

»Danke.«

»Teuer, nicht... Ich habe übrigens schlechte Nachrichten für Sie. Ich weiß, Sie waren zwar zuerst da und so, aber ich habe das Vieh an diesen fetten Knochenjäger verkauft. Für fünfhundert Dollar.«

»Johnny!«

»Komm, halt den Mund, Kleiner. Ich war immer wie ein Vater zu dir, also erwarte ich auch Respekt und Gehorsam, wie's in der Bibel steht. Fünfhundert Kröten, davon werde ich Schuhe für Daves Kinder und Medizin für Ma kaufen. Du willst doch nicht, daß sie wieder einen Hexenschuß kriegt? Also werd nicht frech.« Höchst zufrieden mit sich selbst machte er sich zur Ranch auf.

»Es tut mir leid, Mr. Cope...«

»Ach, es ist schon in Ordnung, Charley. Ich verstehe schon. Marsh hat mal wieder das Mittel benutzt, mit dem er sich am besten auskennt: harte Dollars. Ihr Bruder hofft wohl, daß ich ein besseres Angebot machen werde, und das habe ich auch vor. In der Tat, ich werde den Preis so hoch treiben wie möglich, denn ich weiß, daß Marsh es sich nicht nehmen läßt, mich zu überbieten.« Er fiel in düstere Gedanken. Der einzige Lichtblick war, daß die Angelegenheit seinen Widersacher, oder eigentlich dessen Onkel, sehr viel Geld kosten würde. Noch an dem Abend teilte er Johnny mit, daß er bereit sei, siebenhundert Dollar zu zahlen. Johnny nahm das Angebot an und ging mit der Aussicht auf eine prächtige Versteigerung für den folgenden Tag ins Bett.

Gegen Mitternacht schreckte Cope aus einem Alptraum auf. Eine Weile lag er wach und betrachtete den fast vollen Mond durch eine Ritze in der Wand. Dann beugte er sich vor und berührte Charley, der in eine Decke gerollt auf dem Boden lag. Der junge Kerl fuhr senkrecht hoch, und seine Hand griff nach der 45er-Smith-and-Wesson.

»Psst. Ich bin es, Charley. Haben Sie zwei Laternen?«

Cope sattelte die Pferde im Licht des Mondes. Charley kam hinzu. »Ich konnte die andere Laterne nicht finden. Reicht eine?«

Die andere Laterne stand auf einem versteinerten Beckenknochen, während Red-Eye Dave Savage in ihrem Licht behende arbeitete. »Hä, dieser Stadtgockel Cope wird nichts kriegen.« Er summte leise vor sich hin. Er sah die Belohnung des dankbaren Marshs bereits wie bunte Bonbons vor seinen Augen tanzen.

Johnny Doppler hörte Cope und Charley wegreiten. Es beruhigte ihn, daß die Hunde nicht bellten und sich die Hufschläge vom Haus entfernten. Doch einschlafen konnte er nicht mehr. »Könnte genausogut jetzt in die Stadt gehen und dem fetten Kerl von Copes Angebot erzählen.« Er griff nach seinen Stiefeln.

Marsh nahm die Lesebrille ab und legte die Zeitschrift weg. Er hatte sich durch eine verzwickte Erörterung der Seehundanatomie geakkert; seine Geringschätzung für Wissen, das sich nicht direkt mit seinem Gebiet beschäftigte, machte den Artikel für ihn uninteressant. Der Pianospieler unten hämmerte noch immer in die Tasten. Es erschien Marsh als ein zu mildes Schicksal für den Musiker, wenn man ihn lediglich erschießen würde. Der Gedanke an eine so beherzte, energische und entschlossene Tat regte seinen Verstand an und brachte ihn auf eine ungewohnt geistreiche Idee.

Er lachte in sich hinein, dann stand er auf und zog sich an.

Red-Eye suchte in seiner Tasche nach einem Streichholz, fand statt dessen aber nur ein Loch. Er murmelte ein paar weniger nette Sätze über seine Frau, dann seufzte er. Er schwang sich in Lightnings Sattel und machte sich zur Hütte des Doktors auf. Doc Watson mochte es nicht, wegen weniger als einem freudigen Ereignis oder einem Dahinsiechenden geweckt zu werden. Aber diesmal ging es um einen besonderen Notfall…

Red-Eye näherte sich der Hütte des Arztes, als eine Gestalt ihm in den Weg trat. Lightning schnaubte und blieb stehen.

»Brauchen Doktor?« fragte Chokecherry Sairies Stimme.

»Nee, alles wohlauf und bestens, Sairie. Hast du ein Streichholz?«

Sairie gab ihm eine Zündholzschachtel und verschwand wieder im Gebüsch. Red-Eye wendete Lightning und summte ein Lied aus seinen Tagen bei der Armee.

Johnny Doppler fand Marshs Zimmer leer vor, also stolzierte er nach unten und ging auf den Pianisten zu. Der Musiker war nur deshalb noch am Leben, weil ihn seine übernatürlichen Instinkte bisher geschützt hatten. Als der Mann in schwarzer Kleidung auf ihn zukam, sprang der Klavierspieler auf und duckte sich hinter das Piano.

»Ich bin's«, sagte Johnny beruhigend.

Der Klavierspieler lugte über sein Instrument, bemerkte, daß alles in Ordnung war, und kam wieder zum Vorschein. Er war ein schlaksiger Zwölfjähriger mit einem beachtlichen Schnurrbart und blutunterlaufenen Augen, die denen seines Vaters Red-Eye Dave Savage genau glichen. »Tag, Vetter Johnny.«

»Hast du das dicke Greenhorn gesehen? Ist der mit einem Mädchen losgezogen?«

»Hat sein Pferd genommen. Nordwärts. Vielleicht vor fünf Songs.«

Johnny nickte und zeigte seinem Vetter die entblößten Zähne. Der Junge war stolz. Er hatte Johnny noch niemals vorher lächeln gesehen.

Charley hielt die Laterne und Joes Leine, während Cope die Größe vermaß. Er schrieb die Ziffern neben die Skizze des Viehs.

Charley gähnte. »Können wir das nicht morgen erledigen?«

Cope schüttelte den Kopf. »Ich sagte doch, Charley, daß Marsh mich überbieten kann. Und dann wird er weder mich noch irgendeinen anderen Forscher jemals wieder in Joes Nähe lassen. Aber wir werden zuletzt lachen. Während Marsh noch dabei ist, Joe nach New Haven zu transportieren, lege ich meinen Bericht der Akademie vor. Mein Artikel wird schon im Druck sein, wenn Marsh ankommt.«

»Werden Sie mir eine Abschrift schicken?«

»Schicken – Charley, ich besorge Ihnen ein Abonnement der *Naturkunde*. Ich werde sogar zwei bestellen, wenn Sie mir nur die Laterne ruhig halten – gut?«

Charley blendete die Laterne ab. »Ein Pferd. Schsch.« Er forderte den Forscher durch einen Wink auf, sich zu verstecken. Plötzlich frei, trabte Joe auf einen Heuhaufen zu.

Die massige Silhouette eines Mannes tauchte am Rand des Tals auf. Der Kerl überblickte das Gelände und ging langsam weiter.

»Sehen Sie den Bauch?« flüsterte Cope. »Das ist Marsh.«

Marsh stand und erkundete die Besonderheiten des Tales. Er rechnete sich aus, daß eine entschlossene Gruppe gutbezahlter Männer schnell hineinkommen und die Eidechse verschwinden lassen könnte. »Ein plötzlicher Überfall«, murmelte er. Er würde Cope das Vieh in jedem Fall wegschnappen.

»Er ist da, um seine Neuerwerbung zu betrachten«, flüsterte Cope Charley zu.

Marsh war gerade eingefallen, daß die Eidechse vielleicht noch zu jung wäre, um den ganzen Weg zur Eisenbahn in Zak City zu laufen. Ohne eine Mannschaft, die eine Straße bauen würde, könnte man allerdings keinen Wagen ins Tal bringen. Dafür war jedoch keine Zeit. Also müßte man die Eidechse bis zur Straße treiben. Marsh schritt die Entfernung zur im Mondlicht grau glänzenden Knochenhütte ab.

Cope sprang seinem nichtsahnenden Gegner in den Weg. »Bewundern Sie den Mond?« fragte er erbittert.

Marsh fauchte: »Sie können es wohl nicht abwarten, das Vieh in aller Ruhe zu untersuchen? Hastiges Arbeiten und vorschnelle Urteile sind ja ihre Spezialität, Cope.«

Der dünne Mann schüttelte seine Faust. »Aber meine Gefühle Ihnen gegenüber haben sich nicht vorschnell entwickelt. Die wurden immer wieder von Ihren Gemeinheiten genährt.«

»Verdammt, ich habe genug von Ihnen«, sagte Marsh. »Sie sind ein schändlicher Schurke und ein schlechter Forscher und...«

Cope pflanzte seine Rechte auf das Auge seines Gegners. Dann starrte er verwundert auf seine Hand. Marsh taumelte zurück und griff nach seinen Navy-Revolvern. »Ich habe Sie jetzt lange genug ertragen«, zischte er.

Ein Lauf bohrte sich ihm in den Rücken. Charley Doppler griff mit der linken Hand nach den Revolvern und dem Messer. Dann schob er seine eigene Waffe ins Halfter und ging einige Schritte zurück.

Marsh brüllte vor Enttäuschung und ging auf seinen Gegner los. Immerhin konnte er noch die Ratschläge anwenden, die der *Prairie Traveller* für einen Faustkampf anbot. Jetzt wälzten sich die Forscher im Dreck wie kleine Jungs auf dem Schulhof. Charley stand verblüfft daneben.

Joe hatte während des Gesprächs gefressen. Als der Kampf begann, drehte er sich um und sprang in großen Sätzen zu der Schutz bietenden Hütte.

Johnny Doppler traf Sairie, als er neben Marshs Pferd abstieg. Der blasse Mann zeigte seine vergnüglichste Grimasse; es gefiel ihm gut, wie er den Handel um Joe gedeichselt hatte. Das versprach nur Gutes für die Höhe der Angebote. »Guten Abend, oder was auch immer, Sairie.«

»Huh.« Sie fühlte sich seltsam beunruhigt, als sie auf Shaggy Joe neben den Revolverhelden ritt. Trotz des Ponys war sie nur wenig größer als Johnny. Ihre Gedanken drehten sich um die Streichhölzer, die sie Red-Eye gegeben hatte, und sie kam zu dem Schluß, daß Dave Savage in seinem betrunkenen Zustand explodieren könnte.

Plötzlich blieben die beiden stehen und rissen die Augen auf. Die wirren, massigen Schatten des Zauns und der Hütte waren zu sehen, und zwischen ihnen wälzte sich ein schwarzer Umriß, der grunzte und Flüche ausstieß.

Johnny zog seinen Revolver. »Sind Sie es, Professa?«

Zwei keuchende Stimmen antworteten: »Ja.«

Charley rief: »Hey, Johnny, hier ist was los.« Er hatte sich auf einen Lendenwirbel gestellt, um einen besseren Überblick zu haben. Nur sein natürliches Taktgefühl hielt ihn davon ab, hinzuzufügen, daß die Kämpfer einen lustigeren Anblick boten als damals Custers Reiter.

Sairie rief versuchsweise: »Dave?« Aus der Ferne, von der anderen Seite des Tals hörten sie: »Moment, Sairie.« Red-Eye Dave begoß seinen brillanten Plan mit einem Schuß Fuselwhisky, bis es ihm gelang, die Lunte anzuzünden.

Das Tal erbebte unter den Schlag auf Schlag folgenden Explosionen am Zaun, die in einem entsetzlichen Knall gipfelten, als die Hütte – und mit ihr Joe – in die Luft flog. Eine Staubwolke schloß sich um umherfliegende Steine, Erde, Fossilien und Fetzen der großen Eidechse. Marshs Pferd, das an einem Busch festgebunden gewesen war, rannte auf die Schwarzen Berge zu, und zog dabei den Busch im Schlepptau mit sich.

Marsh und Cope, die bereits auf dem Boden lagen, bedeckten ihre Köpfe, um sie vor Staub und Trümmern zu schützen. Charley hatte weniger Glück; er hatte auf einem der mit Sprengstoff präparierten Zaunpfähle gestanden. Sairie sprang vom Pferd und rannte zu dem Jungen, der ausgestreckt am Rand des Baches lag.

Red-Eye stolperte, winkte mit der Flasche und schrie: »Hejo! Hey, Johnny, wie in alten Zeiten!«

»Was, zum Teufel, hast du getan?«

Red-Eye gesellte sich zu seinem Vetter und war so ungeduldig wie ein Jagdhund, der seinem Herrn die gerissene Beute zeigen will. »Der dicke Kerl hat gesagt, er gäbe alles dafür, wenn der andere Typ nur Charleys Vieh nicht kriegt. Also hab' ich das Vieh in die Luft gejagt. Nicht schlecht, was?«

»Du betrunkener Sohn einer verdammten Hure, ich war gerade dabei, noch mehr Geld aus ihm rauszuquetschen. Und jetzt machst du so was.« Er blickte finster drein und zielte ins Tal. »Dann muß ich das mit dem Geld, daß sie geboten haben, eben so regeln.«

Die Entfernung war ziemlich groß, und es war dunkel. Die Kugel schlug wenige Zoll links neben Marsh in den Boden.

Die Forscher, die gerade benommen aufgestanden waren, um nach eventuellen Verletzungen zu sehen, lagen wieder im Dreck.

»Kommen wir zum Geschäft, ich warte auf Ihr Angebot!« rief Red-Eye. Er setzte sich und beruhigte sich mit einem Schluck des Indianerprinzessinnen-Lebenselixiers.

Sairie schrie: »›Zauberzahn‹! Kopf runter!« Cope gehorchte und atmete nur noch Erde.

»Ich will hier raus!« kreischte Marsh. »Ich werde zahlen! Schießen Sie nicht!«

»Hier rüber, Idiot«, zischte Cope, und wühlte sich durch die aufgeworfene Erde in Deckung. Der berühmteste Reptilienexperte der Nation imitierte perfekt eine Schlange. Marsh war zwar weniger erfahren, erwies sich aber als gelehriger Schüler.

Hinter dem minimalen Schutz eines versteinerten Schulterblatts flüsterte Cope: »Es schießt nur einer von denen. Wir warten den nächsten Schuß ab und rennen in verschiedene Richtungen davon. Dann kann wenigstens einer von uns entkommen.« Marsh nickte.

Inzwischen hatte die Explosion auch Doc Watson aus dem Bett getrieben. Er kam in Schlafanzug und Stiefeln an und hielt seine Flinte und seinen Arztkoffer in den Händen. »Hierher!« rief Sairie. Der Mann untersuchte Charley. »Gehirnerschütterung, ein paar gebrochene Knochen – Doppler, bist du mit dem Herumballern fertig?«

Johnny feuerte gerade die nächste Kugel ab. »Noch nicht ganz. Sie sind noch nicht tot.«

»Sieh dir deinen Bruder an. Es geht ihm nicht gut.«

Laut sagte Johnny: »Haut bloß nicht ab, ihr Kerle«, und spornte Red-Eye zur Wachsamkeit an. Sairie schlich zu Charleys und Copes grasenden Pferden. Es brauchte mehr als eine Explosion, um ein Doppler-Pferd vom Fressen abzuhalten.

Der Arzt bat Johnny, einen Wagen zu holen. »Sobald ich hier fertig bin«, versprach Johnny. »Er kommt doch wieder auf die Beine, oder?« Er warf einen Blick auf seinen jüngeren Bruder. »Ma wird wieder Zustände bekommen«, murmelte er, und sein blasses Gesicht wurde noch ein wenig blasser.

Cope beobachtete den wankenden Red-Eye. »Jetzt oder nie. Los, laufen Sie«, forderte er Marsh auf. Der gab ihm zwanzig Sekunden Vorsprung, sei es nun, weil er so langsam reagierte, oder um Cope mehr Chancen einzuräumen, ein brauchbares Ziel abzugeben. Sairie trieb Shaggy Joe zum Galopp und führte die beiden anderen Pferde an der Leine. Eins ließ sie in Marshs Nähe los, das andere bei Cope. Innerhalb von Sekunden galoppierten die drei in Richtung Osten davon.

Es war ein schweigsamer, scharfer Ritt nach Zak City. Aber Sairie brachte sie, kurz bevor die Sonne wieder unterging, ans Ziel. Der Zug lief in den Bahnhof ein.

Sairie nahm die Zügel der erschöpften Pferde und führte sie langsam im Kreis. »Zug nach Denver. Jetzt gehen.«

Marsh drückte ihr wahllos eine Anzahl Münzen und Scheine in die Hand – später stellte sich heraus, daß es nicht einmal fünfzig Dollar waren – und rannte zum Zug.

»Ich kann Ihnen gar nicht genug danken, Miss Chokecherry«, sagte Cope. »Ich werde für Charleys Gesundung beten; sagen Sie ihm, daß ich ihm eine Arbeit als Fossiliensammler besorge, wenn er es immer noch will. Und wenn Sie irgendwann einmal in Philadelphia sind, besuchen Sie mich.« Chokecherry Sairie war vielleicht nicht ganz die Person, die er seiner Frau und seiner Tochter gern vorstellen würde, aber ›Rote Wolke‹ und Buffalo Bill hatten gute Schlagzeilen abgegeben, als sie Marsh zu Hause in New Haven besucht hatten.

Sairie betrachtete den Forscher: Staubig, blutig und zerlumpt. Sie zuckte mit den Achseln, ließ die Zügel fallen, umarmte Cope und gab ihm einen Kuß. Dann nahm sie die Zügel wieder in die Hand. Der Mann ging rückwärts Richtung Zug.

»Ach… Ich wünschte nur, wir hätten den Josaurus mit uns nehmen können. Ich habe verloren, Miss Chokecherry, aber wenigstens hat Marsh genauso verloren.«

Sairie schüttelte den Kopf. »Als Dave Joe in die Luft sprengen, Sie verlieren, Häuptling ›Großer Knochen‹ verlieren, Wissenschaft verlieren, alle verlieren.« Cope errötete und wollte gerade an seinen Hut tippen, bemerkte dann jedoch, daß er den schon lange verloren hatte. Er beeilte sich, in den Zug zu kommen.

Sairie führte die Pferde südwärts und traf Jessie Crooked-Knife. Der Lärm eines großen *Weihrauchextrakt*-Medizin-Spektakels übertönte die Pfeife des Zuges, der in Richtung Denver davonfuhr.

(Ins Deutsche übertragen von Andreas Helweg)

Schichten

Edward Bryant

An einigen Orten des amerikanischen Westens ist der felsige Untergrund tief ausgehöhlt durch Erosion, von schnellfließenden Flüssen durchschnitten oder durch die Straßenbauaktivitäten des Menschen aufgerissen. An solchen Stellen ist es möglich, in wenigen Minuten an Gesteinsschichten vorüberzufahren, die sich in Millionen Jahren gebildet hatten. Wer sich auskennt, kann die Spuren jener vergangenen Zeitalter lesen, die nirgendwo sonst aufgezeichnet sind.

Die nun folgende beziehungsreiche Geschichte deutet darauf hin, daß die Zeit auch Schichten im Herzen eines Menschen hinterläßt und vielleicht im gesamten Geflecht des Universums. Es könnte sich als gefährlich erweisen, diese Schichten zu entziffern und zu deuten…

Edward Bryant wurde 1969 zum hauptberuflichen Schriftsteller und hat sich mit den Jahren zu einem der beliebtesten und geachtetsten Schreiber seiner Generation entwickelt. Er gewann zwei Nebula Awards *für Kurzgeschichten, die in fast allen bekannten Zeitschriften und Anthologien erschienen, auch in Medien außerhalb des SF-Genres, etwa in* Penthouse *und* National Lampoon. *Bryant ist auch als Kritiker bekannt, seine Rezensionen erscheinen regelmäßig in* Mile-High Futures, The Twilight Zone Magazine *und* Locus. *Zu seinen Büchern zählen die vielgepriesenen Geschichtensammlungen* Particle Theory, Eine Stadt namens Cinnabav *und* Among the Dead;

Wyoming Sun, *die Romanversion zu einem Fernsehfilm von Harlan Ellison;* Phoenix Without Ashes *und (als Herausgeber) die Anthologie* 2076.

* * *

Sechshundert Millionen Jahre in zweiunddreißig Meilen. Sechshundert Millionen Jahre in einundfünfzig Minuten. Steve Mavrakis unternahm eine Zeitreise – dank der Autobahnbehörde Wyoming. Zwischen Thermopolis und Shoshoni wurden die Zeitalter sichtbar. Der Wind River brauste durch seine tiefe Schlucht, die Bahnschienen von Burlington Nord schnitten in den Westhang des Canyon, und die zweispurige Asphaltstraße US 20 grub sich in die Ostseite. Wegweiser waren in den Straßenrand gerammt und verkündeten, welche Stufe der Reisende erreicht hatte:

DINWOOD-FORMATION, TRIAS, 185–225 MILLIONEN JAHRE
BIGHORN-FORMATION, ORDOVIZIUM, 440–500 MILLIONEN JAHRE
FLATHEAD-FORMATION, KAMBRIUM, 500–600 MILLIONEN JAHRE

Die Macht der Jahrtausende mochte die Zeichen in das Canyongestein getrieben haben. Die Schilder waren für diejenigen, die im Stein nicht lesen konnten.

An diesem Abend achtete Steve nicht auf die Schilder. Er war diesen Weg viele Male gefahren. Die Dunkelheit bedrückte ihn. Der November griff nach ihm, als er das Fenster herunterließ, um Camel-Rauch aus dem Inneren seines Chevrolet zu blasen. Der CB-Funk knackte gelegentlich, empfing aber rein gar nichts.

Der Wind wehte – das war nichts Ungewöhnliches. Steve war wie hypnotisiert von den Schneeflocken, die im Licht seiner Scheinwerfer über das Pflaster trieben. Der Schnee wirbelte wenige Zentimeter über dem Asphalt, raste vorüber wie Brandung, die über den schwarzen Schlick einer Küste rollte.

Das Raubtier Zeit geht auf die Jagd.

Vor ihm flüchten die Jahre wie ein Schwarm Elritzen. Sein rascher Schritt wirbelt Zeitalter auf. Der Wind fegt durch den Canyon wie Brecher, die auf den Sand prallen. Der Vollmond, soeben aufgegangen, löst die Macht der Gezeiten aus.

Zähne blitzen im Mondlicht auf.

Und Steve fuhr hoch – sah, daß er die zweiunddreißig Meilen zurückgelegt und die Täler, die nach Shoshoni führten, hinter sich gelassen hatte. Er näherte sich der Anschlußstelle der US 26. Straßen-Trance? dachte er. Er gelangte sicher nach Shoshoni, doch es war unheimlich: er erinnerte sich an keine einzige Minute seiner Fahrt durch den Canyon. Steve rieb sich mit der linken Hand die Augen und hielt Ausschau nach einer Raststätte mit Kaffee.

Es war nicht das erste Mal gewesen.

All die Jahre zuvor hatten die vier sich als Sieger gefühlt. In einer kühlen Juninacht hatten sie hoch oben an einem Berghang des Wind River Range ihr Examen gefeiert. Es war mehr als nur die Bergluft, die sie berauscht hatte. Sie waren jung und scharfsichtig – bereit für die Welt. In jener Nacht wußten sie, daß es meilenweit keine Menschen gab. In der Schule hatten sie gelernt, daß in Wyoming nur 3,8 Menschen auf einer Quadratmeile wohnten, und zu viert fühlten sie sich absolut in der Überzahl.

Paul Onoda, achtzehn Jahre. Er war ein Sansei-Amerikaner japanischer Abstammung, dritte Generation. 1942, noch ehe er gezeugt wurde, hatte man seine Eltern mit elftausend weiteren Japan-Amerikanern von Kalifornien nach Nord-Wyoming ins Heart-Mountain-Umsiedlungslager geschickt. Zwölf Mitglieder von drei Generationen der Familie Onoda bewohnten vier Jahre lang eine der vierhundertfünfundsechzig engen, mit Teerpappe gedeckten Baracken. Zwei

Onodas starben. Drei weitere wurden geboren. Mit ihresgleichen kultivierten die Onodas siebenhundertdreißig Hektar jungfräuliches Land. In Kalifornien waren sie keineswegs alle japanische Gärtner oder Gemüsebauern gewesen, also mußten Apotheker, Lehrer und Schreiner lernen, das Land zu bebauen. Sie schufen künstliche Bewässerung. Die Feldfrüchte gediehen. Diejenigen Nisei (Japan-Amerikaner der zweiten Generation), die nicht direkt mit der Landwirtschaft zu tun hatten, wurden als Saisonarbeiter auf Farmen geschickt. Ein Historiker stellte später lakonisch fest, daß »ihre Anwesenheit sich vorteilhaft auf Wyoming ausgewirkt hatte«.

Paul kannte das Heart-Mountain-Lager nur aus den Erinnerungen seiner älteren Verwandten, doch diese Erinnerungen waren lebhaft. Nach dem Krieg blieben die meisten Onodas in Wyoming. Mit einiger Mühe kauften sie Farmen. Die Familie bemühte sich sehr viel mehr als ihre Nachbarn und kam zu Wohlstand.

Paul Onoda glänzte in der Schule und war außerdem der Footballstar der Fremont High School. Einmal hörte er zufällig, wie der Leiter der Schulbehörde dem Trainer sagte: »Schauen Sie nur, wie dieser kleine Nip laufen kann!« Er dachte darüber nach und lief noch schneller.

Viele seiner Klassenkameraden dachten insgeheim, daß er alle Vorteile gepachtet hätte. Als der Schulabschlußball näher rückte, bemerkte man wohl, daß Paul neben seinem Verstand und seinem sportlichen Körper auch noch sehr gut aussah. In und um Fremont ermahnten viele besorgte Eltern ihre weißen Töchter, ja eine gute Ausrede zu finden, falls Paul sie zum Schlußball einladen sollte.

Carroll Dale, achtzehn. Sie nahm früh die Gewohnheit an, den Leuten zu erklären, daß ihr Vorname mit zwei r und zwei l geschrieben wurde. Ihre Familie, sowohl mütterlicher- wie väterlicherseits, lebte schon seit vier Generationen in diesem Teil des Landes. Ihre Mutter, Cordelia Carroll besaß Stolz und hegte den sehnsüchtigen Wunsch, die Familie Hereford Carroll ebenbürtig neben der Familie Angus

Dale zu sehen. Immerhin hatten die Carrolls schon vor John Broderick eine Ranch am Bad Water Creek gehabt. Ein Mann aus Oklahoma beleuchtete seine einsame Blockhütte mit Karbidlampen. Das war zu Zeiten, als Teddy Roosevelt Präsident war und als alle anderen Rinderfarmer in Wyoming, auch die Dales, abends beim Licht von Kerosinfunzeln ihre Bücher führten.

Carroll wuchs zu einer guten Lassowerferin und noch besseren Reiterin heran. Noch mehr mußte sie dies üben, nachdem sich ihr älterer Bruder – der einzige Bruder – bei der Hirschjagd selbst erschossen hatte. Carroll stieß ihre Eltern vor den Kopf, indem sie weder die Ranch übernahm noch einen Mann heiratete, der dies tat.

Sie wurde groß und schlank, mit ebenholzschwarzem Haar und großen, dunklen, etwas schräg gestellten Augen. Beim Weihnachtsessen der Familie pflegte der Vater ihres Vaters zuviel Whisky in seinen Eierlikör zu mischen und Witze über wilde Indianer zu machen, bis ihre Großmutter sagte, er solle den Mund halten, ehe sie ihn auf grobe Weise zu Bett schicken würde – mit einer rostigen Sichel und Stricknadeln. Erst Jahre später wußte Carroll, was ihre Großmutter damit gemeint hatte. In der Mittelstufe fühlte sich Carroll wie eine Riesin im Zwergenland. Die Sticheleien taten weh. Ihre Mutter sagte, sie sollte Geduld haben, die anderen Mädchen würden aufholen. Die meisten Mädchen taten das nicht, aber die Jungen in der High School holten sie ein, obwohl sie sehr verlegen schienen, wenn sie mit Carroll sprachen.

Sie war die erste weibliche Vorsitzende der National Honor Society an ihrer Schule. Sie spornte die Schulmannschaft an. Sie durfte die Abschiedsrede für ihre Klasse halten und zitierte allen Ernstes John F. Kennedy in ihrer Examensrede. Und wenige Wochen nach dem Examen brannte sie mit dem Kapitän der Football-Mannschaft durch. Er wurde beinahe gelyncht.

Steve Mavrakis, achtzehn. Höflicherweise durfte er sich einheimisch nennen, obwohl er achtzehnhundert Meilen weiter östlich auf die Welt kam. Seine Eltern hatten sich nach dem Krieg in Wyoming niedergelassen, als er weniger als ein Jahr alt war. Nach einem Jahrzehnt gestanden ihnen die jüngeren Einheimischen widerstrebend ihre neu getriebenen Wurzeln zu – die älteren taten das niemals.

Steves Eltern hatten Zane Grey, der Wildwestgeschichten verfaßte, und den Roman »Der Virginier« gelesen und im Norden des Staates New York manchen Sommer auf Farmen verbracht. Deshalb erwarben sie eine wunderbare Ranch am Big Horn River und züchteten Herefordrinder. Sie gingen bankrott. Sie beschafften wieder Geld und versuchten es mit einfacheren Fleischrindern. Im harten Winter von 1949 kam das Vieh um. Steves Vater beschloß, mit Schafen sein Glück zu machen, da diese Zwillinge und Drillinge auf die Welt brachten, was sehr profitabel sein mußte. Die Schafe wurden krank oder stürzten in Bäche, wo sie ertranken, oder gerieten wie Truthähne in Panik und erstickten, wenn sie sich in eingezäunten Ecken zusammendrängten. Schließlich versuchten es die Mavrakis mit Weizen, aber ein verheerendes Hagelgewitter vernichtete die prächtige Ernte. Steves Vater gab auf und zog in die Stadt, wo er die Bezirksstelle des Bureau of Land Management übernahm. Steve lernte aus alledem, mißtrauisch gegenüber todsicheren Geschäften zu sein.

Gelegentlich staunte er über seine Träume. Er war sehr jung gewesen, als der Schneesturm und die Kälte die Rinder tötete. Er erinnerte sich nicht an die Nationalgarde, die aus silbernen C 47 Maschinen Heuballen abwarf, damit das Vieh im meterhohen Schnee Futter hatte, aber er erinnerte sich noch nach Jahren an seine Angstträume von verirrten Tieren, die vergeblich auf kahler Erde und glitzernden Eisflächen nach Gras suchten.

Als ein Schädlingsbekämpfungsmittel sprühendes Flugzeug die Schafe erschreckte und siebzehn unter Krämpfen eingingen, träumte Steve in der Nacht darauf von braunen Männern, die kreischend und Stöcke schwingend pelzige Untiere mit Stoßzähnen in einen Abgrund jagten.

In Sommernächten wachte Steve schweißgebadet auf; er hatte von schlangenartigen Reptilien geträumt und von warmen Wellen, die auf dem tiefergelegenen Weideland gegen eine zerklüftete Küste brandeten. Er saß aufrecht und starrte aus dem Schlafzimmerfenster, bis die Riesenfarne verschwammen und wieder die feste Form von Pappeln und Holunder annahmen.

Als er älter wurde, wurden die Träume seltener und weniger deutlich. Er wollte es so. Die Träume änderten sich, als die Familie nach Fremont zog. Nach einiger Zeit wußte Steve noch, daß er die Träume gehabt hatte, doch die meisten Einzelheiten hatte er vergessen.

Zuerst hielten ihn die Lehrer der Fremont High School für dumm. Steve wurde getestet, und danach wußte man, daß er faul war. Er tat das Nötigste, um mitzukommen. Es reichte kaum für die Vorbereitung aufs College, doch sein sonst so gutmütiger Vater setzte ihn unter Druck. Die Leute fragten Steve, was er tun und werden wollte, und er antwortete wahrheitsgemäß, daß er es nicht wußte. Dann wählte er einen Kurs in Freier Rede. Das Theater faszinierte ihn, und er begeisterte sich für alles, was die Schule an Schauspielen anbot. Er spielte in *Unsere kleine Stadt* und *Arsen und Spitzenhäubchen* und *Mein Freund Harvey*. Der Spielleiter betrachtete Steves durchschnittliche Größe, sein durchschnittliches Aussehen und das unauffällige braune Haar und schlug bei einer fröhlichen Feier der Schauspielgruppe vor, daß Steve entweder Charakterdarsteller oder FBI-Agent werden sollte.

In dieser Zeit träumte Steve von Mädchen, mit denen er sich im realen Leben nicht zu verabreden wagte.

Ginger McClelland, siebzehn. Konnte man ihr einen Vorwurf machen, wenn sie sich fehl am Platz fühlte? Sie war fast ein Jahr jünger als ihre Klassenkameraden. Und sie war klein. Sie hielt sich für eine Zwergin unter lauter Schneewittchen. Es nützte nichts, daß ihre Mutter eifrig Wörter wie »zierlich« anbot und darlegte, daß die elegantesten Kleider nur Frauen, die unter ein Meter sechzig waren, gut standen. Ginger hoffte, daß sie in einer geheimnisvollen Nacht aufblühen und lange Beine wie Carroll Dale bekommen würde, doch ihr Wunsch ging nie in Erfüllung.

Sie war heimatlos in fremden Landen, das machte die Sache auch nicht besser. Obwohl Carroll ihre Freundin war, hatte sie gehört, wie die Clubpräsidentin, die »Königin« der Hiobstöchter und die Hälfte der Mädchen ihres Mathematikkurses sie als Austauschschülerin bezeichneten. Nur würde sie nie in die Heimat zurückkehren, zumindest nicht vor Abschluß der Schule. Ihre Eltern waren es leid geworden, in Cupertino, Kalifornien, zu wohnen. Sie hatten es für eine nette Abwechslung gehalten, in Fremont ein Haushaltswarengeschäft zu übernehmen. Sie liebten das offene Land, die Berge und Flüsse. Ginger war sich da nicht so sicher. Jeden Tag hatte sie das Gefühl, in eine Zeitmaschine gestiegen zu sein. Die Musik im Radio war veraltet. Die Filme im einzigen Kino der Stadt konnte man vergessen. Die Tanzveranstaltungen waren hinterwäldlerisch. Ginger McClelland war der erste Mensch in Fremont – und vielleicht in ganz Wyoming –, der das Wort ›beschissen‹ gebrauchte. Dafür wurde sie aus dem Klassenzimmer geschickt, und es folgte ein aufgeregtes Gespräch zwischen ihren Eltern und dem Direktor. Ginger lernte, den Jungen zu mißtrauen, die mit ihr ausgehen wollten. Sie schienen eine merkwürdig sündige Vorstellung von kalifornischen Mädchen zu haben. Aber Steve Mavrakis' Einladung zum Abschlußball, in letzter Minute ausgesprochen, nahm sie an. Er erschien ihr ungefährlich.

Da Carroll und Ginger Freundinnen waren, landeten sie schließlich als gemischtes Doppel in dem alten braunen DeSoto von Pauls Vater. Dieses Fahrzeug wurde sonst dazu benutzt, Zaunpfähle und Draht zu den Weiden zu transportieren. Nach dem Tanz, als die anderen fast alle zu einer der geduldeten Nachfeiern eilten, bekam Paul von einem etwas älteren Zwischenhändler einen ganzen Kasten kühles Bier geschenkt. Ginger und Carroll hatten in ihren Reisetaschen Jeans und Hemdblusen mitgebracht und zogen sich im Waschraum der Tankstelle um. Paul und Steve zogen ihre weißen Jacketts aus und Windjacken an. Dann fuhren sie alle zum Wind River Range. Als die Straße zu Ende war, gingen sie zu Fuß weiter. Es war sehr spät und sehr dunkel. Aber sie fanden ein hübsches Plätzchen auf dem Berg, und hockten sich hin, um zu reden, zu knutschen und Bier zu trinken. Sie hörten die Stimme des Windes und sonst nichts. Sie sahen keine Lichter von Autos oder einsamen Hütten. Die Abgeschiedenheit berauschte sie. Sie wußten, daß meilenweit niemand außer ihnen da war. Damit hatten sie recht…

Der Schaum zischte und spritzte, als Paul die Bierdose öffnete. Über und unter ihnen schlug der Wind wie Wellen gegen die Felsen.

»Mavrakis, du gehst auf die Uni, oder?« fragte Paul.

Steve nickte im blassen Mondlicht und fügte hinzu: »Ich glaube schon.«

»Welche Fächer möchtest du belegen?« fragte Ginger. Sie rückte näher.

»Ich weiß es nicht. Ingenieurwesen vermutlich. Ein Junge mit Collegevorbereitungskursen wird meistens Ingenieur. So ist das halt.«

Paul fragte: »Was für ein Ingenieur?«

»Weiß nicht. Vielleicht Luftfahrt. Ich könnte nach Seattle gehen und Raumschiffe bauen.«

»Das wäre toll«, sagte Ginger. »Wie in *The Outer Limits.* Ich wünschte, wir hätten so etwas hier.«

»Du solltest Wasserbauingenieur werden«, empfahl Paul. »Wasser wird bald das ganz große Geschäft werden.«

»Ich glaube nicht, daß ich in Wyoming hängenbleiben will.«

Carroll hatte schweigend ins Tal hinübergestarrt. Jetzt drehte sie sich zu Steve um, und ihre Augen waren wie dunkle Seen. »Du gehst wirklich weg?«

»Ja.«

»Und kommst nie zurück?«

»Warum sollte ich?« antwortete Steve. »Ich habe genug frische Luft und weite Landschaft fürs ganze Leben gehabt. Und weißt du was? Ich habe noch nie das Meer gesehen!« Aber er hatte das Meer gespürt. Er blinzelte. »Ich gehe weg.«

»Ich auch«, sagte Ginger. »Ich wohne bei Onkel und Tante in Los Angeles. Vielleicht werde ich an der Schule für Journalismus an der Universität von Südkalifornien angenommen.«

»Hast du Geld?« fragte Paul.

»Ich kriege ein Stipendium.«

»Gehst du nicht weg?« fragte Steve Carroll.

»Vielleicht«, sagte sie. »Manchmal denke ich, ja, aber dann bin ich wieder unsicher.«

»Ihr werdet zurückkommen, auch wenn ihr weggeht«, behauptete Paul. »Ihr werdet alle wiederkommen.«

»Wer sagt denn das?« fragten Steve und Ginger fast gleichzeitig.

»Das Land setzt sich in einem fest«, antwortete Carroll. »Pauls Vater sagt das.«

»Ja, das sagt er!« Sie hörten den Zorn in Pauls Stimme. Er öffnete ein paar Bierdosen. Ginger warf ihre leere Dose weg, und sie sprang scheppernd den Felsen hinab, ein häßlich unpassendes Geräusch an diesem Ort.

»Laß das«, sagte Carroll. »Wir bringen die leeren Dosen in einem Müllsack runter.«

»Was ist denn?« murrte Ginger. »Ich meine…« Der Klang ihrer Stimme verlor sich. Alle schwiegen eine Minute.

»Und was ist mit dir, Paul?« fragte Carroll. »Wohin möchtest du? Was hast du vor?«

»Wir haben drüber gesprochen –«, seine Stimme klang plötzlich gepreßt. »Verdammt, ich weiß es nicht. Wenn ich je zurückkomme, dann mit einer Atombombe.«

»Wie bitte?« fragte Ginger.

Paul lächelte. Zumindest konnte Steve weiße Zähne in der Nacht schimmern sehen. »Und was ich tun möchte –« Er beugte sich vor und flüsterte etwas in Carrolls Ohr.

Sie antwortete: »O Gott, Paul, wir sind nicht allein!«

»Wie bitte?« fragte Ginger wieder.

»Frag nicht, was du nicht wissen willst.« Carroll sprach den Satz ohne Pause. Auch ihre Zähne waren in der Dunkelheit zu sehen. »Versuch es nur, und ich werde dich auf Goodnight-Art zu Bett schikken.«

»Worüber redet ihr?« fragte Ginger.

Paul lachte. »Ihre Großmutter.«

»Charlie Goodnight war ein reicher Rancher gegen Ende des letzten Jahrhunderts«, erklärte Carroll. »Er zog mit vielen Rindern von Texas herauf. Sein Problem war, daß es vielen seiner kostbaren Bullen nicht gutging. Ihre Hoden –«

»Eier«, unterbrach Paul.

» – schleiften am Boden«, fuhr Carroll fort. »Die Bullen bluteten und bekamen Entzündungen. Also machte Charlie Goodnight seine Bullen mit ein wenig Amateurchirurgie reisefertig. Er schnitt den Sack auf und schubste die Eier nach oben. Dann nähte er den Sack zu, und die Bullen hatten keine Probleme mehr. Das nennen wir die Goodnight Art.«

»Ja, es gibt immer einen Ausweg«, sagte Paul.

Carroll meinte: »Man tut, was man tun muß, das sagt mein Vater. Er stammt von Pionieren ab.«

»Aber nichts für mich!« Paul zog Carroll an sich und küßte sie.

»Vielleicht sollten wir uns den Berg ein bißchen ansehen«, sagte Ginger zu Steve. »Kommst du mit?« Steve starrte den Himmel an, als das Mondlicht plötzlich wie ausgeknipst verschwand.

»O Gott!«

»Was ist denn?« fragte Ginger.

»Ich weiß nicht – ich meine, nichts, glaube ich.« Der Mond tauchte wieder auf. »War das eine Wolke?«

»Ich sehe keine Wolke«, sagte Paul und wies auf die breite Bahn der Sterne. »Die Nacht ist klar.«

»Vielleicht hast du ein UFO gesehen«, flüsterte Carroll.

»Bist du okay?« Ginger berührte Steves Gesicht. »Mensch, du zitterst ja!« Sie drückte ihn an sich.

Steves Worte waren fast unhörbar leise. »Es ist über den Mond geschwommen.«

»Was denn?«

»Mir ist kalt«, bemerkte Carroll. »Laßt uns runtergehen.«

Niemand widersprach. Ginger sammelte die Dosen ein und steckte sie in eine Papiertüte, die sie mit einer Haarschleife an ihren Gürtel band. Steve sagte eine ganze Weile nichts, doch die anderen konnten seine Zähne klappern hören. Als sie den halben Weg hinter sich hatten, ging der Mond endgültig hinter dem Hang unter. Später trat Paul auf ein loses Stück Schiefer, glitt aus und rutschte über eine Kante des nackten Felsens. Carroll packte ihn am Arm und zog ihn zurück.

»Danke, Irene.« Seine Stimme bebte und strafte seinen lässigen Ton, in dem er den Schlagertext zitierte, Lügen.

»Seltsam«, sagte sie.

»Ich verstehe gar nichts«, sagte Ginger.

Paul pfiff ein paar Töne des Schlagers.

»Gute Nacht«, sagte Carroll. »Du tust, was du tun mußt.«

»Und ich bin froh darüber.« Paul holte tief Luft. »Wir sollten zum Wagen gehen.«

Als sie auf der kurvenreichen Straße waren und nach Fremont fuhren, fragte Ginger: »Was hast du da oben gesehen, Steve?«

»Nichts. Ich glaube, ich habe mich nur an einen Traum erinnert.«

»Ein Traum.« Sie berührte seine Schulter. »Dir ist immer noch kalt.«

»Mir auch«, sagte Carroll.

Paul nahm die rechte Hand vom Lenkrad, um sie auf ihre Hand zu legen. »Uns allen ist kalt.«

»Aber mir geht es gut!« Ginger klang ratlos.

Auf dem ganzen Weg in die Stadt hatte Steve das Gefühl, im Wasser untergegangen zu sein.

Die Amble-Gaststätte in Thermopolis stand im Schatten des Round Top Mountain. Auf dem Hang über der Gaststätte verkündeten riesige weiße Buchstaben, die auf den Felsen gemalt worden waren: DIE GRÖSSTE HEISSE MINERALQUELLE DER WELT. Bei Tag und bei Nacht erinnerte diese Inschrift Steve unweigerlich an die Lettern von Hollywood. Schon bald nach seiner Rückkehr von Kalifornien bemerkte er aber, daß ein Selbstmörder hier unmöglich von einem Buchstaben springen konnte. Die Steine befanden sich auf gleicher Ebene mit dem Steilhang. Ein Selbstmörder würde hier nur den Hang hinunterrollen, bis er an die Holzwand der Gaststätte prallte. An Freitag- und Samstagabenden war der Parkplatz des Amble fast ausschließlich von Allradantrieb-Wagen und kleineren Lieferwagen belegt. Die meisten hatten schwarzlackierte Gewehrhalter im Rückfenster. In Steves Chevrolet war auch ein Halter, aber nur, weil er den Wagen gebraucht gekauft hatte. Er hatte schon daran gedacht, ein Spielzeuggewehr zu kaufen – eines, mit dem man Gummipfeile abschießen konnte.

Heute war der erste Samstag im Juni, und Steve trug Geld in der Tasche von dem Lohnscheck, den er sich bei Saveway hatte bar auszahlen lassen. Es gab keinen Grund zum Feiern – aber auch keinen Grund, nicht zu feiern. Also ging er kurz nach neun ins Amble, um Tequila zu trinken und Musik zu hören.

Die Gaststätte war ungewöhnlich voll, doch Steve konnte einen kleinen Tisch in der Nähe der Tanzfläche ergattern, als ein Kerl sich übergab und seine Freundin ihn nach Hause bringen mußte. Auf der Tanzfläche tanzten viele Paare, obwohl die Stargruppe, die Mountain Flyers, erst für elf Uhr angesagt waren. Die Vorgruppe war eine Band aus Montana mit Namen Great Falls Dead. Sie zeigten mehr Begeisterung als Talent, aber immerhin brachten sie die Leute zum Tanzen. Steve kippte seine Drinks, saugte an Zitronenscheiben, leckte Salz auf, klopfte ab und zu mit der Hand den Takt zur Musik und wurde ein wenig melancholisch. Rauchschwaden umgaben ihn, fast so dick wie der Spezialeffekt-Nebel in einem schlechten Horrorfilm. Die Tanzfläche befand sich in einem schwach beleuchteten, kuppelförmigen Raum, der mit rohem Kiefernholz verkleidet war.

Plötzlich riß er die Augen auf, durchzuckt von einem Beinahe-Erkennen. Er hatte eine hochgewachsene Frau mit lockigem schwarzen Haar, die mit verschiedenen Cowboys tanzte, beobachtet. Ihr Gesicht erinnerte ihn an jemanden. Als er ihren Körper ansah, überlegte er, ob sie wohl Unterwäsche unter dem grobmaschigen roten Strickkleid trug.

Die Great Falls Dead stürzten sich auf den Song »Good-hearted Woman«, und die Tanzfläche füllte sich sogleich mit Paaren. Am anderen Ende des Raumes kreischte jemand: »Williii!« Diesmal tanzte die Frau in Rot sehr nahe an Steves Tisch heran. Ihre hohen Wangenknochen kamen ihm unheimlich vertraut vor. Ihr Haar, dachte er, wenn es länger wäre – ihr Blick begegnete dem seinen, sie lächelte ihm zu.

Der Tanz war zu Ende, ihr Partner schlenderte zur Bar, aber sie blieb neben Steves Tisch stehen. »Carroll?« rief er. »Carroll?« Lächelnd stand sie da, mit der rechten Hand auf der Hüfte. »Ich habe mich schon gefragt, wann du mich endlich erkennen würdest.«

Steve schob seinen Stuhl zurück und stand auf. Sie ließ sich ganz zwanglos umarmen. »Es ist lange her.«

»Ja, das ist es.«

»Vierzehn Jahre? Fünfzehn?«

»So ungefähr.«

Er bat sie, an seinem Tisch Platz zu nehmen, und das tat sie. Sie nippte an einem Campari, während sie sich unterhielten. Er stieg auf Bier um. Die Jahre wurden überbrückt. Die Great Falls Dead hinter ihnen hämmerten einen Medley aus bekannten Countrynummern.

»...ich hätte nie heiraten sollen, Steve. Ich war die Falsche für Paul, und er war der Falsche für mich.«

»...ich dachte auch ans Heiraten. Ich lernte in Hollywood viele Frauen kennen, aber irgendwie...«

»...die falschen Gründe...«

»...landete bei ein paar Fernsehfilmen. Dummes Zeug. Meine Rolle war die des zweiten Geschäftsführers in einer Standszene, oder ich wurde gleich zu Beginn des Filmes vom Werwolf getötet. Ich glaube, etwa neunzig Prozent aller Schauspieler sind arbeitslos, also sagte ich mir...«

»Du bist wirklich zurückgekommen? Wie lange ist das her?«

»...Schluß damit...«

»Wie lange bist du schon hier?«

»...schlich also zurück nach Wyoming. Ich weiß nicht, vor ein paar Jahren. Wie lange warst du denn verheiratet?«

»Ungefähr ein Jahr. Was machst du hier?«

»...das Bier wird warm. Ich hole mir lieber einen Krug...«

»Was machst du hier?«

»...kalt ist es besser. Nicht viel. Ich komme durch. Und du?«

»...habe eine Zeit in Taos gelebt. Dann in Santa Fé. War lange im Südwesten. Ein Freund brachte mir das Fotografieren bei. Dann war ich eine Weile krank, und da versuchte ich es mit Malerei...«

»...Bilder von den Teton-Bergen zum Verkaufen an Touristen?«

»Kaum. Viele Landschaften, aber mit Wohnwagen und Ölfeldern und perspektivischen Ausblicken auf eine I 80 über der roten Wüste...«

»Ich habe auch mal versucht zu fotografieren – habe immer vergessen, einen Film einzulegen.«

»...und jetzt bin ich Teilhaberin einer Galerie mit dem Namen ›Das Gute‹. Meine Partnerin arbeitet an der Töpferscheibe. Der Laden ist an der Hauptstraße in Lander...«

»...da komme ich öfter durch. Vielleicht habe ich ihn schon gesehen...«

»Und was machst du hier?«

Es war vergleichsweise still, da die Band eine Pause machte.

»Sehr wenig«, antwortete Steve. »Ich war Aushilfe. Einige Zeit war ich Bohrarbeiter auf den Ölfeldern bei Buffalo. Ich habe einen Lieferwagen – fahre kleine Transporte für hiesige Geschäftsleute, die keinen Laster mieten wollen. Ich bin mit wenig zufrieden. Ich mache, was ich finden kann. Du kennst das.«

»Ja, ich kenne das«, sagte Carroll. Das Schweigen zog sich in die Länge. Endlich sagte sie: »Warum bist du zurückgekommen? War es, weil –«

»– weil ich es nicht geschafft habe?« sagte Steve auf ihr Zögern. Er sah sie ruhig an. »Darüber habe ich lange nachgedacht. Ich dachte, scheitern kann ich überall, also kam ich zurück.« Er zuckte mit den Schultern. »Mir gefällt es hier. Mir gefällt die Weite.«

»Viele von uns sind zurückgekommen«, sagte Carroll. »Ginger und Paul sind auch hier.«

Steve war erstaunt. Er sah sich um.

»Nicht heute abend«, erklärte Carroll. »Wir werden sie morgen treffen. Sie möchten dich sehen.«

»Du und Paul, seid ihr wieder –«, begann er.

Sie hob abwehrend die Hand. »Wohl kaum. Wir haben nicht ganz dieselbe Wellenlänge. Das hat sich nicht geändert. Aber er ist das geworden, was du ursprünglich werden wolltest.«

Steve erinnerte sich nicht daran.

»Paul hat die Bergbauschule in Colorado besucht. Jetzt ist er Geologe und leitender Probebohrer für Enerco.«

»Nicht schlecht«, antwortete Steve.

»Für mich nicht gut«, sagte Carroll. »Er war zehn Jahre in Südamerika und im Mittleren Osten. Jetzt ist er heimgekommen, um diesen Staat auszuweiden wie einen Fisch.«

»Kohle?«

»Und Öl. Und Uran. Und Erdgas. Enerco hat die Finger in vielen Sachen.« Ihre Stimme war tiefer geworden und klang böse. »Jedenfalls gibt es morgen so eine Art Wiedersehen. Ginger wird auch da sein.«

Steve goß das letzte Bier ein. »Ich dachte, daß sie in Kalifornien lebt.«

»Hat es nie geschafft«, antwortete Carroll. »Bekam kein Stipendium. Die Eltern sagten, sie würden ihr kein Geld geben, wenn sie an die Westküste ginge – du weißt, wie extrem bodenständig Neusiedler sind. Also ist Ginger in Laramie zur Schule gegangen und ist Grundschullehrerin geworden. Sie hat einen Studenten der Journalistik geheiratet. Nach der Scheidung fünf oder sechs Jahre später überließ sie ihm das Kind.«

»Also ist Ginger nie die Starreporterin geworden«, sagte Steve.

»O doch! Jetzt ist sie die beste Mitarbeiterin der *Salt Creek Gazette.* Ginger ist der Liebling der Umweltschutzgruppen und der Schrecken der Energiekonzerne.«

»Nein, so was!« sagte er und fegte vor Überraschung sein Glas vom Tisch. Als er sich bückte, um es aufzuheben, warf der den leeren Krug um.

»Ich glaube, du bist müde«, sagte Carroll.

»Wahrscheinlich hast du recht.«

»Du solltest dich ausschlafen.«

Er nickte.

»Ich möchte heute nacht nicht den ganzen Weg bis Lander zurückfahren«, sagte Carroll. »Hast du Platz für mich?«

Als sie in das kleine Haus kamen, das Steve gemietet hatte, verzog Carroll das Gesicht wegen der schmutzigen Kleidung, die auf dem Boden des Wohnzimmers verstreut war. »Ich mache es mir auf der Couch bequem«, sagte sie. »Ich habe einen Schlafsack im Auto.«

Steve zögerte einige Augenblicke, die ihm sehr lang vorkamen, dann berührte er leicht ihre Schulter. »Du brauchst nicht auf der

Couch zu schlafen, wenn du nicht willst. Vor vielen Jahren... weißt du, daß ich in der High School immer scharf auf dich war? Ich war nur zu schüchtern, etwas zu sagen.«

Sie lächelte und duldete seine Hand auf der Schulter. »Ich fand dich auch nett. Ein bißchen schüchtern, aber lieb. Einer, der die Erwartungen nicht erfüllt.«

Sie standen einige Zeit dicht beieinander. »Nun?« fragte er.

»Es ist so viele Jahre her«, antwortete Carroll. »Ich schlafe auf der Couch.«

»Auch nicht aus Mitleid?« fragte Steve enttäuscht.

»Auf keinen Fall aus Mitleid.« Sie lächelte. »Aber in der Zukunft ist vieles möglich.« Sie küßte ihn sachte auf die Lippen.

In dieser Nacht schlief Steve fest. Er träumte davon, durch einen warmen Strom zu gleiten. Das war kein Alptraum. Nicht einmal, als er bemerkte, daß er anstelle der Hände und Füße Flossen hatte.

Der Morgen brachte Regen.

Als Steve aufwachte, hörte er das Trommeln stetiger Tropfen auf dem Dach. Das Tageslicht wurde durch Wasserschleier gedämpft, die über die Fensterscheibe rannen. Steve beugte sich über den Bettrand und hob seine Armbanduhr vom Boden auf. Sie war stehengeblieben. Er hörte jemanden im Wohnzimmer umhergehen und rief: »Carroll? Bist du wach?«

»Ja.«

»Wie spät ist es?«

»Kurz nach acht.«

Steve schwang die Füße aus dem Bett und stöhnte. Er preßte die Hände auf den Kopf. Carroll stand im Türrahmen und sah ihn mitfühlend an. »Um wieviel Uhr treffen wir uns mit den anderen?« fragte er.

»Ich habe Paul angerufen. Er hat noch bis zum späten Nachmittag zu tun wegen irgendeiner Konferenz in Casper. Er möchte, daß wir ihn in Shoshoni treffen.«

»Und was ist mit Ginger?«

Beide hörten das Klopfen an der Eingangstür. Carroll wandte sich vom Schlafzimmer ab.

»Genau im richtigen Moment«, sagte sie. »Ginger wollte nicht bis heute abend warten.« Sie ging auf die Tür zu und rief über ihre Schulter: »Vielleicht möchtest du dir etwas anziehen.«

Steve zog seine am wenigsten schmutzigen Jeans an und ein Sweatshirt mit dem Aufdruck STADT AMAX VOLLEYBALLCLUB. Er hörte Stimmengemurmel in seinem Wohnzimmer. Als er aus dem Schlafzimmer kam, fand er Carroll und eine kleine blonde Frau, die kaum etwas mit der Ginger von früher gemeinsam hatte, auf dem Sofa vor. Ihr Haar war lang und zu einem Zopf geflochten. Ihr Blick war offen und viel neugieriger, als er ihn in Erinnerung hatte.

Sie sah zu ihm auf und sagte: »Der Schnurrbart gefällt mir. Du siehst viel besser aus als damals.«

»Von dir könnte ich das gleiche sagen.« Die beiden Frauen staunten, als er in dem Chaos, das in seiner Küche herrschte, aus Eiern und chinesischem Gemüse ein Omelett zauberte. Er servierte das Omelett mit Toast und frisch aufgebrühtem Kaffee im Wohnzimmer. Die Teller balancierten sie auf den Knien.

»Liest du manchmal den *Gazzo*?« fragte Ginger.

»*Gazzo*?«

»Die *Salt Creek Gazette*«, erklärte Carroll.

»Ich lese überhaupt keine Zeitung«, sagte Steve.

»Gerade habe ich einen Artikel über Pauls Firma geschrieben«, sagte Ginger.

»Die Enerco?« Steve goß ihre Tassen noch einmal voll.

Ginger schüttelte den Kopf. »Eine eigene Tochtergesellschaft mit dem Namen ›Bodenschätze amerikanischer Ureinwohner‹. Ganz schön schlau, was?« Steve sah sie ratlos an. »In der Firma arbeitet kein einziger mickriger Indianer. Der Name ist Schwindel, aber die Firma hat eine Menge Bodenschätze im Reservat zu Tage gefördert. Paul hat sich auf ein riesiges neues Kohlefeld gestürzt, das seine Leute ausgemessen haben. Es liegt unter dem besten Ackerland des Reservats.«

»Und unter einigen heiligen Stätten«, ergänzte Carroll.

»Fast vierhunderttausend Hektar«, sagte Ginger, »das ist mehr als tausend Quadratmeilen.«

»Das Land wird nie wieder wie früher sein«, sagte Carroll, »egal, wieviel man für die Rekultivierung ausgibt, und ganz gleich, wie streng die Umweltbehörde vorgeht.«

Steve blickte von einer zur anderen. »Ich lese vielleicht keine Zeitungen«, sagte er, »aber hier wird doch niemand mit vorgehaltener Pistole gezwungen.«

»Es ist so gut wie eine Pistole«, antwortete Ginger. »Wenn das Geschäft mit den Bodenschätzen zustande kommt, werden die Zahlungen an die Indianerstämme gewaltig steigen.«

Steve hob die Hände. »Und ist das nicht gut?«

Ginger schüttelte heftig den Kopf. »Es ist wirtschaftliche Erpressung, die Stämme davon abzuhalten, daß sie ihre Rohstoffe selbst nutzen, wenn sie es für richtig halten.«

»Das sind Sprüche«, erwiderte Steve. »Das Land braucht Energie. Wenn die Stämme kein Kapital haben –«

»Das hätten sie ja, wenn sie nicht mit individuellen Gebühren gekauft würden!«

»Die Stämme haben die freie Wahl –«

»– während ihnen die Firma einen kurzfristigen Gewinn als Köder vor die Nase hält.«

»Ich merke, daß heute Sonntag ist«, sagte Steve, »auch wenn ich seit fünfzehn Jahren nicht mehr in der Kirche war. Ich höre eine Predigt.«

»Wenn du deinen Hintern bewegen und selbst denken würdest«, sagte Ginger, »dann müßte dich niemand belehren.«

Steve grinste. »Ich denke nicht mit dem Hinterteil.«

»Seht mal«, rief Carroll plötzlich, »es hat aufgehört zu regnen!«

Steve nutzte den Themenwechsel und fragte: »Hat jemand Lust auf einen Spaziergang?«

Die Luft draußen war kühl und vom Regen reingewaschen. Sie beruhigte die Gemüter. Die drei wanderten am vom Pappeln gesäumten Bach in den kühlen Morgen. Die Feldlerchen sangen. Die Regenwolken waren nach Osten abgezogen, und der Himmel war strahlend blau.

»Mächtig schönes Land, nicht?« meinte Steve.

»Nicht mehr lange, wenn –« begann Ginger.

»Gin!« warnte Carroll.

Sie bogen nach Süden ab, wo man sanfte Hügel sehen konnte. Die Bäche mit den Bäumen am Ufer zogen sich wie grüne Adern über die Hänge.

»Wie geht es Danny?« fragte Carroll Ginger.

»Er ist toll. Möchte Astronaut werden.« Ein Grinsen überzog ihr Gesicht. »Bob erlaubt, daß er den August bei mir verbringt.«

»Seht mal!« rief Steve.

Die Frauen sahen auf. »Ich sehe nichts«, sagte Ginger.

»Im Südosten«, sagte Steve, »direkt über dem Ende des Canyon.«

»Da – ich bin mir nicht sicher.« Carroll beschattete ihre Augen. »Ich glaube, ich hätte etwas gesehen, aber es war nur ein Schatten.«

»Nichts«, meinte Ginger.

»Seid ihr blind?« fragte Steve verwundert. »Da war etwas am Himmel. Es war dunkel und zigarrenförmig. Es war da.«

»Tut mir leid«, sagte Ginger, »ich habe nichts gesehen.«

»Es war aber da«, entgegnete Steve bitter verstimmt.

Carroll starrte immer noch zum Paß hinüber. »Ich habe es auch gesehen, aber nur für einen Moment. Ich habe keine Ahnung, wohin es verschwunden sein könnte.«

»Komisches Ding. Ich glaube nicht, daß es ein Flugzeug war. Es war plötzlich weg.«

»Ich habe nur etwas Verschwommenes gesehen«, sagte Carroll.

»Vielleicht war es ein UFO.«

»Mensch, Leute!« rief Ginger, und die Erkenntnis dämmerte in ihrem Gesicht auf. »So etwas wie in der Nacht nach dem Abschlußball, ja? Nur ein Scherz.«

Steve schüttelte langsam den Kopf. »Ich habe damals wirklich etwas gesehen, und jetzt habe ich auch etwas gesehen. Diesmal kann Carroll es bestätigen.«

Carroll nickte.

Vom Norden her kam Wind auf, wirbelte trockene Pflanzenteile auf.

»Mir wird kalt«, sagte Ginger. »Laßt uns zurückgehen.«

»Steve«, rief Carroll, »du zitterst ja.«

Sie führten ihn eilig nach Hause.

PHOSPHORHALTIGE FORMATION, PERM, 225–270 MILLIONEN JAHRE

Sie verbrachten einige Zeit im Haus, tranken Kaffee und sprachen von vergangenen Zeiten. Dann schlug Carroll vor, zum Treffen zu fahren.

Die drei stiegen in Steves Lieferwagen. Sie fuhren über die US 20 durch Thermopolis und überquerten den Big Horn River.

Die Junisonne brannte heiß auf die mit Eisenadern durchzogenen Zwillingsfelsen, als sie in die Meilen-Jahre des Canyon fuhren.

TENSLEEP-FORMATION, PENNSYLVANISCH 270–310 MILLIONEN JAHRE

Zu beiden Seiten des Canyon lagen die Gesteinsschichten wie Fleischstücke bei einem Riesenmetzger aufgeschichtet. Das Radio im Lieferwagen brachte Lokalnachrichten. Als sie tiefer in den Canyon eintauchten, wurde der Empfang schwächer, bis nur noch ein stetiges Rauschen aus dem Lautsprecher drang. Carroll schaltete das Radio aus.

»Die sind doch besoffen«, sagte Ginger.

»Nicht unbedingt.« Carroll schaute aus dem Fenster und bewunderte die Blumenwiesen. »Das Büro für Indianerangelegenheiten veranstaltet weitere Anhörungen. Es wird eine zweite Abstimmung bei den Stämmen geben.«

»Sie sind besoffen«, wiederholte Ginger. »Sie können dem Geld nicht widerstehen. Paul hat sie in die Tasche gesteckt. Du kennst Paul – ich kenne ihn ebenfalls, den Schuft.«

»Leider habe ich keine Musik«, sagte Steve. »Der Kassettenrecorder ist kaputt, und ich bin noch nicht dazugekommen, ihn zu reparieren.«

Sie achteten nicht auf ihn.

»Verdammt«, sagte Ginger, »ich habe fast fünfzehn Jahre gebraucht, aber jetzt liebe ich dieses Land.«

»Ich weiß«, antwortete Carroll.

Eine Weile sagte keiner etwas. Steve warf einen Blick nach rechts und sah, daß Tränen über Gingers Wangen liefen. Sie erwiderte trotzig seinen Blick. »Im Handschuhfach sind Taschentücher«, sagte er.

MADISON-FORMATION, VOM MISSISIPPI, 310–350 MILLIONEN JAHRE

Die Hänge des Canyon waren jetzt dichter bewachsen und zeigten alle Schattierungen von Grün. Tiefgrün waren sie, wo der Fluß sich Wege gegraben hatte. Steve fühlte, daß sich die Zeit in dem tiefen Riß der Erde sammelte.

»Mir geht's nicht gut«, sagte Ginger.

»Soll ich einen Moment anhalten?«

Sie nickte und preßte die Hand auf den Mund.

Steve fuhr über beide Fahrbahnen, und der Lieferwagen rutschte ein Stück, als er auf dem Schotter der Ausweichstelle zum Stehen kam. Steve stellte den Motor ab. In der plötzlichen Stille hörten sie nur noch den leichten Wind und das Ticken des abkühlenden Motors.

»Entschuldige«, sagte Ginger. Sie stiegen alle aus. Ginger eilte durch Kanadadisteln und Beerensträucher in den dahintergelegenen Wald. Steve und Carroll hörten, wie sie sich übergab.

»Sie hatte eine Affäre mit Paul«, sagte Carroll beiläufig. »Es ist nicht lange her. Er ist ein sehr gutaussehender Mann.«

Steve sagte nichts.

»Ginger hat Schluß gemacht, aber sie ist noch nicht darüber weg.« Carroll ging zu dem kleinen Distelfeld und rief: »Sieh dir das an!«

Steve bemerkte, wie vielfältig die Bodendecke war. Wie die Felsen bestand sie aus mehreren Stockwerken. Zuerst sah er zwischen den Sonnenhutpflanzen und vertrockneten Löwenzahnstengeln nur die wilden Wicken mit ihren spatenförmigen blauen Blüten.

»Sieh genauer hin«, forderte Carroll ihn auf.

Steve sah Hunderte winziger purpurroter Falter, die nur eine Handbreit über dem Boden schwebten. Diese Geschöpfe hatten dieselbe Farbe wie die kleinen roten Blumen, deren Namen er nicht kannte. Dazwischen gab es weiße, glockenförmige Blüten.

»Es ist, als ob man in der Zeit zurückschaut«, sagte Carroll, »eine ganze Welt, die wir nie beachten.«

Ein Schatten huschte fast unmerklich über sie hinweg, und sie blickten beide auf. Die Flügel eines großen Vogels hatten für einen Moment die Sonne verdeckt. Er beschrieb einen engen Kreis und stieß an der Wand des Canyon steil herab. Der Bauch des Vogels war grauweiß. Steve hatte das Gefühl, daß der Vogel sie fixierte. Seine Augen waren schwarz und glanzlos wie ungeschliffener Obsidian.

»So einen habe ich noch nie gesehen«, sagte Carroll. »Was ist das?«

»Ich weiß es nicht. Seine Flügelspannweite dürfte fast drei Meter betragen. Die Federn sind eigenartig. Vielleicht ist es ein Habicht? Ein Adler?«

Der Schnabel des Vogels war stumpf und leicht gekrümmt. Der Vogel kreiste und bewegte kaum die Flügel, da ihn der Aufwind trug; er war unheimlich still wie ein Meeresvogel – wie ein Fisch.

»Was macht er?« fragte Carroll.

»Ob er uns beobachtet?« Steve zuckte zusammen, als eine Hand seine Schulter berührte.

»Entschuldige«, sagte Ginger. »Mir geht es jetzt besser.« Sie hob den Kopf, um den großen kreisenden Vogel zu betrachten. »Ich habe das Gefühl, unser Freund möchte, daß wir weggehen.«

Sie fuhren weiter. Die Straße wand sich um einen massiven steinernen Vorsprung. Rötliche Streifen schimmerten wie Dinosaurierblut in den Gesteinsschichten. In der Kurve wich Steve einem toten Reh aus – besser gesagt einem halben Reh. Der Körper des Tieres war direkt vor den Hinterbeinen sauber abgetrennt. »Jesus«, stöhnte Ginger, »wie kann so etwas passieren?«

»Das muß ein Laster gewesen sein«, meinte Steve. »Ein achtzehn-Räder-Fahrzeug kann schon einiges zerreißen.«

Carroll schaute zurück auf das tote Tier und den Himmel hinter ihm. »Vielleicht hat unser Freund das Reh bewacht.«

GROS-VENTRE-FORMATION, KAMBRIUM, 500–600 MILLIONEN JAHRE

»Das ganze Land hier befand sich einmal unter Wasser«, erklärte Steve – niemand antwortete ihm.

»Fast ganz Wyoming war von einem Urmeer bedeckt. Deshalb gibt es hier auch so große Kohlefelder. Ich glaube, es hieß das Sundance-Meer. Wie Sundance-Kid im Film. Ein Geologe von Exxon hat mir das einmal erzählt.«

Er drehte sich nach hinten, um die beiden Frauen anzusehen. Plötzlich riß er die Augen auf und wandte sich wie blind wieder der Straße zu. Dann sah er wieder zurück. Steve hatte das Gefühl, sich ein, zwei oder drei Bilder, die sich überlagerten, anzusehen – er konnte nicht alle Schichten des Bildes zählen. Er wollte etwas sagen und konnte es nicht. Er existierte in einer schweigenden Welt. Jede Bewegung war erstarrt. Er konnte nur sehen.

Carroll und Ginger blickten ruhig geradeaus. Sie sahen so aus wie am frühen Nachmittag. Sie sahen aber auch so aus wie vor fünfzehn Jahren. Steve beobachtete die Verwandlung. Die Linien verschwammen. Die Haut war mit Federn durchsetzt – mit Schuppen. Kiemenöffnungen entstanden, verschwanden und erschienen an rauhhäutigen Hälsen.

Dann bewegten sich die beiden, um ihn anzusehen. Ihre Köpfe drehten sich langsam und mit fließenden Bewegungen. Vier Reptilienaugen beobachteten ihn unbewegt und ohne Neugier.

Steve wollte sich abwenden.

Die Reifen des Lieferwagens quietschten auf dem Asphalt. Auf dem Schild stand:

BEGINN DER TEMPOZONE 35 MEILEN/STUNDE

»Bist du wach?« fragte Ginger.

Steve schüttelte den Kopf, um besser zu sehen. »Aber ja«, sagte er. »Kennst du diese Träumerei, in die man manchmal beim Fahren abgleitet? Man fährt meilenweit, ohne bewußt darüber nachzudenken, und plötzlich merkt man, was geschehen ist?«

Ginger nickte.

»Genau das ist passiert.«

Die Schnellstraße führte an Holzhäusern, Tankstellen und Motels vorbei. Sie kamen nach Shoshoni.

Ein nagelneues Schild ohne Einschußlöcher hieß sie in Shoshoni willkommen. Die Einwohnerzahl war nach oben korrigiert worden. »Wollt ihr Wetten abschließen, wann sie das nächste Tausend erreichen?« fragte Carroll.

Ginger schüttelte den Kopf.

Steve fuhr an das Stopschild heran. »Welche Straße?«

Carroll antwortete: »Fahr links.«

»Ich glaube, ich habe es entdeckt.« Steve sah den Kleinlaster mit dem Enerco-Zeichen und der Aufschrift ›Bodenschätze amerikanischer Ureinwohner‹ auf der Tür. Er stand direkt vor dem Yellowstone-Drugstore. »Hier gibt es die besten Shakes und Malzgetränke«, rief Steve, »kommt mit!«

Die Einrichtung des Yellowstone erinnerte an eine altmodische Apotheke und gleichzeitig an ein Café aus einem alten Film. Sie fanden Paul an einem Tisch in der Nähe der Getränkeausgabe. Er hatte ein Schoko-Malzgetränk vor sich stehen.

Er blickte auf, lächelte und sagte: »Ich habe heute nachmittag vier Pfund zugenommen. Wenn ihr euch noch mehr verspätet hättet, wäre ich wahrscheinlich zuckerkrank geworden.«

Paul sah viel älter aus, als Steve erwartet hatte. Ginger und Carroll wirkten auch älter als vor fünfzehn Jahren, aber Paul schien in diesen fünfzehn Jahren um dreißig gealtert zu sein. Der ehemalige Footballstar war ein wenig aus der Form geraten. Sein wettergegerbtes Gesicht war von feinen Linien durchzogen. Das kohlschwarze Haar war von dünnen weißen Streifen durchsetzt. Seine Augen, dachte Steve, sahen sehr alt aus.

Er begrüßte Steve mit einem herzlichen Händedruck. Carroll bekam eine freundschaftliche Umarmung und einen Wangenkuß, Ginger ein warmes Lächeln und ein Hallo. Die vier setzten sich, und der Kellner kam an ihren Tisch. »Schokolade für alle?« fragte Paul.

»Vanille-Milch«, sagte Ginger.

Steve spürte eine Spannung, die mehr ausdrückte als auseinandergegangene Ehen und beendete Liebesaffären. Er wußte nicht, was er nach all den Jahren sagen sollte, aber Paul nahm ihm die Mühe ab. Lächelnd und mit sanfter Stimme fragte Paul ihn aus. Was hast du angefangen? – Was wurde daraus? – Das ist schade, und dann? – Und danach? – Und du bist zurückgekommen? – Was machst du jetzt?

Paul lehnte sich zurück, lächelte und spielte mit einem Plastikstrohhalm. Er knüpfte Knoten in den Trinkhalm und löste sie wieder auf.

»Weißt du«, sagte er, »daß dieses Wiedersehen zustande kam, ist keineswegs ein Zufall.«

Steve beobachtete ihn. Pauls Lächeln wirkte jetzt gleichmütig. »Ich leide nicht unter Verfolgungswahn, deshalb habe ich dieses Treffen nicht arrangiert«, entgegnete er.

»Es war vorausbestimmt.«

Steve dachte eine Weile darüber nach.

»Es fand erst statt, nachdem ich mehrere Male das I Ging befragt hatte«, erklärte Paul weiter. Seine Stimme klang bitter. »Ich weiß nicht, wie meine Konzernherren auf so ein irrationales Verhalten reagieren würden, aber unter diesen außergewöhnlichen Umständen schien es mir berechtigt. Ich sagte Carroll, wo sie dich finden würde, und überließ ihr die Art und Weise der Kontaktaufnahme.«

Die beiden Frauen schwiegen. Carroll bedachte Steve mit einem mitfühlenden Blick, und Ginger wirkte besorgt.

»Was ist los?« fragte Steve. »Was ist das für ein Spiel?«

»Es ist kein Spiel«, versicherte Carroll schnell. »Wir brauchen dich.«

»Weißt du, was ich denke, seit ich dich in Miss Gormans Klasse zum ersten Mal sah?« sagte Paul. »Du bist kein Verlierertyp. Du brauchtest nur einen Schubs in die richtige Richtung.«

»Weiter«, drängte Steve ungeduldig.

»Es ist wahr.« Paul legte den Trinkhalm hin. »Wir brauchen dich, weil du Dinge sehen kannst, die die meisten Menschen nicht wahrnehmen.«

Das Raubtier Zeit geht auf die Jagd.

Vor ihm flüchten die Jahre wie ein Schwarm Elritzen. Sein rascher Schritt wirbelt Zeitalter auf. Der Wind fegt durch den Canyon wie Brecher, die auf den Sand prallen. Der Vollmond, soeben aufgegangen, löst die Macht der Gezeiten aus.

Zähne blitzen im Mondlicht auf.

Nicht aus Gründen der Vernunft schwimmt das Wesen an die Oberfläche. Es ist ungeschliffene Kraft. Es ist sich ewig gleich.

Steve saß wortlos da. Endlich sagte er leise: »Dinge nennt ihr das.«

»Richtig. Du siehst die Dinge. Das ist eine besondere Fähigkeit.«

»Ich weiß nicht...«

»Aber wir wissen es. Wir erinnern uns alle noch an die Nacht nach dem Abschlußball. Und davor in der Schule gab es andere Beispiele. Keiner hat dich gesehen, seit wir in alle Winde verstreut wurden, aber mit Hilfe des Konzerns hatte ich die Möglichkeit, Nachforschungen anzustellen. Ich bin erst vor kurzem auf die Idee gekommen. Im letzten Monat habe ich deine Schulzeugnisse ausgegraben, Steve, und das psychiatrische Gutachten von damals gelesen.«

»Es muß dich große Anstrengung gekostet haben, an die Papiere zu kommen«, sagte Steve. »Soll ich mich nun geschmeichelt fühlen?«

»Erzähl es ihm«, drängte Ginger, »erzähl ihm alles!«

»Ja, ich bitte darum«, sagte Steve.

Zum ersten Mal zögerte Paul in diesem Gespräch. »Okay«, sagte er schließlich, »wir jagen einen Geist im Wind River Canyon.«

»Wie bitte!«

»Vielleicht ist es der falsche Ausdruck.« Paul wirkte verlegen. »Aber wir suchen ein Wesen oder irgendeine übernatürliche Erscheinung.«

»›Geist‹ ist das richtige Wort«, meinte Carroll.

»Fangt lieber mit dem Anfang an«, schlug Steve vor.

Als Paul schwieg, begann Carroll: »Ich weiß, du liest keine Zeitung. Hörst du manchmal Radio?«

Steve schüttelte den Kopf. »Wenig.«

»Vor etwa einem Monat wurde ein Erzsuchtrupp von Enerco am Wind River fast zu Tode erschreckt.«

»Sag nicht, was sie gesehen haben«, warf Paul ein. »Dann können wir die Vorkommnisse besser beurteilen.«

»Es waren nicht nur die Enerco-Leute. Auch andere haben es gesehen, sowohl Indianer als auch Weiße. Die Übereinstimmung der Aussagen war erstaunlich. Wenn du davon in der Kneipe nichts gehört hast, Steve, mußt du geschlafen haben.«

»Ich war in letzter Zeit nicht sehr gesellig«, murmelte Steve.

»Ich habe nur gehört, daß jemand die Öl- und Kohlearbeiter aus dem Reservat vertreiben will.«

»Nicht jemand, sondern *etwas*«, korrigierte Paul. »Davon bin ich inzwischen überzeugt.«

»Ein Geist«, sagte Steve.

»Eine Wesenheit.«

»Es kursiert das Gerücht«, erklärte Carroll, »daß die Stämme ihren Geistertanz wieder aufgenommen haben –«

»Nur ein paar Fanatiker«, unterbrach Paul.

»– um einen Rächer aus der Vergangenheit heraufzubeschwören, der alle Weißen aus dem Bezirk jagt.«

Steve wußte von dem Geistertanz. Er hatte gelesen, daß der Pajute-Mystiker Wovoka 1888 behauptet hatte, daß die Geister erschienen seien und die Rückkehr der Büffel sowie die Rückgabe des Landes der Ahnen an die Indianer prophezeit hätten. Die Flachlandstämme hatten unermüdlich den Geistertanz getanzt, um diese Botschaft zu verwirklichen. 1890 schlug die US-Regierung den letzten Sioux-Aufstand nieder, und damit war, bis auf vereinzelte Vorfälle, alles vorüber. Der unglaubwürdig gewordene Wovoka starb während der Wirtschaftskrise.

»Ich habe aus verläßlicher Quelle gehört«, sagte Paul, »daß der Geistertanz erst wieder aufkam, *nachdem* das Wesen die Mannschaft erschreckt hatte.«

»Das spielt keine Rolle«, meinte Carroll. »Erinnert ihr euch an die Nacht vom Abschlußball? Ich habe in den Zeitungsarchiven in Fremont, Lander und Riverton nachgesehen und herausgefunden, daß es seit mehr als einem Jahrhundert seltsame Erscheinungen gegeben hat.«

»Das war damals«, sagte Paul. »Das Problem heute ist, daß die Stämme viel aufsässiger sind. Meine Leute haben schon Angst, ins Gelände zu gehen.« Er wurde nachdenklich. »Arabische Terroristen haben das nicht geschafft, Bürgerkriege konnten sie nicht abhalten, aber ein verfluchter Geist bringt sie um den Verstand!«

»Schlimm«, sagte Ginger. Aber es klang nicht, als ob sie es bedauerte. Steve betrachtete seine ehemaligen Freunde. Er wußte, daß er nicht alles begriff, was an Liebe und Haß, Vertrauen und Enttäuschung zwischen ihnen war. »Ich verstehe Pauls Betroffenheit«, sagte er, »aber warum interessiert es euch beide?«

Die Frauen tauschten Blicke. »Auf die eine oder andere Weise sind wir miteinander verbunden«, erklärte Carroll. »Du gehörst auch dazu, Steve.«

»Vielleicht, vielleicht auch nicht«, meinte Ginger nüchtern. »Sie ist Künstlerin. Ich bin Journalistin. Wir wollen beide wissen, was da draußen geschieht.«

»In den letzten Jahren«, sagte Carroll, »habe ich ziemlich oft Landschaften von Wyoming gemalt, und ich würde diese Wesenheit gern auf die Leinwand bringen.«

Das Gespräch versiegte. Der Kellner sah sie an, als überlegte er, ob er eine weitere Runde Malzgetränke anbieten sollte. »Was habt ihr jetzt vor?« fragte Steve.

»Wenn ihr alle einverstanden seid«, schlug Paul vor, »dann fahren wir in den Wind River Canyon und versuchen, etwas herauszufinden.«

»Und was ist mit mir? Bin ich etwa ein Meßgerät für Geister?«

Ginger antwortete: »Das klingt wesentlich netter, als wenn man dich als Köder bezeichnen würde.«

»O Gott«, stöhnte Steve, »das beruhigt mich nicht gerade.« Er musterte sie nacheinander. »Ihr solltet mir wenigstens ein bißchen genauer erklären, wonach wir suchen.«

Paul zuckte mit den Schultern und meinte: »Du kennst die geologischen Zeittafeln, die an der US 20 angebracht sind?«

Steve nickte.

»Wir suchen ein Überbleibsel des alten Binnenmeeres.«

Die untergehende Sonne verfärbte den Westen blutrot, während sie nach Norden fuhren. Die Dämmerung setzte ein, und nach einer Weile funkelten unzählige Sterne am Nachthimmel.

»Darüber staune ich immer«, sagte Paul. »Wißt ihr, daß man hier draußen dreimal so viele Sterne am Himmel sehen kann wie in der Stadt?«

»Den Touristen macht das manchmal angst«, bemerkte Carroll.

»Das wird schon aufhören, wenn noch ein paar Kohlekraftwerke mehr gebaut worden sind«, sagte Ginger.

Paul kicherte humorlos. »Ich dachte, die wären besser als deine Lieblingskatastrophen, die Atomkraftwerke!«

Ginger saß neben Steve auf dem Rücksitz des Enerco-Lasters. »Es gibt Alternativen zu den Kraftwerken.«

»Dann versuch mal, das ganze Land mit diesen Alternativen zu versorgen«, meinte Paul. Er bremste plötzlich, als ein Hase ins Scheinwerferlicht sprang und über die Straße huschte.

»Niemand braucht wirklich Klimaanlagen«, sagte Ginger.

»Das bestreite ich nicht. Aber du mußt dich mit all den Leuten auseinandersetzen, die überzeugt sind, daß sie sie brauchen.«

Ginger fiel in Schweigen, aber Carroll hielt die Unterhaltung aufrecht. »Man sollte dir zum Ausgang der Abstimmung bei den Stämmen heute gratulieren. Wir haben in den Nachrichten davon gehört.«

»Aber das ist nicht bindend«, sagte Paul. »Wenn die Sache endgültig genehmigt ist, könnte die Arbeitslosenquote im Reservat sinken.«

»Sie sinkt auf keinen Fall!« schrie Ginger. »Das Geld, das ihr für die Bodenschätze bezahlt, bringt die Leute eher dazu, nicht zu arbeiten.«

Paul lachte. »Wirfst du mir vor, die Henne zu sein oder das Ei?«

Niemand antwortete.

»Ich bin kein Unmensch«, versicherte Paul.

»Ich glaube auch nicht, daß du das bist«, schaltete sich Steve ein.

»Ich weiß, daß ich mich in einer Zwickmühle befinde, aber ich glaube, das Richtige zu tun.«

»Na gut«, meinte Ginger, »ich werde es mir nicht zu leicht machen. Das versuche ich zumindest.«

Steve fühlte sich plötzlich elend und fragte, ob jemand Aspirin dabei hätte. Carroll kramte in ihrer Handtasche, und Steve spülte die Tablette mit Bier aus Pauls Kühlbox herunter.

GRANIT, PRÄKAMBRIUM, 600 MILLIONEN JAHRE

Der Mond war inzwischen aufgegangen – eine runde, eisige Scheibe. Die Straße beschrieb einen Bogen um eine Felsformation, die wie ein großer geschichteter Geburtstagskuchen aussah. Zedern standen als geisterhafte Kerzen zur Verfügung.

»Ich habe nie an Geister geglaubt«, sagte Steve. Er bemerkte das Blitzen von Pauls Augen im Rückspiegel.

»Es gibt solche und solche Geister«, erklärte Paul. »In der Spektroskopie sind Geister Ablesefehler. Im Fernsehen nennt man –«

»Was ist mit den Geistern, die es in Spukhäusern gibt?«

»Im Fernsehen«, fuhr Paul unbeirrt fort, »ist ein sogenannter Geist ein elektronisches Abbild, das einige Intervalle später die Antenne erreicht als die gewünschte Welle.«

»Und wie entsteht das Stöhnen und Kettengerassel?«

»Einige Menschen haben bessere Antennen als andere, Steve.«

Steve schwieg.

»Es gibt eine Theorie«, sagte Paul, »daß molekulare Strukturen, ganz gleich wie weit sie durch Reaktionen verändert wurden, immer eine Art ›Erinnerung‹ an ihre ursprüngliche Form bewahren.«

»Geister.«

»So könnte man sagen.« Paul konzentrierte sich auf die Straße und sagte nachdenklich: »Wenn ein urzeitliches Lebewesen versteinert, bleiben sogar die DNS-Muster, die seinen Aufbau bestimmen, im Stein erhalten.«

GALLATIN-FORMATION, KAMBRIUM, 500 – 600 MILLIONEN JAHRE

Paul schaltete in einen niedrigeren Gang und fuhr einen der langgezogenen Hänge hinauf. Ein Lastwagen überholte sie, schwarzen Rauch ausstoßend und dröhnend wie ein Riesensaurier. Er hatte Bohrfeldausrüstung geladen und zwang Paul, auf den rechten Randstreifen auszuweichen, bevor er hupte und im ersten der drei kurzen Tunnel verschwand, die in den Felsen gehauen worden waren.

»Einer von euren?« fragte Ginger.

»Nein.«

»Vielleicht verunglückt er und verbrennt.«

»Die Leute versuchen auch nur, ihren Lebensunterhalt zu verdienen«, entgegnete Paul sanft.

»Indem sie das Land ausräubern«, fragte Ginger. »Und die Vergangenheit auffressen?«

»Still, Gin!« bat Carroll. »Wyoming hat deiner Familie nichts angetan, Paul. Euer Schicksal wurde von den Menschen besiegelt.«

»Das Land beeinflußt die Leute.«

»Das ist aber nicht das einzige, was die Menschen formt.«

»Diese Diskussion ist immer fruchtlos«, erwiderte Paul. »Es ist tote Vergangenheit.«

»Wenn die Vergangenheit tot ist«, meldete sich Steve, »warum fahren wir dann in diesen blödsinnigen Canyon?«

AMSDEN-FORMATION, PENNSYLVANISCH, 270–310 MILLIONEN JAHRE

Links von ihnen befand sich der Boysen-Wasserspeicher. Die Wasseroberfläche glitzerte im Mondlicht. Nachdem die roten Rücklichter des Ölbohrtransporters in der Ferne verschwunden waren, begegnete ihnen kein Fahrzeug mehr.

»Fahren wir die ganze Nacht die US 20 rauf und runter?« fragte Steve. »Hast du eine Karte bei dir?« Er hatte eigentlich keine Lust, die andern zu verspotten, aber er mußte etwas sagen, um die drückende Last der Zeit abzuschütteln.

»Wir fahren dahin, wo die Suchmannschaft das Wesen gesehen hat«, sagte Paul. »Es sind nur noch ein paar Meilen.«

»Und dann?«

»Dann gehen wir zu Fuß. Das wird mindestens so spannend wie unser Spaziergang nach dem Abschlußball.«

Steve wurde unsicher.

Damals wußte ich nicht... Auch jetzt weiß ich noch nicht mit Sicherheit. Ich suche... Wonach?

Die Zeit ist ausgeströmt. Ich möchte wissen, wohin ich sie am Ende lenken soll.

»Wer hätte gedacht...«, sagte Ginger.

Doch was sie auch dachte – sie sprach es nicht aus, und auch die anderen schwiegen.

Im Scheinwerferlicht tauchte das reflektierende grün-weiße Schild der Autobahnbehörde auf. »Wir sind da«, sagte Paul. »Hier irgendwo rechts müßte eine unbefestigte Zufahrtsstraße sein.«

HAIFISCHZAHN-FORMATION, KREIDEZEIT, 100 MILLIONEN JAHRE

»Werden wir ein Netz nehmen?« fragte Steve. »Betäubungsmittelpatronen? Oder was?«

»Ich glaube nicht, daß man einen Geist mit Netzen einfangen kann«, sagte Carroll. »Einen Geist fängt man in der eigenen Seele.«

Ein schwaches Lächeln umspielte Pauls Lippen. »Stellt euch vor, wir wären im alten Wilden Westen. Wir sind nur ein Erkundungstrupp. Wir beobachten, was auch immer hier oben ist, und dann überlegen wir, wie man es beseitigen kann.«

»Das wird nicht möglich sein«, behauptete Carroll.

»Warum sagst du das?«

»Ich weiß nicht«, antwortete sie, »ich spüre es einfach.«

»Weibliche Intuition?«

»Meine persönliche Intuition.«

»Nichts ist unmöglich«, sagte Paul.

»Wenn wir wirklich glauben würden, daß du es zerstören kannst«, meldete sich Ginger, »dann wären wir wohl nicht mit dir gekommen.«

Paul bremste, um den Vierradantrieb in Gang zu bringen. Jetzt klapperte und kroch das Fahrzeug über Felsen und durch Schlaglöcher, die der Frühjahrsregen ausgewaschen hatte. Die Straße schlängelte sich mühsam in kaum befestigten Serpentinen in die Höhe. Sie befanden sich bereits mehr als hundert Meter über dem Grund des Canyon und konnten unten keine Lichter mehr sehen.

»Sehr romantisch«, sagte Steve. Wenn er die Hand aus dem Fenster gestreckt hätte, hätte er das poröse Gestein berühren können. Kiefernzweige strichen knisternd über den Lack des Wagens.

»Dank der ›Bodenschätze amerikanischer Ureinwohner‹ wird diese Landschaft bald zerstört«, bemerkte Ginger.

»Um Himmels willen«, rief Paul zornig, »ich bin nicht der Teufel persönlich!«

»Ich weiß«, erwiderte Ginger besänftigend, »ich habe dich geliebt, weißt du noch? Vielleicht liebe ich dich immer noch. Gibt es keinen Ausweg?«

Der Geologe antwortete nicht.

»Paul?«

»Wir sind gleich da«, sagte er.

»Paul –« Steve wußte nicht genau, ob er den Namen wirklich ausgesprochen hatte oder nicht. Er schloß die Augen und sah feurige Glut. Er spürte die Vergangenheit grenzenlos und ursprünglich wie eine Welle über sich hinwegfluten. Sie füllte seine Nase, seinen Mund, seine Lungen, sein Gehirn. Sie – »O Gott!«

Jemand schrie.

»Laß los!«

Das Scheinwerferlicht zuckte, als der Wagen auf den Rand eines schwarzen Abgrundes zurutschte. Paul und Carroll kämpften um das Lenkrad. Einen Augenblick lang fragte sich Steve, ob beide oder überhaupt einer von beiden versuchte, den Wagen vom Abgrund zurückzureißen.

Dann sah er die große, mächtige stromlinienförmige Gestalt, die über den Abhang hinweg auf sie zuschwamm. Er spürte lautlose Gewalt, unerbittlich und ungeheuer mächtig. Der starre Blick flacher schwarzer Augen lähmte sie wie Insekten, die von Bernstein umschlossen werden.

»Paul!« Steve hörte seine eigene Stimme und das Echo, das vom Rauschen der Wellen verschluckt wurde. Er fühlte namenlose Angst, doch er empfand noch mehr – Ehrfurcht. Dieses Wesen erschien zufällig über diesem Canyon, aber es wirkte keineswegs fremd. Es war der Geist des Ortes, der Wächter, und die Worte rauschten in ihm wie die Brandung. Es schwamm auf sie zu, schwamm mit Hilfe mächtiger grauschwarzer Flossen.

Bremsen kreischten. Ein Reifen platzte wie ein Pistolenschuß. Steve sah, wie sich das Maul direkt vor der Windschutzscheibe öffnete: die Nase wurde empor- und zurückgezogen, der Unterkiefer nach vorn gestoßen. Das Maul war groß genug, um ein Kalb zu verschlingen. Die Zähne schimmerten weiß im Licht, weiß mit scharfgezackten Rändern. Die Zähne waren so groß wie Schaufeln.

»Paul!«

Der Enerco-Laster stürzte in die Dunkelheit. Er prallte von einem großen unsichtbaren Etwas ab und drehte sich um sich selbst.

Steve dachte nur noch: *Wird es weh tun?*

Der Wagen kam zum Stehen. Steve tastete nach dem Fenster und fühlte statt Glas rauhe Baumrinde. Sie saßen neben einer Kiefer fest.

Die Stille erstaunte ihn. Und noch mehr wunderte er sich, daß es kein Feuer gab. Er war am Leben – »Carroll?« fragte er. »Ginger? Paul?« Ein paar Sekunden herrschte Schweigen.

»Ich bin hier«, hörte er Carroll stark gedämpft aus dem Vorderteil des Lasters. »Paul liegt auf mir. Oder jemand jedenfalls. Ich weiß nicht, wer.«

»O Gott, es tut weh«, meldete sich Ginger neben Paul. »Meine Schulter tut weh.«

»Kannst du den Arm bewegen?« fragte Steve.

»Ein bißchen, aber es tut weh.«

»Okay.« Steve beugte sich nach vorn. Seine Finger berührten Haut. Ein Teil davon war klebrig. Vorsichtig zog er jemanden, den er für Paul hielt, von Carroll herunter. Sie stöhnte und richtete sich auf.

»Vielleicht ist im Handschuhfach eine Taschenlampe«, sagte er.

Die Dunkelheit war nahezu undurchdringlich. Steve konnte nur schwache Schatten im Wagen erkennen. Als Carroll die Taschenlampe anknipste, sahen sie, daß der Wagen in dichtes Gestrüpp eingebettet war. Carroll und Ginger wandten sich zu Steve um. Ginger sah aus, als stünde sie unter Schock. Paul lag auf dem Vordersitz. Der Winkel seines Halses stimmte nicht. Seine Augen öffneten sich, und er versuchte sie anzusehen. Dann sagte er etwas. Sie konnten ihn nicht verstehen. Paul versuchte es noch einmal. Sie hörten nur: »Gute Nacht, Irene.« Und dann sagte er: »Tu, was du tun mußt...« Sein Blick trübte sich, und das Leben wich aus seinem Körper.

Der Augenblick erstarrte zu Eis und zerbrach. Steve rappelte sich auf und stieß mit beiden Füßen gegen die hintere Tür. Die Tür ließ sich nur einen Spaltbreit öffnen. Carroll hatte ihre Tür etwa gleichzeitig aufgekriegt. Sie brauchten etwas Zeit, um Ginger herauszuhelfen. Paul ließen sie im Wagen zurück.

Sie kauerten sich auf einen Felsvorsprung auf halber Strecke zwischen dem Gipfel und dem Grund des Canyon. Sie hörten ein Dröhnen und sahen helle Lichter, als ein Güterzug von Burlington Nord über die Schienen auf der anderen Seite des Flusses fuhr. Es hätte nichts genützt zu rufen oder zu winken, also unterließen sie es.

Niemand schien sich etwas gebrochen zu haben. Gingers Schulter war verletzt, und Carrolls Nase blutete. Steves Kopf fühlte sich an, als hätte er einen Hammerschlag abbekommen.

»Es ist nicht kalt«, sagte er. »Notfalls können wir im Lastwagen bleiben. Bei Nacht können wir nicht zu Fuß zur Straße gelangen. Am Morgen geben wir den Leuten auf der Straße Zeichen.«

Ginger begann zu weinen. Carroll und Steve legten die Arme um sie. »Ich habe etwas gesehen«, schluchzte sie. »Ich habe... was war das?«

Steve zögerte. Es war nicht einfach, seine Träume von Pauls Theorien zu trennen. Beides schien sich jetzt nicht mehr auszuschließen. Er hörte noch immer das Echo donnernder Meereswellen. »Ich vermute, es war etwas, das vor hundert Millionen Jahren hier gelebt hat«, sagte er endlich. »Es lebte im Binnenmeer und starb hier. Das Meer ist verschwunden, aber das Wesen nicht.«

»Ein Ureinwohner...«, murmelte Ginger. Steve berührte ihre Stirn – sie fühlte sich fiebrig an. »Endlich habe ich es gesehen«, sagte sie. »Jetzt gehöre ich dazu.« Dann leiser: »Paul.« Sie schreckte zusammen. »Paul?«

»Er ist – ihm geht es gut«, flüsterte Steve.

»O nein, das ist nicht wahr!« sagte Carroll. Sie schwieg eine Weile. »Er ist tot.« Tränen rannen ihr über das Gesicht. »Der Verkauf von Kohleabbaurechten wird deshalb aber nicht aufhören, oder?«

»Wahrscheinlich nicht.«

»Politik und Tod«, sagte Ginger matt. »Was nützt das alles?«

Niemand gab ihr eine Antwort.

Steve wandte sich dem Lastwagen zu. Plötzlich erinnerte er sich, wie er als Kind gehofft hatte, daß jeder, den er kannte und liebte, ewig leben würde. Er wollte keine Veränderungen erleben und das Vergehen der Zeit nicht hinnehmen. Er dachte an den Sekundenbruchteil, in dem Paul und Carroll mit dem Lenkrad gekämpft hatten. »Das Land«, sagte er bekümmert, »vergibt nichts.«

»Das ist nicht wahr.« Carroll schüttelte langsam den Kopf. »Das Land existiert nur. Dem Land ist alles egal.«

»Aber mir nicht«, murmelte Steve.

Erstaunlicherweise schlief Ginger sehr schnell ein. Vorsichtig legten sie sie auf den Hang, deckten sie mit Steves Jacke zu, hielten ihren Kopf und strichen ihr übers Haar. »Sieh mal«, rief Carroll plötzlich, »sieh mal dort!«

Der Mond beschien das schimmernde Meer. Und weit unter ihnen durchdrang eine Flosse die dunkle Oberfläche des Waldes.

(Ins Deutsche übertragen von Marianne W. Bayer)

Der Pfeil der Zeit

Arthur C. Clarke

Arthur C. Clarke ist vielleicht der berühmteste Science-fiction-Autor; nur Isaac Asimov und der verstorbene Robert A. Heinlein machen ihm diesen Titel ernsthaft streitig. Am bekanntesten ist wahrscheinlich sein Beitrag zu Stanley Kubricks Film 2001 – Odyssee im Weltraum, *aber Clarke hat sich auch als Autor von Romanen, Kurzgeschichten und Artikeln, meist über technische Themen wie Raumfahrt, einen Namen gemacht. Er hat drei* Nebula Awards, *drei* Hugo Awards, *den* British Science Fiction Award, *den* John W. Campbell-Gedächtnispreis *und den* Großmeister-Nebula *für seine Werke bekommen.*

Zu seinen bekanntesten Büchern gehören Die letzte Generation, Die sieben Sonnen, In den Tiefen des Meeres, Rendezvous mit 31/439, Im Mondstaub versunken, Fahrstuhl zu den Sternen *sowie die Sammelbände* Die neun Milliarden Namen Gottes, The Sentine *und* Unter den Wolken der Venus.

Clarke wurde in Somerset (England) geboren und lebt zur Zeit in Sri Lanka. – Am bekanntesten ist Clarke für seinen Ausblick auf jene Männer und Frauen, die als Pioniere die Herausforderung der Menschheit durch die Sterne annehmen. Aber in der folgenden Erzählung beschäftigt er sich mit Wissenschaftlern, die sich längstvergangenen Jahrtausenden widmen.

Der Fluß war tot, und der See lag im Sterben, als das Untier dem ausgetrockneten Wasserlauf folgte und sich den öden Schlammflächen zuwandte. Es gab nicht viele Stellen, die man gefahrlos betreten konnte, und selbst dort, wo der Boden am härtesten war, sanken die großen kolbenförmigen Füße, die ein mächtiges Gewicht trugen, tief ein.

Ab und zu blieb das Tier stehen und überschaute mit schnellen, vogelartigen Kopfbewegungen das Gelände. Dann sank es noch tiefer in den weichen Boden, so daß fünfzig Millionen Jahre später Menschen einigermaßen genau feststellen konnten, wie lange es innegehalten hatte.

Das Wasser kehrte niemals zurück, und die grelle Sonne brannte den Schlamm zu Stein. Viel später breitete sich die Wüste über das ganze Land aus und bedeckte es mit schützenden Sandschichten. Und später – sehr viel später – kam der Mensch.

»Glaubst du«, rief Barton über den Graben, »daß Professor Fowler Paläontologe geworden ist, weil er gern mit Preßluftbohrern spielt? Oder hat er diese Vorliebe erst später entwickelt?«

»Kann dich nicht verstehen!« brüllte Davis, der sich höchst fachmännisch auf seine Schaufel stützte. Hoffnungsvoll blickte er auf seine Armbanduhr.

»Soll ich ihm sagen, daß Essenszeit ist? Er kann beim Bohren keine Uhr tragen, also wird er es nicht wissen.«

»Ich glaube nicht, daß das klappt«, schrie Barton, »er durchschaut uns inzwischen und zählt immer zehn Minuten dazu. Aber es ist mal was anderes als diese höllische Graberei.«

Sichtlich begeistert legten die beiden Geologen ihr Werkzeug hin und gingen auf ihren Vorgesetzten zu. Als sie näher kamen, schaltete er den Bohrer ab, und augenblicklich herrschte Stille, die nur vom Klopfen eines Kompressors im Hintergrund unterbrochen wurde.

»Wird Zeit, daß wir zum Lager zurückgehen, Herr Professor«,

sagte Davis, der seine Armbanduhr wie zufällig hinter den Rücken hielt. »Sie wissen, was die Köchin sagt, wenn wir zu spät kommen.«

Professor Fowler (Mitglied der Royal Society und der Geological Society) wischte einigen, aber bei weitem nicht allen ockergelben Staub von seiner Stirn. Man hätte ihn überall für einen Erdarbeiter gehalten, und gelegentliche Besucher der Fundstelle erkannten selten den Vizepräsidenten der Geological Society in dem braunen, halbnackten Arbeiter, der sich über seinen geliebten Bohrer beugte.

Man hatte fast einen Monat gebraucht, um den Sandstein bis zur Oberfläche des versteinerten Schlammes abzutragen. In dieser Zeit waren über hundert Quadratmeter freigelegt worden. Sie enthüllten eine Momentaufnahme der Vergangenheit, wahrscheinlich die beste, die je entdeckt worden war. Einige Dutzend Vögel und Reptilien waren auf der Suche nach Wasser hierhergekommen und hatten ihre Fußspuren als ewiges Denkmal hinterlassen, das Jahrmillionen nach dem Zerfall ihrer Körper noch zu sehen war. Die meisten Abdrücke waren identifiziert worden, aber einer – der größte – war der Wissenschaft neu. Er gehörte einem Tier, das zwanzig oder dreißig Tonnen gewogen haben mußte, und Professor Fowler suchte nach weiteren fünfzig Millionen Jahre alten Spuren mit allem Eifer eines Großwildjägers, der seine Beute verfolgt. Es bestand sogar die Hoffnung, daß er sie aufspürte, denn der Untergrund mußte tückisch gewesen sein, als das unbekannte Monster diesen Weg nahm, und vielleicht waren seine Knochen ganz in der Nähe und kennzeichneten die Stelle, wo das Tier steckengeblieben war wie so viele Geschöpfe seiner Zeit.

Trotz der vorhandenen Maschinen war die Arbeit sehr mühsam. Nur die Oberfläche konnte maschinell entfernt werden; die letzten Schichten mußten von Hand und mit äußerster Vorsicht abgetragen werden. Professor Fowler hatte gute Gründe, darauf zu beharren, daß nur er die Löcher vorbohrte, denn ein Ausrutscher konnte nicht wiedergutzumachenden Schaden anrichten.

Die drei Männer rumpelten in dem arg mitgenommenen Expeditionsjeep über die holprige Straße, als Davis das Thema ansprach, das den jungen Männern schon seit Beginn der Arbeit durch den Kopf ging. »Ich habe den Eindruck«, sagte er, »daß unsere Nachbarn im Tal uns nicht mögen, obwohl ich mir nicht denken kann, weshalb. Wir stören sie nicht, und sie könnten wenigstens so höflich sein, uns mal einzuladen.«

»Natürlich, es sei denn, es ist tatsächlich eine Kriegsforschungseinrichtung«, meinte Barton, womit er eine weitverbreitete Annahme aussprach.

»Ich glaube es nicht«, erwiderte Professor Fowler freundlich, »denn zufällig bin ich vor kurzem eingeladen worden. Morgen gehe ich hin.«

Wenn diese Bombe nicht so einschlug wie erwartet, so war dies dem wirkungsvollen Spionagesystem seiner Mitarbeiter zu danken. Einen Augenblick dachte Barton über diese Bestätigung seiner Vermutungen nach, dann fuhr er mit leichtem Hüsteln fort: »Also ist sonst niemand eingeladen worden?«

Der Professor lächelte über diesen deutlichen Hinweis. »Nein«, sagte er. »Es ist eine ganz persönliche Einladung. Ich weiß, daß Sie alle vor Neugier platzen, aber, um offen zu sein, ich weiß über diese Stelle auch nicht mehr als Sie. Wenn ich morgen etwas höre, werde ich Ihnen alles erzählen. Aber zumindest wissen wir jetzt, wer diese Einrichtung leitet.«

Seine Assistenten spitzten die Ohren. »Wer ist es?« fragte Barton. »Ich tippe auf die Atomforschungsbehörde.«

»Da könnten Sie recht haben«, entgegnete der Professor, »jedenfalls sind Henderson und Barnes die Leiter.«

Diesmal schlug die Bombe ein – so sehr, daß Davis fast die Kontrolle über den Jeep verlor.

»Henderson und Barnes? In diesem gottverlassenen Loch hier?«

»Richtig«, sagte der Professor vergnügt. »Die Einladung stammt in der Tat von Barnes. Er entschuldigte sich dafür, uns nicht früher angesprochen zu haben, brachte die üblichen Ausreden vor und fragte, ob ich auf ein Schwätzchen vorbeikommen könnte.«

»Hat er gesagt, was sie da machen?«

»Nein, kein Wort.«

»Barnes und Henderson?« wiederholte Barton nachdenklich. »Ich weiß nicht viel über sie, außer daß sie Physiker sind. Was ist denn ihr Spezialgebiet?«

»Sie sind *die* Experten für Niedertemperaturphysik«, erklärte Davis. »Henderson war jahrelang Leiter der Cavendish-Gesellschaft. In letzter Zeit hat er eine Menge Artikel für die Zeitschrift *Nature* geschrieben. Wenn ich mich recht erinnere, handelten sie von Helium II.«

Barton, der Physiker nicht mochte und dies bei jeder Gelegenheit sagte, war überhaupt nicht beeindruckt. »Ich weiß nicht einmal, was Helium II ist«, sagte er selbstgefällig, »und ich bin nicht einmal sicher, ob ich es wissen will.«

Dies war an Davis gerichtet, der einst in einer schwachen Stunde, wie er es nannte, ein Examen in Physik gemacht hatte. Die »Stunde« hatte einige Jahre gedauert, ehe er auf zahlreichen Umwegen zur Geologie gelangt war, aber er kam immer wieder auf seine erste Liebe zurück.

»Es ist eine Form des flüssigen Heliums, die nur wenige Grade über dem absoluten Nullpunkt existiert. Es hat äußerst ungewöhnliche Eigenschaften – aber soweit ich sehen kann, erklärt keine dieser Eigenschaften die Anwesenheit zweier führender Physiker in diesem Teil der Erde.«

Sie hatten jetzt das Lager erreicht, und Davis brachte den Jeep wie üblich mit einem Ruck zum Stehen. Er schüttelte ärgerlich den Kopf, als er mit etwas mehr Macht als sonst auf den vor ihnen stehenden Lastwagen prallte.

»Die Reifen sind im Eimer. Sind die neuen schon angekommen?«

»Heute morgen mit dem Hubschrauber eingetroffen, mit einer verzweifelten Notiz von Andrews, daß du sie diesmal ganze vierzehn Tage ganz lassen sollst.«

»Gut! Ich werde sie heute abend noch montieren.«

Der Professor war ein Stück vorausgegangen; nun blieb er stehen und wartete auf seine Assistenten.

»Sie hätten sich nicht zu beeilen brauchen, Jim«, sagte er bedrückt. »Es gibt wieder Corned beef.«

Es wäre ungerecht zu behaupten, daß Barton und Davis weniger leisteten, weil der Professor nicht da war. Sie arbeiteten wahrscheinlich härter als sonst, da die einheimischen Arbeiter in Abwesenheit des Chefs sorgfältiger beaufsichtigt werden mußten. Aber zweifellos brachten Barton und Davis es fertig, Zeit zu finden für einige zusätzliche Gespräche.

Seit die beiden jungen Geologen zu Professor Fowler gekommen waren, hatten sie sich schon immer den Kopf über das seltsame Gebäude, das sich fünf Meilen entfernt befand, zerbrochen. Es handelte sich offensichtlich um eine Forschungseinrichtung, und Davis hatte die hohen Türme einer Atomkraftanlage erkannt. Das gab natürlich noch keinen Hinweis auf die Art der Arbeit, die dort verrichtet wurde, aber es deutete auf den Grad ihrer Bedeutung hin. Es existierten erst wenige tausend Turbo-Säulen auf der Welt, und die waren Großprojekten vorbehalten.

Es gab Dutzende von Gründen, weshalb sich zwei große Wissenschaftler an diesem Ort versteckt haben konnten: die gefährlicheren Experimente der Atomforschung fanden meist weitab von der Zivilisation statt, und einige hatte man sogar aufgegeben, bis man Weltraumlabors dafür einrichten konnte. Doch es war seltsam, daß diese Arbeit, was immer es war, so nahe an dem inzwischen weltweit wichtigsten Zentrum der geologischen Forschung ausgeführt werden sollte. Vielleicht war das auch nur ein zufälliges Zusammentreffen;

mit Sicherheit hatten die Physiker niemals Interesse an ihren Landsleuten gezeigt.

Davis hackte vorsichtig das Gestein um einen der großen Fußabdrücke auf, während Barton flüssiges Plexiglas in die bereits freigelegten goß, damit sie unter dem durchsichtigen Kunststoff vor jedem Schaden geschützt waren. Sie waren in Gedanken nicht voll bei der Arbeit und lauschten unbewußt auf das mögliche Geräusch des Jeeps. Professor Fowler hatte versprochen, sie abzuholen, wenn er von seinem Besuch zurückkam, denn alle anderen Fahrzeuge wurden anderswo gebraucht, und ein Zweimeilenspaziergang zum Lager war bei der sengenden Sonne nicht nach ihrem Geschmack. Außerdem wollten sie alle Neuigkeiten so bald wie möglich erfahren.

»Was glaubst du, wie viele Leute dort drüben beschäftigt sind?« fragte Barton plötzlich.

Davis richtete sich auf. »Nach den Gebäuden zu urteilen nicht mehr als etwa ein Dutzend.«

»Dann ist es vielleicht ein Privatunternehmen und gar kein Regierungsprojekt.«

»Vielleicht, aber es muß eine Menge Geld dahinterstecken. Das bekämen Henderson und Barnes natürlich – bei ihrem wissenschaftlichen Renomee.«

»Da sind die Physiker fein raus«, sagte Barton bitter. »Sie brauchen bloß ein Kriegsministerium zu überzeugen, daß sie eine neue Waffe entwickeln können, und schon kommen sie problemlos an einige Millionen.«

Wie die meisten Wissenschaftler wurde er wütend bei diesem Thema, aber Bartons Haltung war besonders starr, denn er war Quäker und hatte das letzte Kriegsjahr damit zugebracht, mit mitfühlenden Richtern zu diskutieren. Das Gespräch wurde vom Rattern des Jeeps unterbrochen, und die beiden Männer liefen dem Professor entgegen.

»Nun?« riefen sie gleichzeitig.

Professor Fowler sah sie nachdenklich an. Sein Gesicht verriet nichts von dem, was in ihm vorging. »Haben Sie einen schönen Tag gehabt?« fragte er endlich.

»Na los, Chef!« protestierte Davis. »Erzählen Sie uns, was Sie herausgefunden haben.«

Der Professor kletterte vom Sitz und klopfte den Staub von seiner Hose. »Tut mir leid, Jungs«, sagte er verlegen, »ich kann Ihnen nichts sagen, und damit basta.«

Sie stießen ein Protestgeheul aus, doch der Professor winkte ab. »Es war ein hochinteressanter Tag für mich, aber ich mußte versprechen, nicht über das, was ich gehört habe, zu sprechen. Ich weiß immer noch nicht genau, was vorgeht, aber es ist ziemlich revolutionär – vielleicht so revolutionär wie Atomkraft. Dr. Henderson kommt morgen her, sehen Sie also, was Sie aus ihm herauskriegen.«

Einen Augenblick waren Barton und Davis von der Enttäuschung so überwältigt, daß keiner von ihnen ein Wort hervorbrachte. Barton erholte sich als erster. »Es gibt doch sicher einen Grund für sein plötzliches Interesse an unserer Arbeit.«

Der Professor dachte einen Augenblick nach. »Ja, es war kein reiner Höflichkeitsbesuch«, gab er zu, »sie glauben, daß ich ihnen helfen könnte. Aber jetzt keine Fragen mehr, es sei denn, Sie möchten zu Fuß zum Lager laufen.«

Dr. Henderson kam am Nachmittag zur Grabungsstelle. Er war ein gedrungener älterer Herr, der mit einem strahlendweißen Laborkittel bekleidet war. Diese Tracht war exzentrisch, aber äußerst praktisch angesichts des heißen Klimas.

Davis und Barton waren etwas reserviert, als Professor Fowler sie vorstellte; sie waren immer noch der Meinung, brüskiert worden zu sein, und hatten nicht vor, ihre Gefühle vor dem Besucher zu verbergen. Aber Henderson interessierte sich so offensichtlich für ihre Arbeit, daß sie bald auftauten. Der Professor überließ es ihnen, den Gast herumzuführen, während er selbst die einheimischen Arbeiter beaufsichtigte.

Der Physiker war sehr beeindruckt von dem Bild der fernsten Vergangenheit, das vor seinen Blicken ausgebreitet war. Fast eine Stunde führten ihn die beiden Geologen über die Grabungsstelle, sprachen von den Geschöpfen, die dort herumgelaufen waren, und stellten Vermutungen über künftige Entdeckungen an. Die Spur, der Professor Fowler jetzt folgte, befand sich in einem breiten Graben, der von der Hauptgrabungsstätte wegführte. An seinem Ende war der Graben nicht mehr fortlaufend, und um Zeit zu sparen, hatte der Professor begonnen, Löcher an den Fußabdrücken entlang zu graben. Die letzte Sondierung hatte die Spur verfehlt, und weiteres Graben hatte erwiesen, daß das Riesenreptil plötzlich einen anderen Weg eingeschlagen hatte.

»Das ist das interessanteste Stück«, erklärte Barton dem Physiker, dessen Begeisterung allmählich erlahmte. »Sie erinnern sich an den letzten Abdruck? Dort war es stehengeblieben. Nun, hier scheint es etwas erspäht zu haben und ist in eine andere Richtung gerannt, wie Sie an den Abständen sehen können.«

»Ich hätte nie gedacht, daß so ein Vieh *rennen* konnte.«

»Ja, es war wohl ein wenig graziöses Bild, aber mit fünf Meter langen Schritten kann man schon eine Strecke zurücklegen. Wir folgen ihm so weit wie möglich. Vielleicht finden wir sogar das, worauf es Jagd gemacht hat. Ich glaube, der Professor hofft, ein zerstampftes Schlachtfeld zu finden mit den Knochen des Opfers. Das würde Aufsehen erregen!«

Dr. Henderson lächelte. »Dank Walt Disney kann ich mir die Szene recht gut vorstellen.«

Davis klang nicht so ermutigend. »Wahrscheinlich wird uns nur der Mund wäßrig gemacht«, mutmaßte er. »Das Empörendste an unserer Arbeit ist, daß alles im Sande verlaufen kann, gerade wenn es am spannendsten wird. Die Schicht kann weggespült worden sein, oder es hat ein Erdbeben stattgefunden – oder, noch schlimmer, irgendein Blödmann hat die Spuren zerstört, weil er ihren Wert nicht erkannte.«

Henderson nickte. »Das kann ich Ihnen nachfühlen«, sagte er. »Da hat es ein Physiker leichter. Er weiß, daß er die Antwort irgendwann bekommt, wenn es eine gibt.«

Er zögerte wie jemand, der seine Worte mit großer Sorgfalt wählt. »Es würde Ihnen eine Menge Arbeit sparen, nicht wahr, wenn Sie wirklich *sehen* könnten, was in der Vergangenheit stattfand, ohne die Beweise mit mühsamen und unsicheren Methoden freilegen zu müssen. Seit mehreren Monaten folgen Sie diesen Fußspuren etwa hundert Meter weit, und womöglich bringt Sie die ganze Arbeit nicht zum Ziel.«

Eine lange Stille folgte. Dann meldete sich Barton sehr nachdenklich zu Wort. »Wir sind sehr neugierig auf Ihre Arbeit, Doktor«, begann er. »Da Professor Fowler uns nichts erzählen will, haben wir einige Vermutungen angestellt. Meinen Sie wirklich, daß –«

Der Physiker unterbrach ihn ziemlich hastig. »Denken Sie nicht weiter darüber nach«, riet er. »Ich habe nur geträumt. Was unsere Arbeit betrifft, so ist sie noch lange nicht abgeschlossen, aber Sie werden alles erfahren, wenn es soweit ist. Das ist keine Heimlichtuerei – nur, wie jeder, der auf einem neuen Gebiet arbeitet, möchten wir nichts sagen, ehe wir sicher sind. Sehen Sie, wenn irgendein anderer Paläontologe sich dieser Stelle nähern würde, dann würde Professor Fowler ihn doch mit der Spitzhacke vertreiben!«

»Das stimmt nicht ganz«, lächelte Davis. »Er würde einen solchen Besucher wahrscheinlich an die Arbeit schicken. Aber ich verstehe Ihren Standpunkt; hoffentlich müssen wir nicht zu lange warten.«

In der folgenden Nacht ging man im Hauptlager sehr spät zu Bett. Barton äußerte seine Zweifel, doch Davis hatte bereits eine perfekte Theorie um die Bemerkungen ihres Besuchers herum aufgebaut. »Es würde so vieles erklären«, sagte er. »Erstens: ihre Anwesenheit an diesem Ort, die sonst überhaupt keinen Sinn ergibt. Wir kennen hier das Niveau des Bodens zentimetergenau für die letzten hundert Millionen Jahre, und wir können jedes Ereignis mit neunundneunzigprozentiger Genauigkeit datieren. Es gibt keinen anderen Fleck auf Erden, dessen Vergangenheit so gründlich erforscht wurde – es ist genau der richtige Platz für ein solches Experiment!«

»Aber glaubst du, es ist auch nur theoretisch möglich, eine Maschine zu bauen, die in die Vergangenheit schauen kann?«

»Ich kann mir nicht vorstellen, wie es gemacht wird. Aber ich wage nicht zu sagen, daß es unmöglich sei – nicht für Menschen wie Henderson und Barnes.«

»Hmmm. Nicht sehr überzeugend. Besteht irgendeine Möglichkeit, das zu überprüfen? Wie steht es mit diesen Artikeln in der *Nature*?«

»Ich habe an die College-Bibliothek geschrieben; wir bekommen die Texte bis zum Ende der Woche. In der Arbeit eines Naturwissenschaftlers gibt es immer eine gewisse Kontinuität, und die Veröffentlichungen könnten uns wertvolle Hinweise geben.«

Doch zunächst wurden sie enttäuscht. Hendersons Artikel verstärkte nur die Verwirrung. Wie Davis sich erinnert hatte, behandelten sie zumeist die außergewöhnlichen Eigenschaften von Helium II. »Das ist wirklich phantastisches Zeug«, urteilte Davis. »Wenn eine Flüssigkeit sich bei Normaltemperaturen so verhalten würde, dann würden alle verrückt. Zunächst einmal hat es keinerlei Zähflüssigkeit. Sir George Darwin sagte einmal, daß in einem Ozean aus Helium II die Schiffe ohne Motor fahren könnten. Man gäbe ihnen zu Beginn der Reise einen Stoß und ließe sie am anderen Ende auf Stoßdämpfer auffahren. Es hat nur einen Haken: lange vor der Ankunft würde das Zeug die Schiffswand hinaufklettern, und das ganze Schiff würde, gluck-gluck, absaufen...«

»Sehr amüsant«, antwortete Barton, »aber was, zum Henker, hat das mit deiner Theorie zu tun?«

»Nicht viel«, gab Davis zu. »Aber es kommt noch etwas dazu. Es ist möglich, zwei Ströme Helium II *im selben Rohr* in entgegengesetzte Richtungen fließen zu lassen – ein Strom fließt durch den anderen.«

»Das ist allerdings erklärungsbedürftig – es ist fast so schlimm wie ein Gegenstand, der sich in zwei Richtungen gleichzeitig bewegt! Ich nehme an, es gibt eine Erklärung. Ich wette, irgend etwas mit der Relativitätstheorie.«

Davis las sorgfältig. »Die Erklärung«, sagte er langsam, »ist sehr kompliziert, und ich verstehe sie nicht ganz. Aber es hängt damit zusammen, daß flüssiges Helium unter bestimmten Bedingungen *negative* Entropie haben kann.«

»Da ich nie verstanden habe, was positive Entropie ist, macht mich das nicht viel schlauer.«

»Die Entropie ist ein Maß für die Wärmeverteilung des Universums. Zu Beginn der Zeit, als alle Energie sich in den Sonnen konzentrierte, war die Entropie auf dem Minimum. Sie wird ihr Maximum erreichen, wenn alles die gleiche Temperatur hat und das Universum tot ist. Dann ist zwar noch eine Menge Wärme vorhanden, aber sie kann nicht genutzt werden.«

»Warum denn nicht?«

»Nun, alles Wasser in einem völlig flachen Meer würde keine einzige Turbine treiben – aber ein kleiner See in den Bergen schafft es. Man muß einen Höhenunterschied haben.«

»Ich verstehe. Jetzt, wo ich darüber nachdenke... hat nicht mal jemand die Entropie den ›Pfeil der Zeit‹ genannt?«

»Ja, ich glaube, das war Eddington. Jede Uhr – ein Pendel zum Beispiel – könnte ebensogut vorwärts wie rückwärts laufen. Doch die Entropie ist eine Einbahnstraße – sie wird im Lauf der Zeit immer mehr. Deshalb der Ausdruck ›Pfeil der Zeit‹.«

»Aber *negative* Entropie – du meine Güte!«

Die beiden Männer sahen sich an. Dann fragte Barton ziemlich leise: »Was sagt Henderson dazu?«

»Ich zitiere aus seinem letzten Artikel: ›Die Entdeckung negativer Entropie führt in unser Bild der physikalischen Welt ganz neue und umwälzende Konzepte ein. Einige davon sollen in einer späteren Mitteilung beleuchtet werden‹.«

»Und werden sie das?«

»Das ist der Haken: es gibt keine ›spätere Mitteilung‹. Daraus kann man zwei mögliche Schlüsse ziehen. Entweder hat der Herausgeber von *Nature* sich geweigert, den Text zu veröffentlichen. Ich meine, das können wir ausschließen. Oder die Schlußfolgerungen waren *so* umwerfend, daß Henderson niemals einen weiteren Bericht schrieb.«

»Negative Entropie – negative Zeit«, überlegte Barton. »Es erscheint phantastisch, und doch könnte es theoretisch möglich sein, ein Gerät zu bauen, das in die Vergangenheit schauen könnte...«

»Ich weiß, was wir machen«, sagte Davis plötzlich. »Wir stellen den Professor zur Rede und beobachten, wie er reagiert. Jetzt gehe ich ins Bett, ehe ich noch Gehirnfieber bekomme.«

In dieser Nacht schlief Davis nicht gut. Er träumte, daß er eine Straße entlangging, die in beiden Richtungen so weit führte, wie das Auge sehen konnte. Er war meilenweit gelaufen, bis er an einen Wegweiser kam, und als er ihn erreichte, fand er ihn zerbrochen, und die beiden Pfeile drehten sich nutzlos im Wind. Er konnte die Worte darauf lesen, während sie sich drehten.

Ein Schild deutete in die ZUKUNFT, das andere in die VERGANGENHEIT.

Von Professor Fowler erfuhren sie nichts, und das war nicht verwunderlich; er war nach dem Dekan der beste Pokerspieler am College. Er betrachtete seine leicht gereizten Assistenten ohne jede Spur einer Gefühlsregung, während Davis seine Theorie darlegte.

Als der junge Mann geendet hatte, antwortete er ruhig: »Morgen gehe ich wieder hin, und da werde ich Henderson von Ihrer detektivischen Tätigkeit erzählen. Vielleicht hat er Mitleid mit Ihnen und erzählt mir ein bißchen mehr. Aber jetzt wollen wir an die Arbeit gehen.«

Davis und Barton fiel es immer schwerer, sich auf ihre Arbeit zu konzentrieren, während ihre Gedanken mit dem so nahen Geheimnis beschäftigt waren. Trotzdem arbeiteten sie gewissenhaft weiter, wenn sie auch hin und wieder innehielten und sich fragten, ob nicht all ihre Mühe vergeblich war. Und wenn es so war, dann würden sie als erste frohlocken. Angenommen, man konnte in die Vergangenheit schauen, konnte sehen, wie sich die Geschichte entfaltete, seit Anbeginn der Zeit! Alle großen Geheimnisse der Vergangenheit würden enthüllt: man könnte beobachten, wie das Leben auf die Erde kam, und die gesamte Geschichte der Evolution vom Einzeller bis zum Menschen nachvollziehen.

Nein, es war zu schön, um wahr zu sein! Immer wenn sie zu diesem Schluß kamen, gingen sie für eine weitere halbe Stunde ans Graben und Kratzen zurück, bis sie wieder dachten: Und wenn es *doch* wahr war? Und der Kreis begann von neuem... Als Professor Fowler von seinem zweiten Besuch zurückkam, war er sehr verschlossen und offensichtlich erschüttert. Die einzige Äußerung, die seine Assistenten ihm entlocken konnten, war die Feststellung, daß Henderson ihre Theorie angehört und ihnen zu ihrer Schlußfolgerung gratuliert hatte.

Das war alles, doch in Davis' Augen war es eine Bestätigung, obwohl Barton noch Zweifel hegte. In den folgenden Wochen begann auch er zu schwanken, bis schließlich beide von der Richtigkeit der Theorie überzeugt waren. Professor Fowler verbrachte immer mehr Zeit mit Henderson und Barnes – so viel, daß sie ihn manchmal tagelang nicht zu Gesicht bekamen. Er hatte das Interesse an den Ausgrabungen nahezu verloren und alle Verantwortung Barnes übertragen, der nun nach Herzenslust den großen Preßluftbohrer benutzen konnte.

Sie legten jeden Tag einige Meter Fußspuren frei, und die Abstände zeigten, daß das Ungetüm jetzt seine Höchstgeschwindigkeit erreicht hatte und in großen Sätzen vorankam, als nähere es sich seinem Opfer. In einigen Tagen würden sie vielleicht die Spuren einer urzeitlichen Tragödie enthüllen, die wie durch ein Wunder bewahrt worden waren. Doch all das schien jetzt sehr unwesentlich, denn aus den Anspielungen des Professors und aus seiner Zerstreutheit konnte man schließen, daß die geheime Forschungsarbeit kurz vor ihrem Höhepunkt stand. Soviel hatte er ihnen gesagt und versichert, daß die Zeit ihres Wartens, wenn alles gutging, in einigen Tagen zu Ende sein würde. Doch mehr wollte er nicht preisgeben.

Ein- oder zweimal hatte Henderson sie besucht, und sie konnten sehen, daß er jetzt unter großer Anspannung stand. Offensichtlich hatte er den Wunsch, über seine Arbeit zu sprechen, würde dies aber nicht tun, ehe die letzten Experimente abgeschlossen waren. Sie konnten nur seine Selbstbeherrschung bewundern und wünschen, daß sie bald zusammenbrechen würde. Davis hatte den vagen Eindruck, daß Barnes der Hauptverantwortliche für diese Verschwiegenheit war; er veröffentlichte keine Arbeit, ehe sie nicht doppelt und dreifach überprüft war. Wenn diese Experimente so wichtig waren, wie sie glaubten, dann war seine Vorsicht verständlich, so ärgerlich sie auch sein mochte.

Henderson war am frühen Morgen gekommen, um den Professor abzuholen, und wie das Unglück es wollte, war sein Wagen auf der primitiven Straße zusammengebrochen. Das war Pech für Davis und Barton, die nun zu Fuß zum Essen ins Lager gehen mußten, da Professor Fowler Henderson im Jeep zurückfuhr. Sie waren durchaus bereit, dies zu ertragen, wenn nur ihr Warten ein Ende finden würde, wie Henderson und Fowler halbwegs angedeutet hatten.

Eine Weile hatten sie neben dem Jeep gestanden und geredet, ehe die beiden älteren Wissenschaftler weggefahren waren. Es war ein recht angespanntes Abschiednehmen, denn jede Seite wußte, was die andere dachte. Schließlich bemerkte Barton: »Also, Doktor, wenn das der große Tag ist, hoffe ich, daß alles gutgeht. Ich hätte gern ein Erinnerungsfoto von einem Brontosaurier.«

Diese Art Köder hatte man Henderson schon so oft hingeworfen, daß er kaum darauf reagierte. Er lächelte gezwungen und antwortete: »Ich verspreche nichts. Es kann auch der größte Reinfall werden.«

Verdrossen prüfte Davis mit der Stiefelspitze den Reifendruck. Es waren neue Reifen, wie er sah, mit einem Zickzackmuster, das er noch nie gesehen hatte.

»Was auch geschieht, wir hoffen, Sie erzählen es uns. Sonst brechen wir eines Nachts ein und sehen selbst nach, woran Sie arbeiten.«

Henderson lachte. »Sie müßten zwei Genies sein, wenn Sie aus unserem gegenwärtigen Durcheinander irgend etwas schließen könnten. Aber wenn alles klappte, können wir heute abend eine kleine Feier veranstalten.«

»Wann schätzen Sie, daß Sie zurück sind, Chef?«

»Ungefähr um vier. Ich möchte nicht, daß Sie zu Fuß zum Nachmittagstee gehen müssen.«

»Okay – wir hoffen das beste!«

Der Wagen verschwand in einer Staubwolke und ließ zwei sehr nachdenkliche Geologen am Straßenrand zurück. Dann zuckte Barton mit den Schultern.

»Je härter wir arbeiten«, sagte er, »desto schneller vergeht die Zeit. Komm!«

Das Ende des Grabens, wo Barton mit dem Preßluftbohrer arbeitete, war nun etwa hundert Meter von der Hauptausgrabungsstelle entfernt. Davis bereitete die Freilegung der letzten Abdrücke vor. Sie waren nun sehr tief und weit auseinander, und wenn man an ihnen entlangschaute, konnte man deutlich sehen, wo das große Reptil seinen Lauf geändert hatte, um erst zu rennen und dann wie ein Riesenkänguruh zu springen. Barton fragte sich, wie man sich wohl vorkam, wenn ein solches Geschöpf mit der Geschwindigkeit eines Schnellzuges auf einen zukam; dann wurde ihm klar, daß sie, wenn sie richtig vermutet hatten, genau das zu sehen bekommen würden.

Am Nachmittag hatten sie ein großes Stück an Spuren freigelegt. Der Untergrund war weicher geworden, und Barton war so beschäftigt, daß er seine anderen Überlegungen fast vergessen hatte. Er hatte Davis meterweit zurückgelassen, und beide Männer arbeiteten verbissen, bis der heftige Hunger sie daran erinnerte, daß es Zeit zum Aufhören war. Davis bemerkte als erster, daß es später als erwartet war. »Es ist fast halb fünf!« rief er, nachdem Barton den Bohrer abgeschaltet hatte. »Der Chef ist spät dran – ich werde böse, wenn er seine Teepause gehabt hat, ohne uns abzuholen.«

»Gib ihm noch eine halbe Stunde«, sagte Barton. »Ich kann mir vorstellen, was passiert ist. Eine Sicherung ist durchgebrannt oder so was, und das hat ihren Zeitplan umgeworfen.«

Davis wollte sich nicht beruhigen. »Ich werde verdammt wütend, wenn wir wieder zu Fuß zum Lager gehen müssen. Egal, ich steige jetzt auf den Berg, um Ausschau zu halten.«

Er verließ Barton, der sich durch das weiche Gestein bohrte, und bestieg den kleinen Hügel neben dem alten Flußbett. Von hier aus konnte man weit ins Tal sehen, und die Zwillingstürme des Henderson-Barnes-Laboratoriums hoben sich deutlich gegen die öde Landschaft ab. Keine Spur von einer Staubwolke, die hinter dem fahrenden Jeep zu sehen gewesen wäre, war zu entdecken. Der Professor war also noch nicht unterwegs.

Davis schnaubte wütend. Sie hatten einen Zwei-Meilen-Weg vor sich nach einem besonders anstrengenden Tag, und was noch schlimmer war, sie kamen zu spät zum Tee. Er beschloß, nicht länger zu warten, und war bereits auf dem Weg hügelabwärts, um zu Barton zu gehen, als etwas seine Aufmerksamkeit erregte. Er blieb stehen, um ins Tal zu blicken.

Um die zwei Türme, die das einzige waren, was er vom Labor sehen konnte, hatte sich ein eigenartiger Dunstschleier gebildet, der einem Hitzeflimmern ähnelte. Die Türme waren heiß, das wußte er, aber doch nicht derart heiß! Er sah genauer hin und entdeckte zu seinem

Erstaunen, daß der Dunstschleier eine Halbkugel bedeckte, deren Durchmesser fast eine Viertelmeile maß.

In diesem Augenblick gab es eine Explosion – ohne Licht, ohne grellen Blitz, nur ein Kräuseln glitt plötzlich über den Himmel und war dann vorüber. Der Dunstschleier war verschwunden – und mit ihm die beiden großen Türme des Kraftwerks.

Mit einem Gefühl, als wären seine Beine plötzlich zu Wasser geworden, ließ sich Davis fallen und starrte mit offenem Mund ins Tal. Eine Katastrophe war geschehen. Wie im Traum wartete er darauf, daß die Detonation seine Trommelfelle erschüttern würde.

Als sie kam, war sie nicht sehr eindrucksvoll. Nur ein dumpfes, langgezogenes Geräusch, das bald in der stillen Luft verklang. Im Unterbewußtsein registrierte Davis, daß auch das Rattern des Bohrers aufgehört hatte; die Explosion mußte lauter gewesen sein, als er es empfunden hatte, wenn Barton sie ebenfalls gehört hatte.

Die Stille war vollkommen. Nichts bewegte sich, soweit seine Augen sehen konnten, in dem weiten, öden Gelände. Er wartete, bis seine Kraft zurückkehrte; dann rannte er mit unsicheren Schritten den Hügel hinab zu seinem Freund.

Barton saß halb im Graben und hatte den Kopf in den Händen vergraben. Er blickte auf, als Davis näher kam, und obwohl seine Gesichtszüge von Staub und Sand bedeckt waren, erschrak Davis.

»Also hast du es auch gehört!« sagte Davis. »Ich glaube, das ganze Labor ist explodiert. Komm mit, um Himmels willen!«

»Gehört – was?« fragte Barton matt.

Davis starrte ihn erstaunt an. Dann erkannte er, daß Barton keinerlei Geräusch gehört haben konnte, während er mit dem Bohrer arbeitete. Davis fühlte sich wie eine Person in einer griechischen Tragödie – hilflos einem unentrinnbaren Schicksal ausgesetzt.

Barton erhob sich. Auf seinem Gesicht lag ein seltsamer Ausdruck, und Davis erkannte, daß er kurz vor einem Zusammenbruch stand. Doch als er sprach, klangen seine Worte überraschend ruhig. »Wie dumm wir waren!« sagte er. »Wie muß Henderson über uns gelacht haben, als wir ihm sagten, daß er versuchte, in die Vergangenheit zu *sehen*!«

Mechanisch ging Davis zum Graben und starrte das Gestein an, das zum ersten Mal seit fünfzig Millionen Jahren dem Tageslicht ausgesetzt war. Ohne große Gemütsbewegung bemerkte er jetzt das Zickzackmuster wieder, das er einige Stunden vorher schon einmal gesehen hatte. Es war nur ein wenig im Schlamm eingesunken, als ob der Jeep zu der Zeit, als es entstand, mit Höchstgeschwindigkeit gefahren wäre.

Und das war er zweifelsohne. Denn an einer Stelle waren die flachen Reifenspuren völlig ausgelöscht durch die Fußabdrücke des Monsters. Die Spuren waren jetzt wirklich tief, als ob das große Reptil gerade zum letzten Sprung angesetzt und sich auf seine verzweifelt fliehende Beute gestürzt hätte.

(Ins Deutsche übertragen von Marianne W. Bayer)

Ein Witterungsumschwung

Jack Dann und Gardner Dozois

Genauer betrachtet, sollten wir vielleicht froh darüber sein, daß die Dinosaurier ausgestorben sind

* * *

Es sah wieder nach Regen aus, aber Michael ging trotzdem hinaus, um seinen täglichen Spaziergang zu machen.

Der Park war blitzsauber und leer, auf dem rechteckigen betonierten Platz standen vier Metallbänke. Feuchte Abfallhaufen lösten sich allmählich im Regen auf.

Pterodactylen bahnten sich ihren Weg durch den Schmutz und schnupperten wählerisch an den herumliegenden Abfallhaufen.

Murrend verscheuchte der alte Mann einen Pterodactylus von der Bank, auf der er sich immer ausruhte und die vom nachmittäglichen Regen noch feucht war. Er setzte sich und begann, seine Zeitung zu lesen. Doch im Nu war er von Unratfressern umringt. Sie schlugen mit ihren metallisch glänzenden Flügeln, knickten die Köpfe ab, die auf ihren schlangenartigen Hälsen saßen und sahen ihn aus wäßrig-grünen Augen an. Sie stießen wehleidig bittende Laute aus und zupften dann mit ihren Schnäbeln an seiner Jacke – auf der Suche nach Brotkrusten oder Popcorn. Schließlich wurde es ihm zu viel, er gab sich einen Ruck und stand auf. Sofort setzten sich die Pterodactylen in Bewegung, hopsten auf ihren Hinterbeinen davon und stießen krächzende Warnrufe aus. Um sie zu verscheuchen, warf Michael ihnen seine Zeitung nach, sie fraßen sie und blickten ihn erwartungsvoll an. Vom grauen Himmel fiel dünner Nieselregen.

Mit einem Gefühl von Ekel und Abscheu setzte Michael seinen Weg durch den Park fort, wurde von einer drängelnden Herde kleiner, auf zwei Beinen gehender Dromaeosaurier, die es auf das Hot-dog-Gelände in der Sechzehnten Straße abgesehen hatten, angerempelt. Die Nässe drang jetzt schon durch seine Kleider, und trotz der abendlichen Wärme fröstelte ihn. Hoffentlich wurde es nicht bissig kalt, das Heizöl wurde wirklich teuer, und sein monatlicher Geldscheck war immer noch nicht eingetroffen. Ein gepanzerter Ankylosaurier blieb vor ihm stehen, kaute grunzend und schlürfend an alten Colaflaschen und Bierdosen, die er aus einer Betontonne herausgezerrt hatte. Michael versetzte ihm ungeduldig einen Hieb mit seinem Spazierstock; daraufhin bewegte sich das Tier langsam und stieß dabei einen rülpsenden Laut aus – es klang, als ob eine Kette durch einen Metallring gezogen würde.

Da waren Brontosaurier, die am Broadway herumlungerten und die Mitte der Straße einnahmen, flinkere Herden schreiender Hadrosaurier mit entenschnabelartigem Rüssel, die zwischen den Brontosauriern hin und her sprangen, und da war auch ein schwergewichtiger Carnosaurier, der über den Bürgersteig stampfte, seinen großen Kopf hin und her schaukelte und dabei zischende Laute von sich gab. Sonst konnte man von hier aus immer mit dem Bus fahren und sogar ohne Umsteigen bis zu einem Häuserblock gelangen, aber jetzt, bei dem Gedrängel fuhren die Busse langsam, wenn überhaupt: ein weiteres gutes Beispiel dafür, wie die Welt langsam zum Teufel ging. Michael schlängelte sich zwischen einem Brachiosaurier und einem langsamen Stegosaurier durch, überquerte den Broadway und bog in Richtung Avenue A. ab.

In der Avenue A. stießen die nashornähnlichen Triceratops mit den Köpfen aneinander; das verursachte einen Krach wie beim Aufeinanderprallen von Lokomotiven, ein ohrenbetäubender Lärm, der von den Gebäudefassaden widerhallte und alle Fenster in der Straße zum Zittern brachte. Niemand in der Nachbarschaft würde heute nacht gut schlafen können. Michael ging weiter und stieg die Stufen zu seinem braunen Sandsteinhaus hinauf, vorbei an Dimetrodonen, die vor dem Haus auf der Veranda saßen. Auf der anderen Straßenseite sah er den Briefträger, der versuchte, mit einem Fußtritt einen Iguanodon wachzurutteln, um an ihm vorbei zum Eingang eines anderen Sandsteinhauses zu gelangen. Kein Wunder, wenn da sein Scheck so spät ankam!

Oben stellte seine Frau wortlos einen Teller vor ihn hin, er zog nur schnell seine nasse Jacke aus, bevor er sich zum Essen hinsetzte. Schon wieder Thunfischauflauf, bemerkte er lustlos. Sie saßen im trüben Halbdunkel. Doch plötzlich wurde der Raum von einem zischenden Blitzstrahl erhellt, ein dröhnender Donnerschlag folgte. Kaum war der Nachhall des Donners verstummt, brandete ein immer lauter werdendes Getöse von Krachen, Donnern, Kreischen und Schmettern auf.

»Verdammt«, sagte Michaels Frau, »jetzt geht's schon wieder los!«

Der alte Mann stand auf und sah aus dem Fenster, das Ausblick auf den mit Unkraut und Müllbergen bedeckten Hinterhof bot. Es regnete buchstäblich Dinosaurier da draußen – er sah, wie sie zu Tausenden herabfielen, in der Luft wirbelnd und mit den Füßen strampelnd, und wie sie auf dem Pflaster wie Hagelkörner aufprallten, hochgeschleudert wurden und Kreischlaute von sich gaben.

»Na ja«, sagte der alte Mann verdrossen, zog die Vorhänge zu und wandte sich um, »wenigstens regnet es nicht mehr Katzen und Hunde.«

(Ins Deutsche übertragen von Rita Seuß)

Der nachtblühende Saurier

James Tiptree, Jr.

Wie die meisten von Ihnen inzwischen wahrscheinlich wissen, handelte es sich bei dem mehrfachen Hugo- *und* Nebula-Award-*Preisträger James Tiptree, Jr. um die mittlerweile verstorbene Dr. Alice Sheldon, eine halb im Ruhestand befindliche Experimentalpsychologin, die zuweilen auch unter dem Pseudonym Raccoona Sheldon schrieb. Dr. Sheldons tragischer Tod im Jahr 1978 beendete die Karrieren »beider« Autoren, aber vorher wurde sie als James Tiptree, Jr. je zweimal mit dem* Nebula Award *und dem* Hugo *ausgezeichnet, bekam als Raccoona Sheldon noch einen* Nebula Award *verliehen und etablierte sich, unter welchem Namen auch immer, als eine der großen Science-fiction-Autorinnen ihrer Generation. Unter dem Namen Tiptree veröffentlichte Dr. Sheldon zwei Romane.* Die Feuerschneise *und* Brightness Falls From the Air, *acht Kurzgeschichtensammlungen,* 10000 Lichtjahre von Zuhaus, Warme Welten und andere, Sternenlieder eines alten Primaten, Out of the Everywhere, Tales of the Quintana Roo, Byte Beautiful, The Starry Rift *sowie die posthum erschienene Anthologie* Crown of Stars.

In der folgenden, hinterhältigen und mit diversen Haken und Ösen versehenen Story führt sie den Beweis, daß ein findiger Wissenschaftler immer noch einen Trick mehr in der Hinterhand hat, wenn er in der Klemme steckt. Einen Trick, mit dem keiner gerechnet hat.

So, jetzt können wir uns entspannen. Keinen Salat, faß ihn bloß nie an. Und nimm dieses Obst auch weg, laß nur den Käse da. Ja, so ist das mit den Jahren, Pier. Die Falten vertiefen sich. Diese verdammten kleinen Zeitverschwender sind schuld. Leute wie dieser Bursche mit den Koproliten heute nachmittag; das Museum hat einfach keine Verwendung für solche Dinge, selbst wenn sie echt sind. Zugegeben, daß sie mich nervös machen.

Was? O nein, Pier, mit Angst hat das nichts zu tun. Ich bin nicht zimperlich. Beweise? Tja, wie wär's mit noch einem Aquavit? Ich erinnere mich immer gern an dich. Auf deinen Erfolg. Ich habe immer gewußt, daß du dich durchsetzen würdest.

Die Wissenschaft? Das sagt man so. Zum Großteil Erbsenzählerei. Sieht von außen betrachtet um vieles besser aus als die meisten Dinge. Natürlich hatte ich Glück. Als Archäologe, der die Anfänge der Zeitreisen miterlebt hat – das war wirklich ein Wunder... Ja, klar, ich war von Beginn an dabei, als alle noch dachten, das wäre nur eine nutzlose Spielerei. Und die Kosten! Niemand kann sich heute vorstellen, daß das Projekt kurz vor dem Scheitern stand. Und wie kurz davor! Wenn das Ganze nicht für die Wissenschaft gewesen wäre... Meine denkwürdigste Erfahrung beim Zeitreisen? Ach, du meine Güte... Ja, ich trinke noch einen Schluck mit, obwohl ich wirklich nicht sollte.

Du lieber Himmel. Korpoliten. Hm. Ich erzähl's gern, alter Freund, wenn du die Geschichte für dich behältst. Aber schieb's nicht mir in die Schuhe, wenn du schlagartig wieder nüchtern wirst.

Es war auf der allerersten Team-Zeitreise. Als wir in der Gegend von Olduvai Gorge unterwegs waren, um nach dem Leakey-Menschen zu suchen. Ich will dich nicht mit unseren anfänglichen Mißerfolgen langweilen. Den Leakey-Menschen bekamen wir nicht zu Gesicht, dafür aber einen anderen Hominiden, der ebenso erstaunlich war. Eben den, den man nach mir benannt hat. Aber als wir auf ihn stießen, war unser Zuschußfonds schon so gut wie erschöpft. Damals kostete es eine Phantasiesumme, wieder in unsere Zeit zurückzukehren, und das meiste davon zahlte die Regierung. Bestimmt nicht aus Nächstenliebe, aber damit wollen wir uns jetzt nicht näher befassen.

Wir waren zu sechst. Die beiden MacGregors, von denen du schon gehört hast, sowie die sowjetische Delegation, zwei Burschen namens Peschkow und Rasmussen. Und eben meine Wenigkeit und eine gewisse Dr. Priscilla Owen. Die fetteste Frau, die ich je gesehen habe – sonderbar genug, daß dieser Umstand nachher noch eine wichtige Rolle spielte. Dazu kam dann noch der Zeitmaschinist, wie man das damals nannte. Jerry Fitz. Ein strammer paläolithischer Typ, bis obenhin voller Enthusiasmus. Er war unser Führer und Kindermädchen, und für einen Maschinisten schien er auch ein wirklich netter Kerl zu sein. Ja, sicher, ein junger Bursche. Was waren wir damals alle jung!

Nun gut, wir hatten gerade unser Lager aufgeschlagen und Fitz mit den ersten Berichten zurückgeschickt, als die ganze Sache platzte. Damals lief nämlich alles nach Zeitplan. Und als Fitz zurückkam, teilte er uns mit Unschuldsmiene mit, daß die Zuschüsse von der Regierung gestrichen worden waren und daß wir im nächsten Monat unsere Heimreise antreten müßten.

Tja, du kannst dir sicher vorstellen, daß uns diese Nachricht mitten ins Herz traf. Wir waren am Boden zerstört. Das folgende Abendessen konnte man wirklich nur noch als Leichenschmaus bezeichnen. Fitz schien genauso traurig wie wir zu sein, und dann machte erst mal die Flasche die Runde – o ja, danke dir.

Fitz sah uns plötzlich mit so einem merkwürdigen Glitzern in den Augen an.

›Ladies und Gentlemen!‹ Er hatte so eine Rokokoart, obwohl wir alle aus der gleichen Zeit stammten. ›So leicht läßt man doch nicht den Kopf hängen. Lassen Sie mich Ihnen etwas erzählen. Die Nichte der Frau meines Onkels arbeitet für den Senator, der Vorsitzender des

Haushaltsausschusses ist. Also habe ich mich einfach an ihn gewendet. Wir hatten ja schließlich nichts zu verlieren. Und –‹ Ich sage dir, ich sehe sein Grinsen so genau vor mir, als wäre es gestern gewesen – ›ich habe ihm die ganze Sache lang und breit erklärt. Von wegen Dämmerung der Menschheit, und daß eben auch die Erkenntnisse der Wissenschaft ihren Preis haben. Ich erreichte nichts. Nicht das kleinste bißchen, aber dann habe ich herausbekommen, daß er ein fanatischer Jäger ist.

Nun ja, Sie wissen ja selbst, daß ich auch ein Waffennarr bin, und ab da lief alles wie geschmiert. Er jammerte darüber, daß es nichts mehr zu jagen gäbe, worauf ich ihm sagte, daß die Gegend hier der Garten Eden für einen Nimrod ist. Der langen Rede kurzer Sinn: Er kommt in ein paar Tagen, um sich vor Ort über unsere Arbeit zu informieren, und wenn ihn das Jagen hier auf den Geschmack bringt, brauchen wir uns über die Regierungszuschüsse keine Gedanken mehr zu machen. Na, wie gefällt Ihnen das?‹

Das hob die Stimmung. Peschkow zählte die potentielle Beute des Senators auf.

›Ein paar große Huftiere und natürlich die Affen und Raubtiere, die Sie geschossen haben, Fitz. Vielleicht auch einen Tapir –‹

›O nein‹, gab Fitz zurück. ›Affen, Hirsche und Schweine interessieren ihn nicht. Es muß etwas Spektakuläres sein.‹

›In dieser Landschaft leben Hominiden‹, warf MacGregor ein, ›und erfahrungsgemäß meiden Hominiden Gegenden, die von Raubtieren bevölkert sind. Selbst Mammuts findet man erst wieder weit im Osten.‹

›Tatsache ist‹, sagte Fitz, ›daß ich ihm erzählt habe, er könnte einen Dinosaurier schießen.‹

›Einen Dinosaurier!‹ Wir lachten ihn aus.

›Fitz‹, sagte die kleine Jeanne MacGregor, ›es gibt hier keine Dinosaurier. Sie sind ausgestorben.‹

›Tatsächlich?‹ sagte Fitz erstaunt. ›Das wußte ich nicht. Und der Senator hat auch keine Ahnung davon. Aber es muß doch irgend etwas geben, was wir dem Senator vor die Flinte treiben können. Nachher können wir ja sagen, daß wir uns getäuscht hätten.‹

›Nun, da gibt es eine bestimmte Leguanart‹, sagte Rasmussen.

Fitz schüttelte den Kopf.

›Ich habe ihm eine Riesenbestie versprochen. Er kommt hierher, um einen – wie hieß das Biest gleich – einen Bronodingsbums zu schießen.‹

›Einen Brontosaurus?‹ fuhren wir ihn gleichzeitig an. ›Aber die befinden sich in der Kreidezeit! Achtzig Millionen Jahre von hier entfernt!‹

›Fitz, wie konnten Sie bloß?‹

›Ich hab' ihm erzählt, daß uns ihr Brüllen nachts wachhalten würde.‹

Nun, am nächsten Morgen waren wir immer noch ein ziemlich düsterer Haufen. Fitz hielt sich jenseits des Passes auf, um an seiner Maschine herumzubasteln. Große häßliche Dinger waren das damals. Wir hatten einen provisorischen Hangar für die Maschine zusammengezimmert und waren dann über den Paß gezogen, um unser Lager dort aufzuschlagen, wo die Hominiden lebten. Das war eine echte Knochentour über die Hügel und durch die Sümpfe – vor so vielen Millionen Jahren war das alles noch Feuchtgebiet, nicht diese Steppe von heute.

Und natürlich gab es überall Früchte in Hülle und Fülle, und jede Menge Wild. – Sorry, daß ich unterbreche, aber ich glaube, ich nehme noch ein Gläschen.

Fitz kam zurück, um Rasmussen über Brontosaurier auszufragen, und machte sich dann wieder auf den Weg zur Maschine. Beim Abendessen summte er vor sich hin. Und dann sah er wieder mit seiner Engelsmiene in die Runde – meine Güte, was waren wir damals jung!

›Ladies und Gentlemen, die Wissenschaft darf nicht sterben. Ich werde dem Senator seinen Dinosaurier besorgen.‹

›Und *wie?*‹

›Ich habe einen Freund drüben‹, – wir nannten unsere heutige Zeit immer das ›Drüben‹ – ›der mich mit ein bißchen Extraenergie versorgen wird. Auf jeden Fall mit genug Energie, um mich und einen Lastkran für mindestens einen Tag in die Zeit der ganz großen Bestien zu bringen. Und dann komme ich hierher zurück.‹

Wir hatten alle unsere Einwände gegen seinen Plan, obwohl wir nur allzugern an sein Gelingen geglaubt hätten. Wie wollte er seinen Brontosaurus finden? Wie wollte er ihn zur Strecke bringen? Und dann würde das Biest ja tot sein. Zu groß sowieso. Und so weiter.

Aber Fitz hatte sich seine Antworten bereits zurechtgelegt, und da wir verdammt scharf darauf waren, im Pleistozän zu bleiben und unsere Forschungsarbeiten fortzusetzen, stimmten wir dem verrückten Plan zu. Fitz würde das größte Reptil erledigen, das er finden konnte, und uns dann, wenn er das Biest verstaut hatte, ein Signal geben, damit wir ihn zurückholen konnten. Wenn der Senator eingetroffen war, würden wir den Kadaver in der Nähe unseres Barackenhangars plazieren. Eine Idee wie aus dem Tollhaus. Aber Fitz hatte eine Überzeugungskraft, der wir alle erlagen, auch wenn er zugab, daß der Aufwand an Extraenergie unseren Aufenthalt verkürzen würde. Am nächsten Tag machte er sich im Morgengrauen auf den Weg.

Als er fort war, dämmerte uns langsam, was wir sechs aufstrebenden jungen Wissenschaftler getan hatten. Wir hatten vor, einen mächtigen Senator der Vereinigten Staaten hinters Licht zu führen, ihn glauben zu machen, daß er eine Bestie geschossen hatte, die bereits seit achtzig Millionen Jahren tot war.

›Das können wir nicht tun!‹

›Uns bleibt keine andere Wahl.‹

›Wenn das herauskommt, ist es mit den Zeitreisen auf immer und ewig vorbei.‹

›Und mit uns auch‹, stöhnte Rasmussen.

›Mißbrauch von Staatsgeldern‹, sagte MacGregor. ›Das ist strafbar.‹

›Was ist bloß in uns gefahren?‹

›Wißt ihr, was ich glaube?‹ sagte Jeanne MacGregor nachdenklich. ›Ich glaube, daß Fitz genauso scharf darauf ist, einen Dinosaurier zu schießen, wie der Senator.‹

›Und diese Geschichte mit seinem Freund‹, gab Peschkow zu bedenken. ›Er hat das Ganze ja nicht von hier aus arrangiert. Ich frage mich –‹

›Er hat uns an der Nase herumgeführt.‹

›Tatsache bleibt‹, sagte MacGregor, ›daß dieser Senator herkommt, um einen Dinosaurier zu schießen. Wir können nur hoffen, daß wir ein paar Spuren türken und ihn überzeugen können, daß das Biest nicht mehr hier in der Gegend ist.‹

Glücklicherweise hatten wir daran gedacht, Fitz zu sagen, daß er auch ein paar Spuren von den Pranken des Biests mitbringen sollte. Und Rasmussen war auf die Idee gekommen, sein Brüllen auf Band aufzunehmen.

›Sie sind wie Nilpferde. Überall am Wasser werden Gräser und Sträucher niedergewalzt sein. Wir könnten ein bißchen am Ufer herumtrampeln, bevor Fitz wieder zurück ist.‹

›Er riskiert sein Leben‹, sagte Jeanne. ›Was ist, wenn das Signal nicht funktioniert?‹

Nun, wir kümmerten uns um die Spuren am Flußufer, aber dann kam es zu einer Schlacht zwischen unseren Affenmenschen und einer Herde Gorillas, und wir hatten alle Hände voll zu tun, die Blutgruppen festzustellen und Gewebefetzen zu analysieren. Einige Zeit später kam das Signal, und kurz darauf stand Fitz vor uns, schlammverschmiert und grinsend wie ein Klavier.

›Eine Schönheit‹, erzählte er. ›Und größer als Gottes Scheißhaus.‹ Tatsächlich hatte er einen vorher unbekannten Brachiosaurus geschossen. ›Ich hab' das Biest in die Maschine gequetscht und bin sofort hierhergekommen. Es ist erst drei Stunden tot. Dann können wir ja loslegen.‹ Er zeigte uns eine Schlammplastik. ›Das ist der Abdruck. Und hier noch eine Schwanzspur. Eine ganz simple Sache. Wir schleifen einfach einen Sack mit Steinen hinter uns her.‹

Er schaltete den Recorder an. Das Brüllen war laut genug, um uns rücklings zu Boden zu werfen.

›Das ist von einem Frosch oder so etwas. Unser Biest gibt nur harmlose kleine Schreie von sich. Egal – Seine Exzellenz kann das sowieso nicht unterscheiden. Aber jetzt sehen Sie mal her!‹

Er hob etwas vom Boden auf. ›Fassen Sie's mal an. Ein Dinosaurier-Ei.‹

›Herr im Himmel.‹ Wir versammelten uns um ihn. ›Was, wenn er es mitnimmt und das Junge schlüpft in Bethesda aus?‹

›Wir sollten uns um die Spuren kümmern‹, sagte Fitz und entfaltete ein blutiges Etwas, das wie die Rückenflosse eines Seglerfischs aussah. ›Damit markieren sie die Bäume. Und sie bauen sich Nester aus Schilfrohr – das Biest paßt bestens in unsere Sumpflandschaft. Trotzdem ist da noch eine Kleinigkeit.‹

Er kratzte sich Schlamm von seiner behaarten Brust und blinzelte Jeanne MacGregor an.

›Es geht um die Spuren‹, sagte er. ›Es sind nicht bloß Fußabdrücke. Sie, nun ja, sie fressen eine ganze Menge – haben Sie mal die Spur eines Elchs gesehen? Sie lassen überall ihren Mist hinter sich.‹

Es entstand eine Pause, die sich zu einem ratlosen Schweigen auswuchs.

›Ehrlich gesagt habe ich auch schon daran –‹, begann die fette Priscilla Owens.

Es erwies sich, daß uns dieses Problem bereits allen in den Sinn gekommen war.

›Tja, ich bin sicher, daß man etwas arrangieren kann, um das Ganze realistisch zu gestalten‹, grinste Peschkow. ›Sozusagen als Zeichen der Verbeugung vor ihrem Establishment.‹

›Er ist Jäger‹, sagte Rasmussen. ›Und er wird auf solche Details achten.‹

Fitz gab einen unbehaglichen Grunzer von sich.

›Da ist noch etwas. Ich habe vergessen, Ihnen vom Neffen des Senators zu erzählen. Er ist so etwas wie ein Hobbynaturkundler. Um ganz ehrlich zu sein, hat er dem Senator klarzumachen versucht, daß es hier überhaupt keine Dinosaurier gibt. Genau in dem Moment, als ich ihm von dem nächtlichen Brüllen erzählte.‹

›Ja, aber –‹

›Und der Neffe kommt mit dem Senator her. Vielleicht hätte ich es erwähnen sollen. Er ist ein smarter Bursche, und seinen Augen entgeht rein gar nichts. Deshalb habe ich auch das Ei und die anderen Sachen mitgebracht. Die ganze Angelegenheit muß bis ins kleinste Detail echt aussehen.‹

Es folgte ein bleiernes Schweigen, das einem schier den Atem verschlug. Peschkow explodierte als erster.

›Gibt es sonst noch etwas, was Sie uns praktischerweise verschwiegen haben?‹

›Sie wollten auf Dinosaurierjagd gehen!‹ keifte Priscilla Owen. ›Es war Ihr Plan! Ihnen ist doch scheißegal, was mit der Wissenschaft passiert, von uns mal ganz zu schweigen! Sie haben diese ganze Sache –‹

›Gefängnis!‹ brach es aus Rasmussen heraus. ›Mißbrauch von Staats–‹

›Jetzt aber mal ganz mit der Ruhe.‹ MacGregors trockene Stimme brachte uns alle zum Verstummen. ›Das ganze Gezeter führt zu nichts. Zuerst einmal, Jerry Fitz, kommt überhaupt ein Senator, oder gehörte das bloß zu Ihrem Spiel?‹

›Na sicher, klar kommt er‹, sagte Fitz.

›Also dann‹, sagte Mac. ›Wir haben uns die Suppe eingebrockt und stehen gerade für das Ganze. Wir müssen sehen, daß die Sache klappt. Realismus bis aufs I-Tüpfelchen.‹

Rasmussen packte den Stier sozusagen bei den Hörnern.

›Wieviel?‹

›Nun ja, jede Menge‹, sagte Fitz. ›Haufen.‹

›Haufen?‹

Fitz machte eine abwehrende Handbewegung.

›Es ist gar nicht so übel.‹ Er zupfte weiteren Schlamm von seiner Brust. ›Sie werden sich dran gewöhnen. Sie sind Pflanzenfresser.‹

›Wieviel Zeit bleibt uns noch?‹

›Drei Wochen.‹

Drei Wochen... Ich nehme noch ein Gläschen Aquavit, Pier. Die Erinnerung an diese Wochen ist noch so frisch wie ein grüner Zweig... Grün, natürlich, alle möglichen Sorten Grünzeug. Und Früchte. Mein Gott, ging es uns schlecht.

Die MacGregors erwischte es zuerst. Koliken – solche Krämpfe kannst du dir nicht vorstellen. Ich hatte sie auch. Wir hatten sie alle, sogar Fitz. Aber wir achteten darauf, daß er auch seinen Teil zu dem Unternehmen beitrug, das kann ich dir sagen. Es war ein Alptraum.

Aber zu genau diesem Zeitpunkt begannen wir Priscilla Owens Anwesenheit zu schätzen. Essen? Großes Grünzeug, was die Frau essen konnte! Während wir allesamt in den letzten Zügen lagen, machte sie weiter. Mangostinen, Bananen, wilde Maniokwurzeln, Palmwedel, Sellerie – sie aß einfach alles. Wie wir sie anfeuerten! Wir konnten kaum kriechen, aber wir übertrafen uns gegenseitig, wenn es darum ging, ihr Essen zu bringen oder sie in den Sumpf zu begleiten. Wir waren wie besessen. Sie war unsere Rettung. Und die der Wissenschaft. Durch sie wurden die Werte des Lebens total umgekehrt. Vom Standpunkt der Düngerproduktion aus gesehen war die Frau eine Heilige.

Rasmussen betete sie an.

›Zehntausend Dinar können den Verzehr eines Hühnchens durch eine Frau nicht aufwiegen‹, schmachtete er sie an. ›Die Perser wissen, was sie in ihren Sprichwörtern haben.‹

Und dann würgte er wieder und stolperte los, um ihr ein paar Wurzeln auszugraben. Ich glaube, er hat später dafür gesorgt, daß sie den Lenin-Orden bekam, obwohl ihre wissenschaftliche Arbeit doch eher trivial war.

Das Komische war, daß sie an Gewicht zu verlieren begann. Eben wegen der ganzen Rohkost statt des fetten Zeugs, mit dem sie sich sonst vollstopfte, verstehst du? Sie sah auf einmal vollkommen anders aus. Um ganz ehrlich zu sein, hätte ich ihr draußen im Sumpf beinahe einen Heiratsantrag gemacht. Glücklicherweise wurde ich krank... später setzte sie natürlich wieder alles an, klar.

Tja, als dann schließlich der Senator und sein Neffe eintrafen, litten wir alle dermaßen unter Koliken und Ruhranfällen, daß es uns ziemlich egal war, was mit unserem Projekt passieren würde.

Sie kamen nachmittags an, und Fitz stöberte mit ihnen ein bißchen im Sumpf herum und ließ sie das Ei finden. Das brachte den Neffen erst einmal zum Verstummen, aber er war schlechter Laune, weil er eines Besseren belehrt worden war, und hatte ein scharfes Auge auf die Umgebung. Der Senator war schier außer sich. Die kleine Jeanne schaffte es, die beiden mit Alkohol abzufüllen, unter dem Vorwand, daß das der Vorbeugung gegen die Ruhr dienen würde. Ha! – Danke dir.

Zum Glück wird es am Äquator um sechs Uhr dunkel.

Zwei Stunden vor Einbruch der Dämmerung schlich Fitz zum Hangar und materialisierte seinen Brachiosaurus-Kadaver, frisch aus den Sümpfen der frühen Kreidezeit. Dann ging er in die Dunkelheit, und das Brüllen vom Band ertönte genau nach Zeitplan.

Der Senator und sein Neffe rannten herbei, völlig aus dem Häuschen, und Fitz sagte dem Senator, wo er am besten stand und wohin er zielen mußte. Und in diesem Moment erschien dieser Riesenschädel über den Bäumen am Hangar, und der Senator zog seine Flinte durch.

Das war der mit Abstand gefährlichste Teil unseres Plans. Unterhalb des Kopfes war ich mit dem Hebekran, und beinahe hätte er mich erwischt.

Mit der Kondition des Senators stand es nicht zum besten, also gab er Fitz den Auftrag, sich um die Beute zu kümmern. Als der Senator erst einmal die Schnauze der Bestie berührt hatte, konnte er es gar nicht mehr erwarten, das Biest mit nach Hause zu nehmen. Bei Fitz traf das einen empfindlichen Nerv; vermutlich hatte er nie daran gedacht, daß er seine Trophäe verlieren würde. Aber die Rettung der Zeitreisen ist mit sein Verdienst. Ich glaube, ihm wurde später ein schottischer Orden verliehen. Auf jeden Fall hatte der Neffe keinen Grund mehr, überall herumzuschnüffeln, und gegen Mittag des nächsten Tages war der ganze Spuk vorüber. Jedenfalls beinahe. Unglaublich, wirklich... Ja, mit den Projektzuschüssen ging dann alles in Ordnung. Du weißt ja, was seitdem passiert ist. Aber wir hatten immer noch ein Problem, verstehst du... Bist du sicher, daß du nicht noch ein Schlückchen willst? Mit dem Guten, Wahren und Schönen ist das so eine Sache heutzutage. Pier, alter Freund, schön, daß wir uns mal wieder getroffen haben.

Dem Senator hatte die Sache so gut gefallen, daß er mit seinen Kumpels wiederkommen wollte. Tja. Eine äußerst heikle Angelegenheit, bis die Sache mit unserem Fonds endlich unter Dach und Fach war. Verstehst du jetzt, warum ich den Anblick von Salat seitdem nicht mehr ertragen kann? Und Koproliten...

Was? Oh, das sind Fossilienexkremente. Für Paläobotaniker war das mal eine ganz große Sache. Aber das macht jetzt eh keinen Sinn mehr, wo wir durch die Zeit reisen können... und ob sie echt sind, kann jetzt sowieso niemand mehr sagen.

(Ins Deutsche übertragen von Robert Vito)

Ausgestorben

Steve Rasnic Tem

Steve Rasnic Tem veröffentlichte bisher über hundert Kurzgeschichten und fast ebenso viele Gedichte. Er schrieb Beiträge für beinahe jede Zeitschrift und jede Anthologie, die auf dem literarischen Markt präsent ist. Besonders geschätzt sind seine Horrorgeschichten und seine düsteren Fantasy-Stories. Für seine Kurzgeschichten wurde er sowohl für den World Fantasy Award *als auch für den* British Fantasy Award *nominiert. Sein erster Roman,* Ausgrabungen, *wurde vor wenigen Jahren veröffentlicht, und nach letzten Auskünften arbeitet er an mehreren anderen Romanen. Tem lebt mit seiner Frau, der Schriftstellerin Melanie Tem, und seinen Kindern in Denver, Colorado.*

Der beschaulichen, eindrucksvollen und dabei bittersüßen Geschichte, die hier abgedruckt ist, liegt ein alter biblischer Satz zugrunde, der lautet: »Alles hat seine Zeit.«

Aber was passiert, wenn diese Zeit vorbei ist?

* * *

Wohin sind die Dinosaurier verschwunden? Die Schulkinder sahen in ihre Bücher. Klimawechsel, Eiszeit, Raupen, die ihnen die Nahrung wegnahmen, Krankheit, Säugetiere, die ihre Eier fraßen. Freddy

Barnhill kannte alle diese Antworten, doch er war zu stolz und selbstbewußt, um sich zu melden. Der Lehrer wartete. Aber keiner weiß es genau, dachte Freddy. Keiner weiß es.

Manchmal dachte er, die Dinosaurier könnten sich verirrt haben. Vom Weg abgekommen sein. Vielleicht hatten sie mit den Veränderungen ringsherum nicht Schritt halten können. Und gerieten deshalb ins Hintertreffen. Wurden im Stich gelassen.

Zwanzig Jahre später fuhr Freddy von Meeker und nach Rangely, knapp hundert Kilometer, und dies täglich hin und zurück, dachte über seinen Vater nach und dachte über Dinosaurier nach. Nur hin und wieder traten andere Dinge in den Vordergrund, obwohl er doch über beide Themen schon ausgiebig gegrübelt hatte. Man hätte ihn für besessen halten, ja sogar für verrückt erklären können.

Er brauste über den Colorado Highway Nummer 64, vorbei an endlosen Feldern gelbblühenden Grases. Die von Gestrüpp überwucherten ausgeschwemmten Flußbetten und Trockentäler lenkten seine Aufmerksamkeit auf sich. Es wäre nicht ungefährlich, in den Graben zu fahren. Beinahe im selben Augenblick, als er seinen Wagen auf die Straße lenkte, fing es an: Im Geist sah er vor sich seinen Vater, wie er an der Bar saß und ihn mit seinen großen Händen hinunterdrückte. Da empfand er wieder diese Angst vor der Unberechenbarkeit seines Vaters, und er flüchtete unter den Tisch, um sich zu verstecken. Und dann wieder der plötzliche Knall, mit dem der Schädel seines Vaters auf die Tischplatte aufschlug, kurz bevor er das Bewußtsein verlor. Ein nie endenwollender Aufprall, immer und immer wieder schlug dieser Schädel während der hundert Kilometer langen Fahrt zwischen Meeker und Rangely auf das harte Holz des Tisches.

In diesem Gebiet, das von tiefeingeschnittenen Wasserläufen zerfurcht und von Hügeln durchzogen war, schien jedes Leben wie ausgestorben. Ein rauhes Land, das sich nur nach langem Kampf und vielen fehlgeschlagenen Versuchen ergab. Die ersten Siedler hatten diesem Land Namen gegeben, die ihre bitteren Erfahrungen bezeichneten: Teufelsgrab, Bitterer Fluß, Elendsfeld, Wanzenstadt, Armutsschlucht. Verfallene Häuser inmitten von Steppengrasbüscheln lehnten an den Hügeln wie zerklüftete Abgründe. Die gebrochenen Flügel alter Windmühlen ragten wie Finger in einen leeren Himmel.

Bei der Ankunft in Rangely war dieses Gefühl der Leblosigkeit noch stärker: grauer mondsteinartiger Sandstein, Bergkämme wechselten mit Ebenen ab, soweit das Auge reichte. Eine vom Wind zerzauste Landschaft mit Salbeisträuchern, sonst fast nichts. Das Revier der Ölgesellschaften: alte und neue Takelagen, verlassene Baracken. Sein Vater hatte den größten Teil seines Erwachsenenlebens hier verbracht, hatte hier für den einen, dort für den anderen »Verein« gearbeitet.

Mel Barnhill war eigentlich ein Cowboy gewesen. Ein Umherstreunender. Dann, als sich mit der Entdeckung der Ölquellen alles veränderte, änderte sich auch er. Er wurde Mechaniker, dann Bauarbeiter; er war überall dabei. Freddy erinnerte sich noch, daß sein Vater in den ersten Gruppen mitarbeitete, die nur eine primitive Ausrüstung hatten und mit dampfbetriebenen Baggern arbeiteten. Seine großen braungebrannten Hände, die mit groben Schraubenschlüsseln hantierten. Er lächelte und sang – glücklich, wenn er mit Maschinen zu tun hatte. Freddy hatte ihm immer geholfen, so gut er konnte, so viel eben ein kleiner Junge seinem Vater bei der Arbeit helfen konnte. Aber diese Zeiten waren vorbei. So wie das Cowboyleben auch.

Sein Vater betrachtete sich gern als gesellschaftlichen Außenseiter. »Ich brauch' keine Gesetze, keine Frau, die mich an sich bindet. Ich will leben, wie es mir gefällt.«

Freddy erinnerte sich, daß er seinen Vater nach einem seiner nächtlichen Saufgelage nach Hause begleitete. Sein stolzierender Gang, so kam es ihm im nachhinein jedenfalls vor, erinnerte an Butch Cassidy oder an Berufskiller wie Tom Horn, der unweit von jener Gegend seinen Unterschlupf hatte. Rinder wurden damals immer noch gestohlen. Freddy hatte in Erinnerung, daß sein Vater hin und wieder eine

Anspielung machte, als ob auch er daran beteiligt sei. Er zwinkerte Freddy manchmal zu, als er davon sprach, aber Freddy wußte nie, ob er nur Spaß machte, oder ob er davon sprach, damit Freddy besonders stolz auf ihn sein sollte. Das erste Mal, als Freddy einen Film mit John Wayne sah, glaubte er, sein Vater wäre dort auf der Leinwand. Er hatte genau denselben Gang. Später fragte er sich, ob sein Vater diesen Gang eigens geübt und einstudiert hatte.

Dramatische Gesten schienen einen Großteil des Lebens der Alteingesessenen hier in dieser Gegend auszumachen. Offenbar wußte sein Vater, daß das Leben, das er führte, rasch unzeitgemäß war und daß Cowboys und Rancher allmählich ausstarben. Das Ende einer Epoche war gekommen. Kurz nachdem sein Vater verschwunden war, wurde das neue Kraftwerk in Craig gebaut, und es gab plötzlich viele neue Gesichter in der Stadt, die die Alteingesessenen nicht mehr kannten. Man mußte sogar die Haustür abschließen.

»Ihr elenden Cowboys! Ihr dummen Scheißkerle!« Freddys Vater hatte wieder einmal zuviel getrunken und brüllte mit heiserer Stimme in einem Viehgatter vor einer Bar in Rangely herum. Freddy erinnerte sich nur dunkel an den Vorfall; er hatte ihn auch nur zum Teil von innen durch ein Fenster der Bar beobachtet. Aber immer, wenn er einem alten Freunde seines Vaters begegnete, fiel es ihm wieder ein.

Sein Vater hatte mit ein paar seiner Cowboy-Freunde getrunken, und es war zu einem Streit gekommen. Sie hatten Mel beschuldigt, sich von ihnen abgewandt zu haben und ein Stadtmensch geworden zu sein. Denn er war ja jetzt bei den Ölgesellschaften beschäftigt.

Der kleine Freddy stand zitternd vor Angst hinter dem Fenster. Sein Vater zerrte eine Kuh aus dem Stall. Und noch bevor jemand eingreifen konnte, erschoß er sie. Das große braune Tier brach langsam zusammen, sein Kopf verursachte beim Aufschlagen auf den harten Boden einen dumpfen Krach.

Eine der Kellnerinnen hatte Freddy so fest gedrückt, daß er Angst bekam, aber es hatte ihn auch beruhigt.

Dies war die Landschaft, die Mel Barnhill seinem Sohn vermacht hatte. Sie lieferte den Hintergrund für Freddys Träume. Und jeden Tag, schon am *Stadtrand* von Rangely, fing Freddy an, über Dinosaurier nachzudenken.

Zwanzig Kilometer nördlich von Rangely lag die kleine Stadt Dinosaurier. Und vierzig Kilometer westlich davon, gleich an der Grenze zu Utah und oberhalb von Jensen lag die große Fundstätte für Dinosaurier, dort war auch das Dinosaurier-Nationalmonument errichtet worden. Es war eine der größten Fundstätten von Dinosaurierfossilien der Welt. Ein primitives Land war das, so könnte die Erde nach einer Katastrophe aussehen. Freddy hielt an und sah über die Canyons hinweg, wo das Colorado-Plateau zum Uinta-Gebirge hin eingebrochen war. Es schien, als ob hier allmählich alles Leben verschwinden und von der Leere geschluckt würde.

Über jedem Straßenschild der Stadt Dinosaurier war ein kleiner roter Stegosaurus abgebildet. Die Straßen trugen Namen wie Brontosaurus, Pterodactylus, Tyrannosaurus Rex. Die Stadt sah alt aus, beinahe so alt wie das umliegende Land, mit Hütten aus Teerpappe und elenden Pensionen. Der Ort hieß Artesia, bevor das Innenministerium den Park dort eingerichtet hatte.

Aber die meisten Touristen fuhren nach Utah, Jensen und Vernal. Dinosaurier war nur eine Durchgangsstation auf dem Weg zum eigentlichen Ziel; es gab kein Restaurant, nicht einmal eine halbwegs anständige Tankstelle. Nur ein paar hundert Menschen lebten hier; doch auch früher hatten nicht viele Menschen hier gelebt, und die meisten waren schon vor langer Zeit weggezogen. Die Farbe der Dinosaurierabbildungen war rot wie Rost.

Freddy arbeitete in Rangely, genau wie sein Vater, aber er lebte in Meeker. Es gefiel ihm in Meeker, obwohl die meisten Männer seines Alters sich beklagten, daß dort nichts los sei. Es war eine ruhige Stadt; es gab nicht viele Cowboys, und es fehlten die Bau- und Ölarbeiter von Rangely. Freddy war zufrieden.

Der Wagen schlitterte auf dem Kies, und Freddy mußte das Lenkrad festhalten. Man mußte vorsichtig fahren hier; die Strecke war eintönig, und man wurde schnell leichtsinnig und unaufmerksam. Der Wagen schien sich so einfach lenken zu lassen. Er hatte einen starken Motor, und man vergaß leicht, wie gefährlich schon ein einziger Fehler sein konnte. Einer der Nachteile der fortgeschrittenen Technologie und der Evolution. Man wurde unbekümmert und verlor schnell die Kontrolle über den Motor. Und ehe man sich's versah, war man in einer Straßenböschung gelandet.

Wieder schlug der große Schädel seines Vaters auf die Tischplatte auf. Die Gläser zitterten oder zerschellten in glitzernden Kristallen am Boden. Sein Vater öffnete den schlaffen Mund und zeigte seine kaputten Zähne.

Dinosaurier bewohnten die Hügel hier, aber damals war es anders. Freddy dachte oft darüber nach, wie anders alles gewesen war. Und wie sich alles wieder ändern könnte. Wenn neue Ungeheuer über das kahle dürre Land gingen: Riesenratten und herumschnuppernde Kaninchen; Kaninchen, wie sie vorher noch nie jemand gesehen hatte. Mit ihren langen Krallen und starken Hinterbeinen konnten sie jedes andere Tier in Stücke reißen. Bevor die Dinosaurier kamen, war hier weithin Wüste, die frühe Jurazeit. Keine Tiere. Große wandernde Sanddünen, über die Wirbelstürme fegten, und die sich meterhoch auftürmten, sich wanden und bewegten wie in Urträumen. Und in der Ferne verblaßten und verschwanden.

Das erste Zuhause, an das sich Freddy erinnern konnte, war eine alte Pension, ein paar hundert Meter entfernt von einer der ersten Öltakelagen. Eine farblose Baracke, so sah es aus, mehrere kistenähnliche Räume, die miteinander verbunden waren. Er hatte mit seinem Vater zusammen einen dieser Räume bewohnt. An seine Mutter erinnerte er sich nur als an einen Schatten, einen Geist, irgendwie tot, aber doch auch lebendig. Er glaubte nicht, daß sie mit ihnen in der Pension gewohnt hatte, sicher war er sich nicht. Es beunruhigte ihn, daß er sich so wenig an sie erinnern konnte – der Hauch eines Lichts, ein Geruch, das war alles. Sie war eines Tages einfach verschwunden. *Sie hat uns verlassen. Sie hat mich verlassen,* verbesserte er sich. Sein Vater hatte das oft gesagt, aber es war noch immer schwer zu begreifen.

Das Land versank. Das Eismeer überschwemmte die Erde. Millionen von Jahre vergingen, und im späten Jurazeitalter tauchte alles wieder auf. Es kam die Zeit der Dinosaurier, das Land machte sich bereit.

Er fragte sich manchmal, ob er seine Mutter überhaupt gekannt hatte. Vielleicht täuschte ihn seine Erinnerung. Vielleicht war sie gestorben, als er geboren wurde. Vielleicht war sie weggegangen und gestorben, nachdem sie ihre Aufgabe erfüllt und ihn zur Welt gebracht hatte.

Das frisch aus dem Meer aufgetauchte Land war feuchter. Flache Ebenen. Sumpfig. Große, träg dahinfließende Schlammströme wälzten sich von den Hochebenen nach Westen und nährten das Sumpfland und die Seen. Vulkanstaub trieb über die Hochebenen.

Araukariapinien ragten meterhoch über dem Waldboden, unter ihnen die Wipfel der Gingkos, Baumfarne und Zykaden. Riesige fledermausartige Pterosaurier schlugen mit ihren schuppigen Flügeln und hielten beim Fliegen mit ihren langen flachen Schwänzen das Gleichgewicht. Krokodile sonnten sich im Sumpf.

Und doch erinnerte er sich, daß sich sein Vater häufig über seine Mutter beklagt hatte. Daß sie nie geputzt, ihnen nie geholfen hatte. In seinem Gedächtnis wurde das Bild seines Vaters lebendig, wie er sie hinauswarf. Ihr Schreien, Jammern, als sie schließlich zurückkam. »Ich will mein Kind, mein Kind!« Freddy war sich nicht sicher.

Der Apatosauris hebt seinen großen Kopf über die Pflanzen hinweg. Er ist vierzig Tonnen schwer, ein Pflanzenfresser. Kalte Augen. Sein schwerer kleiner Schädel sitzt auf einem langen Hals.

Freddy hatte eine Freundin in Rangely. Ihretwegen blieb er freitags über Nacht. Aber es machte ihm angst, daß er jemanden so sehr liebte.

Sie könnte ihn ja verlassen. Sie könnte verschwinden. Und außerdem wachte er nicht gern in Rangely auf. Sein Blick fiel immer zuerst auf dieses öde Land mit seinem weißen Sandstein.

Er liebte sie. Dessen war er sich sicher. Seine Liebe füllte ihn aus und bildete einen der drei Angelpunkte seines Lebens, neben den Erinnerungen an seinen Vater und dem Nachdenken über Dinosaurier. Aber neuerdings fühlte er, daß da etwas fehlte. Eine Krise, ein Drama. Sie zu lieben, war nicht genug.

Er wußte nicht genau, weshalb er sie nicht heiratete. Es schien nie der richtige Zeitpunkt dafür da zu sein, doch nach einiger Zeit erkannte er, daß dieser Zeitpunkt niemals kommen würde. Einmal wurde sie von ihm schwanger, aber es war eine Fehlgeburt. Niemand hatte je davon erfahren. Nicht der richtige Zeitpunkt, meinte er; der richtige Zeitpunkt für ein Baby war vorbei. Er glaubte nicht an Gott oder an den Himmel, aber manchmal fragte er sich, ob das Baby irgendwo war. Sich vor ihm versteckte. Oder auf ihn wartete.

Ringsum war genau das gleiche zu beobachten. Sie hatten Freunde – befreundete und verheiratete Paare –, und alle schienen kurz vor der Trennung zu stehen. Liebten sich noch, waren aber unfähig, zusammenzubleiben.

Manchmal galten seine Fahrten von Meeker nach Rangely eigens dem Zusammentreffen mit Melinda, aber er dachte während der Fahrt fast nie an sie. Er dachte an seinen Vater und an Dinosaurier.

Freddy blickte aus dem Seitenfenster des Wagens. Salbeisträucher weit und breit, hoch aufragende Sandsteinkuppen, ausgetrocknete Flußbetten, die sich in Sandwüsten verwandelt hatten. Alte Wracks auf den Feldern. Vor den Ölarbeitern waren Cowboys hier gewesen, ein paar Farmer. Vor ihnen wiederum hatten sich die Banditen hier versteckt.

Vor den Banditen waren Pelzhändler durch die Canyons geritten.

Und vorher hatten Dinosaurier die heißen und feuchten Niederungen durchstreift.

Freddy hatte gesehen, wie sein Vater allmählich nicht mehr zeitgemäß war, wie es zu Ende ging mit dem, was er tun konnte, mit den Orten, in denen er leben konnte. Mit dem Trinken war es immer schlimmer geworden, sein Vater hatte häufig die Arbeit gewechselt. Sie waren von Baracke zu Baracke gezogen...

Der große Schädel seines Vaters, sein wuchtiger Körper legte sich ins Zeug beim Holzfällen, schwungvoll hieb er das Beil ins krachende Holz, Freddy mußte laufen, um dem umstürzenden Stamm zu entfliehen...

Und dann war sein Vater weggegangen, einfach verschwunden. Freddy war damals siebzehn gewesen. Er hatte eine blasse Erinnerung daran, wie sein Vater die Wohnung verlassen und in die stauberfüllte Luft gegangen war. Es war frühmorgens gewesen, und Freddy hatte versucht wachzuwerden, aufzustehen, hatte aber keine Kraft dazu gehabt. Jetzt war er allein.

Freddy erledigte für eine der Ölgesellschaften kleinere Aufträge, die mit rechtlichen Fragen zu tun hatten. Landabtretungen, Verhandlungen mit den örtlichen Landbesitzern um Wegerechte, Verpachtungen; manchmal beschwerte sich ein besonders verärgerter Angestellter. Meist saß Freddy an seinem Schreibtisch in Rangely und las oder träumte vor sich hin. Im Büro stand eine ganze Bibliothek zum Thema Dinosaurier und anderen auf geheimnisvolle Weise verschwundenen Arten und Gattungen. Häufig sah er tagelang niemanden, und mittags aß er etwas im Büro.

An diesem Freitag würde er bei Melinda bleiben. Melinda unterrichtete in einer Schule in einiger Entfernung von Rangely, großteils die Kinder der Viehzüchter. Freddy fragte sich oft, weshalb sie sich nicht eine näher an ihrem Arbeitsplatz gelegene Wohnung suchte. Sie sagte, es gefalle ihr in Rangely.

Am Wochenende besuchten sie immer das Grab ihres Vaters auf dem Douglas Mountain. Ihr Vater war nach langer zehrender Krankheit gestorben. Meist war sie an seinem Bett gestanden, hatte gewartet, bis er sie verlassen würde, konnte es aber nicht glauben, als er tatsächlich starb und die Augen für immer schloß.

Freddy fühlte sich ein bißchen schuldig, aber er mußte zugeben, daß er sich immer darauf freute, das Grab zu besuchen. Wilde Pferde, eine der letzten Herden dieser Art im Westen, durchstreiften Douglas Mountain. Es war ein trockenes und felsiges Hochland, eine Fläche von mehr als zweitausend Quadratkilometern. Die Herde war schon vor über hundert Jahren hier, anfangs waren es Pferde, die von den Ranches und Viehfarmen ausgebrochen waren und wild lebten. Schön anzusehen, wild und kraftvoll. Melindas Vater hatte immer welche eingefangen und zugeritten. Bis er starb.

Melindas alter Dodge stand vor dem Haus. Irgend etwas stimmte da nicht; denn für gewöhnlich kam sie erst eine Stunde nach ihm von der Arbeit nach Hause. Er ging hinein; sie stand, mit dem Rücken zu ihm gewandt, vor dem alten Spülbecken.

»Die Schule wird geschlossen«, sagte sie mit ruhiger Stimme, ohne sich umzudrehen.

»Weshalb?«

Jetzt wandte sie sich überrascht um. »Was meinst du mit *weshalb*? Das war doch vorherzusehen, das weißt du doch. Die meisten Viehzüchter sind fortgezogen... Jetzt gibt es nicht mehr genügend Kinder – es lohnt sich nicht mehr. Ein Viehzüchter hat das Gebäude gekauft. Er will einen Stall daraus machen, habe ich gehört.«

Er fühlte sich wie betäubt. »Wann ist es so weit?«

»Am Ende des Schuljahrs. In drei Wochen.« Sie sah ihn an. »Ich werde wegziehen, Freddy. Ich bin schon viel zu lange hier; hier hab' ich keine Möglichkeiten. Ich...« Sie sah ihn traurig an. »Hier gibt es nicht das, was ich brauche.«

Er konnte ihr nicht in die Augen sehen. Langsam ging er in der Küche auf und ab, schaute nach rechts und links. Er wußte, daß diese Gewohnheit sie wütend machte, aber er konnte nicht anders.

»Ich... will nicht, daß du weggehst«, sagte er schließlich. Dann versuchte er ihr ins Gesicht zu sehen, ihr zu zeigen, daß er es ernst meinte mit dem, was er sagte. Es gelang ihm nicht ganz, doch er hatte das Gefühl, dem schon ziemlich nahe gekommen zu sein. Vielleicht aber merkte sie gar keinen Unterschied. »Verlaß mich nicht«, sagte er in ihre Richtung. »Ich liebe dich.«

»Ich liebe dich auch, Freddy. Wirklich. Aber das ist heutzutage nicht genug.«

»Es sollte genügen, es ist aber nicht so. Ich weiß nicht, warum.«

»Ich auch nicht. Die Zeiten ändern sich.«

Er hielt ihre Hand, wußte aber, daß das nur eine Geste war. Eine letzte, undramatische Geste, die so etwas wie ein Ende bedeutete.

Sie besuchten trotzdem das Grab ihres Vaters. Der Weg war beschwerlich, es ging über holpriges Land, und obwohl er es versuchte, gelang es Freddy nicht, über Melinda nachzudenken, darüber, daß er sie verlieren würde. So sehr er sich auch bemühte, seine Gedanken führten ihn immer wieder zu den Dinosauriern. Er stellt sich ihre schlangenartigen Hälse vor, wie sie hinter den Hügeln auftauchten. Und wieder grübelte er darüber nach, auf welche Weise sie ausgestorben sein könnten.

Es gab Vermutungen, sie seien durch die gewaltigen Erdumwälzungen am Ende des Kreidezeitalters ausgestorben. Aber weshalb waren die anderen Tiere nicht auch zugrunde gegangen? Viele Menschen behaupteten, die Ursachen seien Krankheiten und Seuchen oder die Überalterung der Gattung gewesen. Es gab auch Stimmen, die behaupteten, es sei der Zorn Gottes gewesen.

Die populärste Theorie vertrat den Standpunkt, sie seien ausgerottet worden, weil das Weltklima sich abgekühlt hatte, möglicherweise durch einen riesigen Meteoriten, der bei seinem Einschlag auf die Erde mächtige Staubwolken aufgewirbelt hatte, die die Sonne verdunkelten.

Aber keine dieser Theorien schien ein derart vollständiges und umfassendes Aussterben hinreichend zu erklären.

Vielleicht hatten sie gespürt, daß ihre Zeit gekommen war. Vielleicht hatte etwas in ihrem Körper oder in ihren urtümlichen Reptilienträumen ihnen gesagt, daß ihre Zeit zu Ende ging. Sie hatten keine Wahl gehabt, sie mußten sich fügen. Die anderen hatten sie überholt. Er stellte sich vor, sie hätten sich zum Sterben zurückgezogen, ihre massigen Körper dicht aneinandergedrängt. Und die Welt hatte sich ohne sie weitergedreht.

Der große Schädel seines Vaters schlug auf dem Boden auf, der Knall ließ den kleinen Freddy erzittern, der sich unter dem Tisch versteckt hatte. Die großen Augen quollen hervor, sein Mund war schlaff und formlos, ächzend...

Sie gingen wortlos, Hand in Hand, zum Grab. Douglas Mountain war wunderbar, das zerklüftete Land wurde durch die graugrünen Salbeifelder gemildert. Hier waren sie ungestört; das war das wirkliche Landesinnere.

Das Grab war gepflegt; sie hatten viel Zeit auf dem Berg verbracht, nachdem sie sich kennengelernt hatten, und häufig hatten sie die Stelle um das Grab und den Grabstein herum bearbeitet. Ein alter Baum über dem schlichten Stein neigte seine Äste. An seinen Zweigen hingen die Steigbügel ihres Vaters, sein Lasso, ein paar Werkzeuge und ein Brandeisen aus der ersten Zeit seiner Arbeit. Wie ein kleines Museum sah es aus. Artefakte, schon alt und fast vergessen.

Der Wind fuhr in Melindas rotblondes Haar und wirbelte es auf. »Sow coon«, flüsterte sie und lachte vor sich hin. »Sow coon« nannten die Cowboys einen Wirbelsturm. Freddy glaubte, sie hätte ein Pferd gehört oder ein paar Pferde, die wieherten und hinter ihnen aufstampften. Er drehte sich nervös um, sah aber nur eine graue Staubwolke, die der Wind vor sich hertrieb. Sein Vater hatte immer gesagt, daß es »Zeichen« gäbe, man müsse sie nur zu deuten wissen. Die geheimen Botschaften der Natur. Man könnte sagen, was passierte, wenn man nur wüßte, wonach man suchen mußte. Freddy versuchte sich seinen Vater hier draußen vorzustellen, in der Dämmerung, bei den längst verschollenen Pferden, alle Dinosaurier, die ihn heimlich beobachteten.

»Wo sind die Wildpferde?« fragte er.

»Irgendwo hier. Sie sind ein bißchen scheu in letzter Zeit.«

Freddy fröstelte, und er zog sie an sich. Er sah über die Schulter. Eine dünne Staubsäule ließ sich auf der Erde nieder, einen Augenblick sah es aus wie das gekrümmte Bein eines aufstampfenden Pferdes. Er konnte die heiße Luft hören, wie sie geräuschvoll durch die großen Nüstern gepreßt wurde. Gespenstische Geräusche, dachte er. Dann herrschte wieder Stille, die Luft war gereinigt, und Freddy konnte kilometerweit sehen. Kein Staub, keine Eintrübung verstellte den Blick über die Abhänge und das Ödland. Die vom Wind reingefegte Ebene war weithin sichtbar. Reglos, leblos.

»Ich denke, sie sind weg«, sagte er zu ihr und starrte auf die nackten Hänge. »Mein Gott, ich glaube, sie sind endgültig alle weg.«

Sie sah ihn an, antwortete aber nicht.

»Liebe kann uns nicht retten«, sagte sie.

Wieder schlug der riesige Schädel auf, bewußtlos.

Stunden später bestellte Freddy noch ein Bier. Er starrte den schlafenden Cowboy am Nachbartisch an. Seit sein Vater nicht mehr da war, hatte er keine Bar in Rangely mehr betreten. Er war nie betrunken gewesen.

Die Bar war von ein paar gelblichen Lampen erhellt. Cowboys und Ölarbeiter bewegten sich im Halbdunkel, in diesem Licht war einer dem anderen gleich, sie verloren ihre Entschlossenheit. Die Dunkelheit der Bar schluckte die vagen Umrisse der Personen, aber was Freddy davon wahrnahm, erschien ihm störend. Sie schrien, brüllten fast, ihre Münder standen abgrundtief weit offen, seine Ohren schmerzten.

Er ertappte sich dabei, wie er die Tischplatte fixierte. Immer genauer, je mehr er trank. Was er schließlich in die Platte eingeritzt entdeckte, sah aus wie eine Art Piktogramm. Eine Bilderschrift. Kokopelli, der Flötenspieler. Die Fremont-Indianer, was war da gewesen... im Jahr 1000? Freddy warf einen Blick auf die schattenhaften Figuren im Raum, auf der Suche nach jemandem, der es eingraviert haben könnte. Ein Gesicht erschien ihm dunkler als die anderen, ein bemaltes Gesicht, aber dann verdunkelte sich der Raum wieder, zwei Cowboys traten in sein Blickfeld. Er betastete die Eingravierung mit den Fingern... eine alte Inschrift, abgenutzt. Im Cub-Creek-Gebiet hatte Freddy eine Menge davon gesehen. Als Teenager hatten er und ein paar Freunde hier draußen gezeltet, auf die Bilder mit Wurfgeschossen gezielt. Er schämte sich dessen jetzt, als er darüber nachdachte, und auch damals schon hatte er das Gefühl gehabt, etwas Schlechtes getan zu haben. Die Fremonts waren im Jahr 1150 weggegangen, verschwunden. Zwischen den Hügeln. Keiner wußte, weshalb.

»Ihre Zeit war gekommen«, flüsterte er vor sich hin. »Ihre Herzen waren nicht mehr zeitgemäß.«

Die Schatten an der Bar bewegten sich, tanzten an den Wänden. Pferde donnerten in der Dunkelheit über die Erde. Fremont-Indianer. Die Cowboys und Ölarbeiter schienen mit ihnen zu tanzen. Und hinter ihnen allen die furchteinflößende Gestalt eines uralten gewaltigen Reptils, schwankend, stürzend...

»Hey, Junge, siehst ganz schön mitgenommen aus!« Ein großgewachsener Cowboy gab Freddy einen Schlag auf den Rücken. Er blinzelte ihm zu. Der Cowboy grinste zurück. »Soll ich dir ein Bier holen?«

»Ja, ja«, stammelte Freddy. Es war nicht leicht, den alten Kerl scharf zu sehen.

Der Cowboy setzte sich. »Ich hab' Kojoten gejagt am White River, dachte, ich geh' in eine Stadt ohne das trockene Vieh.« Freddy sah ihn fassungslos an. »Eine Nacht in der Stadt, verstehst du nicht?« Der Cowboy sah sich um. »Bin schon zu lange hier, glaub' ich. Letzte Nacht war es teuflisch, hatte zu viel getrunken, glaub' ich, und das ganze Weiberzeug... Ich war so zu, mußte mich mit einem dieser

Monteure herumschlagen, einem jungen Spund, ich hab' ihn fertiggemacht, mein Gott.« Er sah Freddy an und blinzelte.

»Du fängst… Kojoten? Kannst du davon leben?«

»Geht so. Kommt drauf an, was sie wert sind«, sagte er. »Verdammt, das ist ein Leben.«

»Ein Leben…«, sagte Freddy traurig und schlürfte sein Bier. »Nicht mehr viel davon übrig…«

»In der Tat! Ein verpfuschtes Leben, aber gelebtes Leben. Wenn ich nicht mehr da bin, wird keiner wissen, was gewesen ist, wird keiner wissen, wie ich gelebt habe!«

Freddy sah auf die tabakbraunen Zähne. Sein Grinsen wurde breiter, der Mund verzog sich zu einem schiefen Lächeln, das runzelige großflächige Gesicht fiel, fiel…

Aber es war Freddys Gesicht, das fiel, auf die hölzerne Tischplatte krachte.

Freddy wachte am Montag auf, als die Sonne ihm heiß ins Gesicht schien. Er rieb sich die trockene Haut, zögerte lange, bevor er die Augen öffnete, aus Angst, gewahr zu werden, daß jemand ihn aus der Bar von Rangely herausgeschleift und einfach draußen hatte liegen lassen. Doch plötzlich spürte er, daß die Unterlage weich war, er öffnete ein Auge und sah, daß er, vollständig bekleidet, in seinem Bett in Meeker lag. »Wie…«, murmelte er, und plötzlich wurde ihm klar, daß der alte Cowboy ihn wohl nach Hause gebracht hatte.

Freddy stieg hastig aus dem Bett und sah sich im Haus um. Aber der Mann war nirgends zu finden. Freddys Wagen stand im Vorderhof. Der Cowboy mußte per Anhalter nach Rangely zurückgefahren sein. Oder er war in die Berge oder in die Prärie zurückgegangen und hatte sich versteckt, war verschwunden, um zu sterben.

Freddy setzte sich auf den Bettrand und rieb sich den Nacken. Der Wecker zeigte zwei Uhr. Es lohnte sich kaum noch, zur Arbeit zu fahren, aber vielleicht wäre es doch ratsam. Er hatte an diesem Tag keine Termine, und so zweifelte er, daß man ihn vermißt hatte.

Die Häuser erschienen ihm ungewöhnlich still. Eine leichte Brise versetzte die Vorhänge hinter dem geöffneten Fenster in Bewegung, von draußen drang kein Geräusch herein. Kein Motorengeräusch, kein Kindergeschrei. Er fühlte sich beunruhigt. Ein plötzliches Angstgefühl bemächtigte sich seiner. Ihn schauderte. Ein seltsames Gefühl.

Seine pechschwarze Katze kam herein. Sie blieb in der Tür stehen, wandte den Kopf und sah ihn an. Er merkte die Anspannung ihres Körpers, ihr Rücken krümmte sich. Sie fixierte ihn – reglos, bewegungslos. Er ging auf sie zu, doch sie machte mit einem scharfen Kreischen einen Satz rückwärts. Freddy konnte es sich nicht erklären. Es schien, als hätte sie nicht erwartet, ihn hier anzutreffen.

Der Wind, der vom Fenster her kam, wurde stärker, die Temperatur schien zu fallen, er spürte, wie scharfe und kalte Windstöße in beinahe rhythmischen Abständen das Zimmer durchfluteten. Er stand auf, um das Fenster zu schließen, blieb aber davor stehen und sah hinaus. Wie sehr er auch den Kopf streckte, nichts war zu sehen, nichts zu hören. Ein paar Hunde streunten durch die Straßen, leere Autos standen am Straßenrand.

Er brauchte ein paar Minuten, bis er sich ein bißchen Wasser ins Gesicht gespritzt hatte und bereit war, zur Arbeit zu fahren. Er duschte nicht. Er stieg in seinen Wagen, startete den Motor und fuhr los in Richtung Hauptstraße; er wartete, daß die Bilder von seinem Vater in seinem Gedächtnis aufstiegen.

Nach zwei Häuserblocks hielt er an und stieg aus.

Autos und Lastwagen waren ungeschickt und achtlos auf beiden Seiten der Straße geparkt, versperrten den Weg, standen in falscher Richtung, als ob sie plötzlich zum Stehen gebracht worden wären. Die Motoren waren abgestellt, die Türen verschlossen, es schien jedoch, als seien sie hastig verlassen worden. Als ob es gleichgültig wäre, wo sie standen.

Niemand war zu sehen. Er ging in das Stadtzentrum. Zwei Hunde, die ihm über den Weg liefen, flüchteten, als sie ihn sahen. Die Türen zu den Geschäften und Cafés waren weit geöffnet. Essen stand noch auf dem Tisch, aber Bratrost und Kaffeekannen waren kalt, die Geräte ausgeschaltet. Ein Radio lief, es war aber nur ein Rauschen zu hören. Auf allen Kanälen. »Wo steckt ihr denn?« flüsterte er.

Freddy lief zu seinem Wagen und riß das Lenkrad herum. Dann holte er tief Luft und fuhr los in Richtung Rangely.

In der Ferne schritt eine große Gestalt mit zerbeultem Hut und ausgewaschenen Jeans auf die Berge zu.

»Hey! Hey« rief Freddy, aber die Gestalt drehte sich nicht um.

Der Wagen neigte sich in den Kurven, die trockenen, ausgeschwemmten Flußtäler zogen ihn zu sich, winkten ihm zu. Das Auto kippte zur Seite und wurde in eine der tiefen Wasserrinnen geschleudert, aber Freddy gab noch mehr Gas und riß das Lenkrad herum.

Doch die Gestalt hatte sich schon zu weit entfernt, in eine Richtung, in die keine Straße führte.

»Hey! Cowboy!« rief Freddy.

Der Cowboy drehte sich nicht um, sondern setzte seinen Weg unbeirrt fort und verschwand.

Er fuhr vorbei an weiteren verlassenen Fahrzeugen, die am Wegrand standen. Nichts war auf den Hügeln zu sehen, nur ab und zu ein Kaninchen.

Zum ersten Mal, soweit er sich erinnern konnte, stieg das Bild seines Vaters nicht in seiner Erinnerung auf.

Einige Kilometer weiter – er wußte nicht, wie spät es war – blieb er am Stadtrand von Rangely stehen, unfähig, weiterzufahren. Ein kalter Wind trieb Staub durch die Straßen. Die Gebäude waren nicht erhellt, trotz des bedeckten Himmels. Eine Tür knallte unaufhörlich ins Schloß. Am Rand seines Gesichtsfeldes sah er, daß die Ölquellen weiterpumpten, unbeaufsichtigt und unbewacht.

Er wollte nicht zu ihrem Haus gehen, nur um zu sehen, daß sie nicht mehr da war. Er wollte nicht sehen, was sie an Gegenständen achtlos zurückgelassen hatte.

Als Freddy die Spitze von Douglas Mountain erreicht hatte, war es schon dunkel. Er hatte unterwegs kein einziges Lebewesen getroffen. Hatte es auch nicht erwartet.

Wohin sind die Dinosaurier verschwunden? fragte der Lehrer noch einmal. Die meisten der üblichen Antworten waren schon gegeben worden. Das süße kleine Mädchen, das vor Freddy saß und in das er so unsterblich verliebt war, sagte, Gott hätte es getan, und einige in der Klasse stimmten zu. Freddy erwähnte die Raupenplage. Er mochte Raupen.

Er stand am Grab des alten Pferdedresseurs. Am Grab ihres Vaters. Sie würden kein Grab haben. Keiner von ihnen. Keiner würde da sein, der sie begraben würde. Aber vielleicht würde es eine Fundstätte von Menschenknochen geben, und was auch immer in Zukunft da wäre, man würde sie ausgraben und sie in Schaukästen und Dioramas ausstellen.

Die metallenen Gegenstände, die im Baum hingen, schepperten im starken Wind. Es war dunkel im Tal, doch Freddy glaubte, Schatten zu sehen, die sich bewegten. Spiegelungen seiner selbst vielleicht, auf dem Kopf stehende Schatten. Er war sicher, das Hufegeräusch der wilden Pferde zu hören, die Fremont-Indianer riefen ihnen zu, die Pelztierjäger, die Banditen – war das nicht das Gesicht seines Vaters dort in der Dunkelheit? Vielleicht war er dorthingegangen... all die Jahre...

»Ich weiß wirklich nichts von Dinosauriern«, flüsterte er den Schatten zu... »Wir sind schon ausgestorben, und ich rede hier in die Dunkelheit. Ich bin wieder hier, der, den sie verlassen haben.«

Er kauerte sich nieder und beugte sich leicht nach vorn, mit angespanntem Blick. Nichts.

»Laßt mich nicht allein hier!« rief er. »Verlaßt mich nicht!« Er betastete seinen Kopf, zerkratzte sich die Wangen. Nicht einmal ein Echo war zu hören. »Ich liebe euch...«, flüsterte er, aber er wußte die Namen nicht mehr.

Der Wind schien stärker zu werden, kühler, aber dann merkte er, daß es ein Wind in seinem Innern war, und er stellte sich vor, daß dieser Wind irgendwo von unten, von seinem Rückgrat ausging, durch seine Eingeweide fegte, die Leber, das Herz, Fleisch und Knochen mit sich fortriß, dem Gehirn alte sonderbare Erinnerungen zuflüsterte…

»Nehmt mich mit!« bat er leise.

Und er fühlte, wie sein Kopf sich senkte, als ob er gezogen würde von einem schweren Gewicht. Fort. Irgendwohin.

(Ins Deutsche übertragen von Rita Seuß)

Dinosaurier

Geoffrey A. Landis

Es gibt noch *eine Möglichkeit, wie die Dinosaurier möglicherweise starben – dies ist vielleicht die seltsamste aller Theorien…*

Geoffrey A. Landis erwarb seinen Doktor in Experimenteller Festkörperphysik an der Brown University und arbeitet jetzt als Forscher am NASA Lewis Research Center in Cleveland, Ohio, vorwiegend über die Steigerung der Effizienz von Solarzellen. 1984 verkaufte er seine erste Geschichte Elemental *an* Analog. *Sie kam im selben Jahr in die Endausscheidung des* Hugo Awards. *Seitdem schrieb er viel für* Analog, Isaac Asimov's Science Fiction Magazine, Pulphouse *und viele andere. Letztes Jahr kam seine Geschichte* Ripples in the Dirac Sea *in die Endausscheidung für den* Nebula *und den* Hugo Award.

* * *

Als ich um zwei Uhr morgens den Anruf bekam, war ich keineswegs überrascht. Timmy hatte mich schon davor gewarnt. »Heute oder morgen, Mr. Sanderson«, hatte er gesagt. »Das ist ganz sicher.« Seine Stimme klang ernst, viel zu ernst für sein Alter. Ich hatte gelernt, seinen Voraussagen zu trauen, zumindest, wenn er sich so sicher war. Daher bat ich meine Leute, in Bereitschaft zu bleiben. Als der Colonel anrief, war ich bereits mit einer möglichen Lösung beschäftigt.

Timmy hatte eine Begabung für Zeit. Manchmal kann er in die Zukunft blicken und auch einige Tage in die Vergangenheit. Vielleicht stammt seine Leidenschaft für Paläonthologie von diesem besonderen Talent. Er hat eine stattliche Sammlung von Fossilien: Trilobiten, versteinerte Farne und sogar einen beinahe vollständigen Dinosaurierschädel. Für Dinosaurier interessiert er sich besonders; aber vielleicht ist das nicht ungewöhnlich, schließlich ist Timmy erst elf.

Aber er hatte auch noch andere Talente. Ich hoffte, daß wir uns auf diese nicht verlassen mußten.

Ich fand Timmy in seinem Zimmer. Er war schon wach und vertrieb sich die Zeit mit dem Sortieren seiner Fossilien. *Schon bald werden wir auch dazugehören,* dachte ich. *Vielleicht wird in einer Million Jahren die nächste Spezies unsere Knochen ausgraben und sich überlegen, warum wir ausgestorben sind.* Schweigend gingen wir in den Konferenzraum. Sarah und January waren schon dort. Sarah trug ihren Bademantel und dicke Plüschpantoffel. Sie trank aus einem Styroporbecher Kaffee. Jan hatte sich in hautenge Jeans gezwängt und ein ausgeblichenes T-Shirt mit Reklame für Coors Bier übergezogen. Eine Minute später kam Jason, unser Hypnotiseur. Er brauchte meinen Leuten nichts zu erklären. Sie wußten schon Bescheid.

Sarah war mein Talent Nummer Zwei. Wir waren auf sie gestoßen, als wir Leute testeten, die behaupteten, U-Boote unter Wasser aufspüren zu können. Wir fanden keine U-Boote, dafür aber Sarah. Sie war in einer Kontrollgruppe. Bei der Kontrollgruppe hatte die Instrumentation öfter versagt als bei den Testpersonen. Vielleicht hätte ein anderes Projektteam diese Tatsache ignoriert; aber ich wies meine Leute an, das Unerklärliche – in jeder Form – zu erforschen. Als wir die Kontrollgruppen untersuchten, stießen wir auf den Grund des Versagens: Sarah. Sie war eine quirlige, vierzig Jahre alte, geschiedene Hausfrau mit dem Murphy-Talent, alle komplizierten Geräte außer Gefecht zu setzen. Nach einigem Training konnte sie diese Fähigkeit sogar steuern, jedenfalls in gewissem Maß.

Mein drittes Talent war January. Sie hatte die Fähigkeit, die Geschwindigkeit von Bränden zu steigern. Mit noch etwas Übung würde sie die gefährlichste von allen sein. Doch jetzt war sie noch eine junge Studentin mit unausgebildetem Talent.

Mir standen noch eine Handvoll anderer Menschen mit Talenten aller Preisklassen zur Verfügung. Aber niemand von ihnen würde uns bei dem, was uns bevorstand, nützen.

»Sarah, wie geht's dir?«

»Ausgebrannt, Dannyboy. Ich komme mir völlig ausgebrannt vor. Nach Mitternacht war ich noch nie zu etwas zu gebrauchen.«

»Das ist weniger gut. Mal sehen. Du arbeitest am besten, wenn du wach bist. Jan, wie steht's mit dir?«

»Ich muß mich noch mal hinlegen, Dan. Ich bin zu nervös, um etwas Sinnvolles im Wachzustand fertigzubringen.«

»Gut.« Ich nickte Jason zu, der zu ihr ging und sie in den Schlaf versenkte. »Was ist mit dir, Timmy? Bereit?«

»Jawohl, Sir.«

»Wie fühlst du dich?«

»Richtig heiß, Mr. Sanderson.« Er grinste mich an. »Einfach riesig gut.«

Wenn das stimmte, war er der einzige, der sich so fühlte.

Sobald ich zu der Auffassung gekommen war, daß meine Versetzung zum Projekt Popgun die Endstation auf dem Weg ins Vergessen war, ein Sackgassenposten bei einem Arbeitsbeschaffungsprojekt, entschloß ich mich, aus diesem Projekt das beste staatliche Sackgassenprojekt zu machen.

Vielleicht sollte ich erklären, was das Projekt Popgun ist. Es handelt sich um eine winzige staatliche Agentur zum Studium von »Langzeitprojekten«, wie es die Militärs schönfärberisch nennen. Eigentlich geht es aber um »Spinner«. Psychisch gestörte Meuchelmörder, Voodoopriester, Astrologen, Menschen, die aus Teeblättern weissagen und solche, die behaupten, mit UFOs Verbindung aufnehmen zu können. Niemand nahm sie wirklich ernst, aber sie wurden auf alle Fälle sorgfältig untersucht. Hunde, die die Zukunft vorhersagen konnten, Kinder, die Löffel verbogen, Spieler, die Würfel beeinflußten. Kaum war man mit der Untersuchung von einigen Spinnern fertig, kamen schon neue. Schließlich belief sich das Budget des Verteidigungsministeriums auf einige hundert Milliarden. Da ist doch etwas über eine Million für die Überprüfung von Spinnern ein Klacks.

Die Psychopathen, Handleser und Zukunftsdeuter stellten sich alle als Menschen heraus, für die sich eine genaue Überprüfung nicht lohnte. Aber ab und zu stieß ich in abgelegenen Winkeln des Landes auf echte Talente. Ich flehte, bestach, zwang sie oder heuerte sie direkt an, für mich hier in Alexandria zu arbeiten, wo wir sie unter die Lupe nehmen und ihre Talente weiterbilden konnten. Vielleicht waren wir sogar in der Lage, bei einigen herauszufinden, was sie vollbringen konnten.

Es ist schon seltsam. Solange ich negative Resultate zu melden hatte, wurde ich für die harte Arbeit und sorgfältige Testverfahren belobigt. Kaum meldete ich, daß wir auf etwas Lohnendes gestoßen waren, warf man uns Schlamperei in der Forschung, ja sogar Fälschung vor. Ein Untersuchungsausschuß ging zwar nicht so weit, unsere Ergebnisse zu bestätigen, meinte aber, daß unsere Ergebnisse »möglicherweise für das Verteidigungsministerium von Bedeutung sein könnten« und empfahl, daß man mir in begrenztem Rahmen freie Hand lassen sollte, um kurzfristige Anwendungen durchzuführen. Ich beantragte – und bekam – einen heißen Draht zum Bedrohungsauswertungszentrum der NORAD, dem Nordamerikanischen Luftabwehrkommando. Ton plus Videobilder des Hauptradarschirmes von NORAD mittels EMP-geprüften faseroptischen Kabeln.

Jetzt warteten wir und lauschten, was über diese Verbindung herunterkam.

»Überwachungssatelliten melden: Deckung wird jetzt von den Silos entfernt.«

Inzwischen mußte der Präsident am heißen Draht sein und sich bemühen, die bevorstehende Katastrophe abzuwenden. ICBMs wurden in den Silos für den Vergeltungsschlag vorbereitet und warteten jetzt nur auf das Kommando.

Überall waren in den Vereinigten Staaten Jägergeschwader zusammengestellt und sogar die uralten Luftabwehrraketen wieder aufgemöbelt worden, um die nahenden Bomber abzufangen. Aber ICBMs konnten sie nicht abschießen. Die allerletzte Verteidigung der Vereinigten Staaten würde nicht vom ultraharten Kommandostand im unterirdischen Bunker in den Bergen Colorados geführt werden, sondern aus dem schmutzigen, unscheinbaren Klinkergebäude hier im Außenbezirk von Alexandria – vom Oberkommando kaum beachtet. Eine Hausfrau, eine junge Studentin und ein elfjähriger Knabe.

Wenn Sarah ihr Talent richtig entfalten konnte, würde dies am besten beim Start der Raketen eingesetzt werden. Januarys Talent war für die Flugphase einsetzbar und Timmys zu jeder Zeit.

Raketenstarts erfolgt. Frühwarnsatelliten melden Starts aus dem östlichen Sektor. Satellitenmeldung über Starts aus dem südlichen Sektor. Satellitenmeldung über Starts vom nördlichen Sektor. Pause. *Starts von U-Booten im Polarmeer. Starts aus der Ostsee. Starts aus dem Schwarzen Meer. Starts aus dem Nord-Pazifik. Bestätigte Raketenstarts insgesamt 1419. Weitere 214 vermutet. Fehlzündungen 151.*

Es handelte sich nicht um einen sogenannten »chirurgischen Eingriff«, wie es die Presse gern nannte, der es lediglich auf die Militärbasen und Raketensilos abgesehen hatte, sondern um einen Großangriff, ohne jeden Vorbehalt. Fragen Sie mich nicht, warum. Ich habe nie behauptet, die Politik der Supermächte zu verstehen.

»Okay, Sarah. Es geht los. Jetzt zeig, was du kannst!«

»Mal sehen, was ich tun kann; aber versprechen kann ich nichts.« Sie schloß die Augen und lehnte sich zurück. Ich schaute auf den Bildschirm des Fernsehers. Es war noch zu früh. Nichts zu sehen. Ich beschloß zu beten. Eigentlich bin ich Atheist; aber vielleicht blieb mir noch genug Zeit, mich auf Gott zu besinnen.

Sarah öffnete die Augen. »Nun?«

Wir schauten beide auf den Monitor.

BMEWS bestätigt 1589 Starts. Beim zweiten Schub zündeten 3 Raketen nicht. 26 Minuten bis zum ersten Eintreffen.

»Verdammt!« sagte Sarah. »An manchen Tagen hat man's und an manchen nicht! Sieht so aus, als hätte ich heute einen schlechten Tag.« Sie lehnte sich wieder zurück, um es noch mal zu versuchen. Äußerlich wirkte sie ruhig, aber ich sah, wie sie innerlich zitterte.

Bestätigung von den PARC-Radars. Bestätigung von den PAVE-PAWS. Auf dem Bildschirm erschienen die ersten Punkte. *Starts der zweiten Angriffswelle. Starts aus dem Nord-Atlantik. Starts aus der Nordsee. Bestätigte Raketenstarts insgesamt 820. Weitere 19 wahrscheinlich. Fehlzündungen 22.* Die Stimme am anderen Ende der festen Heißendrahtverbindung klang kühl und professionell. Wie konnte der Mann so ruhig bleiben?

Jetzt war der Zeitpunkt gekommen, um es mit January zu versuchen. Sie war völlig entspannt und atmete tief und gleichmäßig.

»Du bist ganz ruhig. Du schwebst hoch und höher. Du bist jetzt über den Wolken. Du siehst einen Metallzylinder durch die Luft fliegen. Er kommt direkt auf dich zu. Du kannst den Sprengstoff im Innern des Zylinders sehen. Du kannst deine Hand ausstrecken und ihn berühren. Er erwärmt sich. Jetzt wird er noch heißer, ganz heiß. Laß ihn explodieren!«

Auf dem Bildschirm waren jetzt sehr viele Pünktchen zu sehen. Wie Ameisen liefen sie herum. Bösartige, wütende Ameisen, die es auf uns abgesehen hatten. *Alle Antriebsraketen ausgebrannt. Erste Einschläge in 18 Minuten.*

»Du kannst die Rakete neben dir fühlen, January. Streck die Hand aus und berühre sie. Berühre den Sprengstoff im Innern. Du kannst ihn fühlen. Laß ihn explodieren!«

Im Papierkorb am anderen Ende des Raumes flackerte fröhlich ein Feuerchen auf. Doch auf dem Bildschirm verschwand kein einziges Pünktchen. Jetzt mußte Timmy sein Glück versuchen.

Überwachungssatelliten melden: Erste Welle der Sprengköpfe von Trägerraketen gelöst.

Timmy konnte nicht nur in die Zeit schauen. Er hatte noch ein weiteres Talent: Er konnte Dinge verschwinden lassen. Wohin diese verschwanden, wußte niemand. Kein Stück kam je zurück.

»Timmy, kannst du mich hören?«

»Ja.«

»Oben, ganz oben, weit über uns fliegen jede Menge Raketen durch die Luft. Ich möchte, daß du deine Aufmerksamkeit auf sie konzentrierst. Sie rasen mit einer Geschwindigkeit von mehreren hundert Meilen pro Stunde auf uns zu. Kannst du sie mit deinem geistigen Auge sehen?«

»Ja.«

»Es sind ganz, ganz viele, Timmy. Von überall kommen sie auf uns zu. Wenn ich jetzt bis drei zähle, mußt du dich ganz stark konzentrieren und sie alle verschwinden lassen. Fertig?«

»Eins... zwei... drei...!«

Kein Geräusch. Es schien überhaupt nichts zu passieren. Die Punkte auf dem Bildschirm verschwanden einfach. *Sie verschwanden.* Zum ersten Mal verlor die Stimme am heißen Draht ihre Gelassenheit. *Ich kann es nicht glauben.* Er fing an, nervös zu kichern. *Der gesamte russische Angriff ist einfach verschwunden!*

Jason saß wie betäubt da. Sarah sprang auf und fiel mir um den Hals. »Dan, wir haben es geschafft! Timmy hat es geschafft!« Ich hielt sie umschlungen. Sie lachte und weinte gleichzeitig.

Noch war nicht alles vorbei. Wir mußten Timmys Talent noch zweimal einsetzen: Gegen die zweite Angriffswelle und gegen Irrläufer. Nach ungefähr einer Stunde hörten wir die Meldung, daß die Bomber zu ihren Basen zurückkehrten. Da wußten wir, daß alles vorbei war.

Vielleicht hätten wir mit unseren eigenen Raketen einen Gegenangriff starten können. Wir hätten auch die Meldung in die Welt setzen können, daß wir über eine Geheimwaffe verfügten und daher bedingungslose Kapitulation forderten. Vielleicht hätten wir alles mögliche tun können, nur eines nicht: den wahren Hergang preisgeben. Das wäre nur möglich gewesen, wenn wir hätten sichergehen können, daß wir ihn wiederholen konnten.

Daher ignorierte die Regierung der Vereinigten Staaten einfach den Angriff und tat so, als sei er nie erfolgt. Ich glaube, das entnervte die Gegenseite mehr als jede andere Maßnahme. Sie hatte ja keine Ahnung, was sich abgespielt hatte. Es konnte lange, sehr lange dauern, bis sie wieder einen Angriff wagen würde.

Auch bei uns wurde alles geheimgehalten. Schließlich war alles an einem einzigen Morgen geschehen, und es hatte keinen allgemeinen Großalarm gegeben. Natürlich schwirrten viele Gerüchte herum, aber wer hätte schon einen Großangriff vermutet? Wer hätte das überhaupt geglaubt?

Allerdings wurden wir alle dem Präsidenten vorgestellt – dieses Treffen war selbstverständlich auch streng geheim. Mir raubte er nicht die Sinne. Aber ich hatte auch nicht für ihn gestimmt. Doch Timmy war ziemlich aufgeregt und begeistert.

Einige Tage später ging alles wieder seinen üblichen normalen Gang. Timmy saß an seinem Schreibtisch und blätterte in einem Buch – *Das Ende der Dinosaurier*.

»Mr. Sanderson«, sagte er. »Ich würde gern wissen, was wirklich mit den Dinosauriern passiert ist.«

Ich dachte gerade über die Iridiumhüllen für atomare Sprengköpfe nach, über die Ruß- und Aschewolken nach Atombombenexplosionen, die zu einem langen, nuklearen Winter führten. Ich dachte über Timmys seltsame Talente nach, von denen eines mit Zeit zu tun hatte und das andere mit einer völlig anderen Materie: das Talent, Dinge verschwinden lassen zu können. Wo tauchten diese Dinge eigentlich wieder auf? Darüber hatte ich mir schon oft den Kopf zerbrochen. Jetzt weiß ich – glaube ich – die Antwort.

Ich konnte die sechstausend Sprengköpfe direkt vor mir sehen, wie sie über die Wälder des Mesozoikums herabregneten. Arme Dinosaurier! Sie hatten nie eine Chance. Und in fünfundsechzig Millionen Jahren war auch die schwächste Spur von Radioaktivität vollständig abgebaut.

Ja, ich glaube, daß ich weiß, wer die Dinosaurier tötete. Aber ich verriet es nicht.

»Keine Ahnung, Timmy«, antwortete ich. »Ich bezweifle, daß daß je ein Mensch genau wissen wird.«

(Ins Deutsche übertragen von Edda Petri)

Der Dinosaurier auf dem Fahrrad

Tim Sullivan

Was wäre, wenn die Dinosaurier nicht *ausgestorben wären? Vielleicht haben sie durch die Evolution während Millionen von Jahren eine Kultur entwickelt wie die in der folgenden Geschichte. Vielleicht war es aber auch nicht so…*

Tim Sullivan schreibt ziemlich regelmäßig für Isaac Asimov's Science Fiction Magazine, *ebenso für* The Twilight Zone Magazine, Chrysalis *und* New Dimensions. *Ferner ist er ständiger Rezensent für* The Washington Post Book World, U.S.A. Today *und* Shortform. *Von ihm stammen auch viele Horrorfilm-Besprechungen für die neu erschienene* Penguin Encyclopedia of Horror and the Supernatural. *Seine letzten Bücher sind der Roman* Destiny's End *und die von ihm herausgegebene Horror-Anthologie* Tropical Chills. *Bald wird sein neuer Roman* The Parasite Wars erscheinen. Tim Sullivan wurde in Bangor, Maine, geboren und lebt jetzt in Los Angeles.

* * *

Harry Quince-Pierpont Fotheringay kletterte auf das riesige Hochrad und trat in die Pedale. Die drei Zehen seiner Klauen steckten in Stiefeln und paßten genau auf die Pedale. Aus seiner Schnauze strömte Dampf in die kalte Morgenluft. Die Kälte der metallenen Handgriffe der Lenkstange drang durch die Ziegenlederhandschuhe, die seine Klauenhände schützten. Auch sein Überzieher, die Reithose und die Schottenmütze halfen ihm nicht viel. Er hätte sich für seine Reise in die Vergangenheit einen wärmeren Tag aussuchen sollen.

Doch jetzt gab es kein Zurück mehr. Donnernder Applaus kam aus dem Publikum, das um den Chronokinetikon herum saß, als die Kette, die mit dem großen Vorderrad des Hochrads verbunden war, das schwerfällige Räderwerk in Gang setzte, bei dessen Konstruktion und Fertigung Harry während der letzten sieben Jahre geholfen hatte. Er war der einzige Assistent seines gelehrten Freundes, Sir Brathwaite Smedley-Groat, M.S.I., Dr. phil. (Mitglied des Saurier-Imperiums, Doktor der Philosophie). Er war der geistige Vater des Chronokinetikons.

»Harry, kannst du dich nicht ein *bißchen* mehr anstrengen?« rief Sir Brathwaite vom Perimeter des Chronokinetikons herüber. Er saß auf einem Jagdstuhl, den Schwanz um das Stützbein des Stuhls gerollt, und beobachtete die Bewegungen des Räderwerks. Jede Umdrehung des großen Hauptrades maß er mit einer Stoppuhr. Er trug einen Homburg, einen dicken Mantel, Beinkleider und ein farbenfrohes Halstuch. Seine gespaltene Zunge zuckte immer wieder nervös aus dem Maul. »Nun tritt doch kräftiger zu, Kerl! Ja, so ist's brav. Gib alles, was du hast! Mehr *Kraft*!«

Am liebsten hätte Harry eine wütende Antwort zurückgeschleudert. Während Harry stöhnend und schwitzend in die Pedale trat, ließ sich Sir Brathwaite von einem livrierten Diener eine Tasse heißen Tee holen, um die Kälte aus seinen alten Knochen zu vertreiben. Fliegende Händler – viele waren noch ganz junge Bengel – verkauften nicht nur heißen Tee, sondern auch heiße Kastanien, frittierte Insekten, Glühwein, Ale und andere Delikatessen. Auf dem Campus hatten sich beinahe tausend Seelen eingefunden, um die Jungfernfahrt des Chronokinetikons mitzuerleben. Es waren vornehme Gentlesaurier – die Damen mit Federhüten, Reifröcken, Pelzen und Muffs. Ihre männlichen Begleiter hatten sich mit gestärkten, weißen Kragen, Zylindern, Fracks, Cuts und Regenschirmen herausgeputzt. Alle beäugten durch Lorgnons, Monokel oder Kneifer erwartungsvoll und aufgeregt das Chronokinetikon. Die Gegenwart dieser feinen Leute bewog Harry trotz der für Sir Brathwaites typischen Grobheit zu schweigen. Dieser glückverheißende Tag sollte nicht durch *seine* schlechten Manieren verdorben werden. Natürlich hätte er auch Sir Brathwaite sagen können, er solle sich einen anderen suchen; aber Harry hatte von der ersten Sekunde an, als er von den Plänen seines Mentors hörte, eine so phantastische Maschine zu bauen, der erste Pilot sein wollen. Das Unternehmen schien sicher zu sein, zumal Sir Brathwaites Berechnungen ergeben hatten, daß das Chronokinetikon nur für sechs Stunden in der Vergangenheit bleiben konnte. Das »Gesetz der Umkehrung der Vorwärtszeit!« – wie Sir Brathwaite es großspurig nannte, würde danach in Kraft treten. Es war also nur eine Stippvisite in die prähistorische Vergangenheit möglich, doch diese Aussicht erschien Harry verlockend. Schließlich studierte er schon lange die entfernten Vorfahren der Saurierspezies und wollte diese uralten Titanen mit eigenen Augen sehen, wenigstens einmal. Sir Brathwaite hatte zwar ein- oder zweimal etwas über Zurückbildung oder Entevolution erwähnt, aber Harry sogleich versichert, daß eine solche Möglichkeit höchst unwahrscheinlich sei.

»Schneller, Harry, *schneller!*« trieb Sir Brathwaite an. Jetzt kam der Diener zurück. Er war den ganzen Weg gelaufen, damit der Tee nicht zu sehr auskühlte. Sir Brathwaite verschonte Harry für einen Augenblick und nahm die Tasse in Empfang. »Braver Bursche«, sagte er geistesabwesend zu dem keuchenden Diener, ehe er sich wieder dem eigentlichen Anliegen widmete. »Also wirklich, Harry, alter Knabe! Ich *muß* schon sagen. Du solltest dir *entschieden* mehr Mühe geben. Klar?«

Mit Neid sah Harry den Dampf aus der Teetasse aufsteigen, obwohl ihn die Anstrengung auch erwärmte. Das Hochrad war dreimal so groß wie ein normales Rad. Beim Treten in die Pedale schmerzten die Beinmuskeln, und Harrys Herz pochte. Schon bald schwitzte er, konnte aber nicht lange genug aufhören, um den dicken Mantel aufzuknöpfen.

Harry trampelte und überlegte schon, ob diese Höllenmaschine aus kettenangetriebenen Scheiben und Zahnrädern mehr bewirken konnte, als nur um ihn herumzuwirbeln. Sir Brathwaites Forschungen hatten ergeben, daß sich von diesem Punkt eine direkte Linie in die Vergangenheit legen ließ. Unglücklicherweise konnte dies Naturwunder nur mittels eines so komplizierten Räderwerks benutzt werden, wie Harry es in diesem Augenblick mit der Muskelkraft seiner Beine in Gang hielt. Jedenfalls laut Sir Brathwaites Berechnungen... *falls* diese stimmten. Allerdings wäre es nicht das erste Mal, daß eine seiner Erfindungen oder Theoreme nicht funktionierten. Da war diese peinliche Sache mit der automatischen Tornürenschnürungsmaschine für Damenkleider gewesen...

»Bei Juppiter! Ich glaube, jetzt passiert *wirklich* etwas!« rief Sir Brathwaite und riß Harry aus seinem deprimierenden Tagtraum. »Fabelhaft!«

Sir Brathwaite hatte vollkommen recht. Aus dem Publikum brauste wieder Beifall auf, diesmal noch enthusiastischer als zuvor. Sir Brathwaite rief: »Prima Show!« Dann verschwammen für Harry die Damen mit den Federhüten, ebenso die Herren mit ihren Zylindern. Zuschauer und Sir Brathwaite, der aufgeregt mit seinem Stock herumfuchtelte, waren nur noch Schemen vor dem grünen Hintergrund, Gespenster, die verblaßten. Kaum waren sie ganz verschwunden, ging die Sonne rückwärts und versank hinter den Bergen im *Osten* der Stadt.

Die Sonne ging wieder auf, war aber in Sekundenschnelle wieder verschwunden. Der Pavillon, der eigens für dieses Ereignis errichtet worden war, löste sich schnell auf. Harry trat noch schneller in die Pedale. Das Schauspiel flößte ihm Respekt ein. Er wagte kaum, seinen

Augen zu trauen. Er befand sich tatsächlich auf einer *Zeitreise!* Kaum war das Sonnenlicht da, warf schon die Nacht ihren dunklen Mantel darüber. Die Welt flackerte wie eine kaputte elektrische Birne. Bald wurde das Flackern so schnell wie der Flügelschlag eines Kolibris. Harry sah in diesem schwachen, zuckenden Licht, wie die Welt sich verwandelte.

Die Türme der Universität waren verschwunden. Die Stadt wurde zu wenigen kleinen Häusern, dann zu einer Ansammlung armseliger Hütten. Doch auch diese schilfbedeckten Dächer verschwanden schnell. Die Bäume vermehrten sich und wurden zu einem dichten Wald um das Chronokinetikon.

Jetzt verschwanden die Bäume. Ein riesiger Gletscher raste über eine leere Ebene auf Harry zu. Vor Entsetzen schoß Harrys Zunge weit hervor, als die kolossale Eiswand donnernd immer näher kam. Er schloß die Augen und trat wie ein Wahnsinniger in die Pedale. Auf wundersame Weise blieb er völlig unberührt und heil, als der Gletscher ihn verschlang. Anscheinend war er außerhalb der Zeit und konnte von den Ereignissen nicht verwundet werden – solange er in *Bewegung* blieb.

Aber er konnte dieses mörderische Tempo nicht unbegrenzt durchhalten. Ihm kam es schon Stunden vor, daß er sich im Eis befand. Doch dann gab ihn der Gletscher urplötzlich frei und schob sich widerwillig nach Norden weiter. Vor Harrys Augen veränderten die Berge in der Ferne ihre Form. Sie wurden größer, höher. Die Gipfel wurden immer spitzer.

Die Gletscher kamen und gingen noch zweimal. Nachdem sie sich zum letztenmal zurückgezogen hatten, fiel Harry auf, daß sich die Vegetation sehr verändert hatte. Statt der Tannen und Birken standen jetzt Farne und Zykaden da. Dichte Dschungel grenzten an Sümpfe, in denen sich riesige Gestalten bewegten. Auf langen, schlangenähnlichen Hälsen wiegten sich mächtige Köpfe, von denen das Wasser tropfte.

Er hatte es geschafft!

Harry verlangsamte das Tempo und hörte schließlich ganz auf. Ihm war entgangen, daß das Chronokinetikon einige Meter über dem Boden schwebte. Es schlug so hart auf, daß Harry kopfüber in die Blumen fiel. Keuchend setzte er sich auf und betrachtete seine neue Umgebung. Für ihn bestand kein Zweifel, daß er bis ins Mesozoikum gekommen war. Um es ganz genau zu sagen: bis in die Kreidezeit. Die bunten Blumen, deren Duft die Luft versüßte, hatten bis dahin nämlich nicht existiert.

Harry zog ihren Wohlgeruch tief ein. Der dehnbare Hautbeutel unter seinem Kinn blähte sich auf. Er legte die Winterkleidung ab, zog kurze Hosen und ein Safarihemd an. Dazu setzte er einen Tropenhelm auf. Die Sachen hatte er in einer Satteltasche am Fahrrad verstaut gehabt. Ferner hatte er noch einen kleinen Hammer dabei, um Gesteinsproben abschlagen zu können, eine Axt, Block und Bleistift und eine Armbanduhr. So ausgerüstet trat er vom Hauptrad an der Basis des Chronokinetikons auf den weichen Boden der prähistorischen Welt.

Eine riesige Libelle summte an seinem Kopf vorbei. Ansonsten war alles vollkommen still... zumindest in diesem Augenblick. Harry stellte die Uhr genau auf zwölf und warf einen Blick aufs Chronokinetikon, das teilweise von blühenden Büschen und Ranken verdeckt wurde. Dann marschierte er los. Sir Brathwaite hätte zwar liebend gern selbst die Ehre beansprucht, als erster in die Kreidezeit zurückzugehen – so hatte er jedenfalls behauptet –, doch er besaß einfach nicht Harrys Jugend und körperliche Ausdauer oder Kraft, so lange in die Pedale zu treten. Nein, logisch betrachtet, ergab es Sinn, daß Harry gegangen war. Nun war er also hier, ungefähr siebzig Millionen Jahre vor seiner eigenen Geburt, in einer primitiven Welt, von der er sich nie hätte träumen lassen, daß er sie mit eigenen Augen je sehen würde. Das war ja nur möglich, weil der brillante, wenn auch exzentrische Sir Brathwaite auf das Geheimnis der Zeitreise gestoßen war.

Danach sollte Harry wieder zu seiner Frau und seinen Jungen zurück – vielmehr vorwärts – ins neunzehnte Jahrhundert fahren! Er hoffte nur, daß Sir Brathwaites Theorie über die direkte Zeitverbindung zwischen Vergangenheit und Zukunft stimmte.

Die hohe Luftfeuchtigkeit war bedrückend. Harry ging langsam, bis er zu einem dichten Koniferenwald kam, dessen Bäume seltsam von allerlei Ranken verschleiert waren. Mit der Axt schlug er in einen Stamm ein Zeichen, um den Weg zu markieren.

Kaum hatte er den letzten Schlag getan, hörte er hinter sich eine Bewegung.

Vielleicht war es nur das Chronokinetikon. Manchmal knarrte das Hauptrad ein wenig nach. Aber dies war selbst bei größter Phantasieanstrengung kein *Knarren!* Es war eher ein *Rascheln*... Seine Halstasche blähte sich vor Angst auf. Er mußte an die riesigen Gestalten denken, die er zuvor im Sumpf gesehen hatte. Ganz langsam drehte er sich um. Auf keinen Fall wollte er das, was auch immer *es* sein mochte, aufscheuchten.

Ein riesiger Kopf mit Schnabel musterte ihn. Harry vermutete aufgrund des grellen knochigen Kamms, daß es sich um einen Chasmosaurus handelte. Nie hatte er erwartet, daß einer seiner Vorfahren *rosa* sein könnte! Aber dieser war leuchtend rosa! Die gefiederten Beine waren so dick wie Baumstämme. Zum Glück war er Vegetarier. Die einzige *wirkliche* Gefahr bestand darin, von ihm zu Tode getrampelt zu werden.

Sie standen sich Auge in Auge gegenüber, da der Chasmosaurus auf vier Beinen, der wesentlich weiter entwickelte Harry auf zweien aufrecht stand. Das Riesengeschöpf zeigte für Harry wenig Interesse, trotz ihrer relativen Positionen auf der Skala der Evolution. Es trampelte an Harry vorbei, um Farne im Schatten des Waldes zu fressen.

Erleichtert zog Harry seinen Block hervor und machte sich einige Notizen über Aussehen und Gewohnheiten des primitiven Geschöpfs. Dann marschierte er weiter in den dunklen, stark duftenden

Dschungel. Da es unwahrscheinlich war, daß er in dieser Umgebung auf Fleischfresser stoßen würde, fühlte er sich relativ sicher. Falls Gefahr drohte, konnte er immer noch schnell zum Chronokinetikon zurücklaufen und mit dem Fahrrad in die Zukunft trampeln. Er hatte vor, in der Kreidezeit nur etwa eine Stunde zu bleiben. Auf keinen Fall wollte er sich so weit vom Chronokinetikon entfernen, daß er es weit aus den Augen verlor. Sollte die Maschine durch irgendeinen verrückten Zufall zerstört werden, würde er sich in einer äußerst prekären Situation befinden, dachte er...

Harry kratzte sich das juckende Ohrloch mit der Schwanzspitze und bahnte sich einen Weg durchs dichte Unterholz. Ab und zu vermeinte er, Stimmen zu hören. Aber das war wohl nur der Widerhall der Axtschläge in seinen Ohren. Doch als die Stimmen lauter wurden, blieb er stehen und lauschte angestrengt.

Obwohl das dichte Blattwerk des Dschungels die Geräusche dämpfte, hörte er seltsame rauhe Klänge. Stimme. Es klang zwar wie Kauderwelsch in seinen Ohren, aber es handelte sich eindeutig um einen Sprechrhythmus. Zwei Stimmen. Die eine sehr hoch und schrill, die andere tief. Harry pirschte sich vorsichtig heran. Dann bog er zwei Farnwedel auseinander... und da waren sie.

Sie standen aufrecht da und waren mit einer silbrigen, hautengen Uniform bekleidet. Die Köpfe waren zottig, die Gesichter glatt, bis auf einen halbmondförmigen Haarbüschel auf der Oberlippe des Größeren. Das andere Wesen hatte pralle Brüste und ausladende Hüften, woraus man schließen konnte, daß es sich um ein Weibchen einer Spezies von Säugetieren handeln mußte. Sie waren ungeschlacht, affenähnlich und abgrundtief häßlich, dennoch verfügten sie offenbar über ein Sprachsystem!

Sprechende Menschenaffen! Diese Vorstellung war beinahe zu absurd und gleichzeitig grauenvoll, um darüber nachzudenken. *Woher* konnten solch bizarre Geschöpfe stammen? Auf keinen Fall gehörten sie in die Kreidezeit. Harry bereiteten die harten, gutturalen Laute beinahe körperlichen Schmerz. Nicht eine einzige zivilisierte Silbe! Dennoch waren sie offenbar vernunftbegabte Wesen, die sich eindeutig verständigten. Vielleicht kamen sie von einem anderen Planeten... kalte, erbarmungslose Intelligenzen, die diese Erde mit neidischen Augen betrachteten und langsam, aber sicher finstere Pläne schmiedeten...

Nein! Irgendwie bezweifelte Harry das. Diese Kreaturen sahen aus, als hätten sie sich hier auf der Erde entwickelt. Sie waren Zweifüßler, der Kopf saß an der richtigen Stelle, mit der erforderlichen Anzahl Augen, Nase und Ohren... allerdings hatten sie über den Ohrlöchern einen abstoßend aussehenden, muschelähnlichen Lappen hängen. Konnte ein Geschöpf von einem anderen Planeten einem Saurier so ähnlich sein? Harry schüttelte sich vor Ekel. So ähnlich... und so grauenvoll *un*ähnlich.

Vorsichtig nahm Harry den Block heraus. Seine Finger zitterten vor Aufregung. Schon beim ersten Wort brach die Bleistiftmine.

Beide Kreaturen wandten die Köpfe in seine Richtung. Erst jetzt bemerkte Harry, daß ihre Augen *vorn* am Kopf saßen!

Blitzschnell rissen die Menschenaffen Metallobjekte – Handfeuerwaffen – aus den Holstern und zielten auf die Zykaden hinter Harry. Der Große brüllte laut. Offensichtlich befahl er Harry, herauszukommen. Da Harry außer der Axt und dem Hammer unbewaffnet war, zudem schreckliche Angst hatte, blieb ihm nichts anderes übrig, als dem Befehl nachzukommen. Wenn Sir Brathwaite nicht *auch* noch Pazifist gewesen wäre – er war doch schon Vegetarier und Spiritist –, dann hätte Harry einen Revolver mitnehmen können. Mit gesträubtem Gefieder trat er hervor.

Offensichtlich hatten die Affen so jemanden wie Harry nicht erwartet. Ihre Augen wurden doppelt so groß, um die Iris leuchtete es weiß. Sie boten einen wahrhaft wilden und schrecklichen Anblick.

»Bitte, nicht schießen«, flehte Harry mit vor Angst brüchiger Stimme.

Neugierig starrten sie ihn an. War ihnen nicht klar, daß er zu ihnen sprach? Sobald sie seine elegante Kleidung und seine weltmännische Art sahen, mußten sie doch die Waffen senken und ihn als ein zivilisiertes, vernunftbegabtes Wesen einordnen! Statt dessen schnatterten sie wie Affen los, als er die Lichtung betrat, und fuchtelten mit den Armen herum, wobei sie auch noch grauenvoll quiekten und brüllten. Abstoßend dieses Zeigen von Gefühlen! *Miserable Show!* dachte Harry und mußte sich Mühe geben, nicht voll Verachtung die Lippen zu verziehen.

Als sie sich etwas beruhigt hatten, winkte das Weibchen Harry zu sich heran. Langsam ging er auf sie zu. Dabei wedelte er mit dem Schwanz und hielt die Hände offen vorgestreckt.

Die kleinere Äffin gab einen krächzenden Wortschwall von sich. Ihre Stimme war zwar auch heiser, aber etwas melodischer als die ihres Gefährten. Der große Affe zuckte mit den Schultern. Dann steckten beide die Waffen weg. Sie waren mindestens ebenso nervös wie Harry; aber ihr freundliches Benehmen schien ein gutes Zeichen zu sein. Obgleich ihr Aussehen widerlich war, schienen sie über ein gewisses Maß an Intelligenz zu verfügen. Vielleicht verfügten sie auch über primitive Stammesriten, mit deren Hilfe man annähernd zivilisiert miteinander umgehen konnte. An diesem Punkt konnte Harry ansetzen. Natürlich mußte er ihre unvermeidlichen Verstöße gegen gutes Benehmen großzügig übersehen. Schließlich konnten sie nichts dafür, daß sie sich auf einer so niedrigen Stufe der Entwicklung befanden, und sie schienen sich Mühe zu geben, diesen Mangel auszugleichen.

Die beiden Affen forderten Harry auf, ihnen zu folgen. Sie führten ihn durch den Wald zu einer Lichtung in der Nähe eines Felsens. Der feine Gischt eines Wasserfalls leuchtete wie ein Regenbogen. Ein Tyrannosaurus trank aus dem Fluß unterhalb des Wasserfalls. Seltsamerweise gaben sich die Affen keinerlei Mühe, sich vor dem Ungeheuer zu verbergen, das immer wieder sein Maul ins Wasser steckte.

Als sie näher gekommen waren, sah Harry, daß der riesige Carnosaurier das Wasser nicht *schluckte*. Er stand wie eine Statue mit gerade ausgestrecktem Schwanz da. Nur der Kopf wippte mechanisch auf und nieder. In den Augen war kein Ausdruck... Die Schnauze tauchte ins Wasser, aber er trank nicht...

Für Harrys Geschmack gingen sie etwas zu nahe an seinen gigantischen Vorfahren heran. Das Biest hatte sie noch nicht gesehen. Harry hielt das auch für besser. Daher blieb er stehen und weigerte sich, weiterzugehen.

Seine beiden abgrundtief häßlichen Gefährten stießen krächzende Stakkatolaute aus, warfen die Köpfe nach hinten und bleckten die weißen Zähne. Harry war nicht sicher, ob sie in eine Art epileptischen Anfall verfielen oder Freude ausdrücken wollten. Vielleicht wollten sie ihn jetzt fressen oder – entsetzlicher Gedanke! – ihn dem Tyrannosaurus mit irgendeinem bizarren heidnischen Ritual opfern. Sie standen im Schatten des Ungeheuers zwischen den kleinen Vorderbeinen.

»Hört mal, das könnte extrem gefährlich werden«, sagte Harry zögernd. »Ich bin kein Feigling; aber es könnte sehr brenzlig werden, wenn das Biest euch bemerkt.« Irgendwie fühlte Harry sich verantwortlich für diese leichtsinnigen Geschöpfe. Unterentwickelt oder nicht – sie waren schließlich mehr oder weniger intelligente Wesen. »Bitte... der frißt euch beide, wenn ihr nicht sofort zurückkommt.«

Die dämlichen Affen verstanden natürlich kein Wort. Das Männchen ignorierte Harry und griff in den dichten malvenfarbenen Bauchpelz des Sauriers.

Harry vertraute sein Heil seinem Gott an und wartete nur darauf, daß der große Fuß sich hob und den Affen zerquetschte. Doch es geschah nichts. Die Affen wurden weder niedergetrampelt noch gefressen. Statt dessen öffnete sich am Unterbauch des Tyrannosauriers eine Falltür.

Es war eine Maschine! Eine mechanische Saurierimitation! Das war wohl, das *mußte* – die Entsprechung zum Chronokinetikon dieser

Wesen sein! Natürlich fehlte die Eleganz des Chronokinetikons völlig; aber es mußte eine primitive Art Zeitmaschine sein. Doch aus welcher Periode konnten so komische Wesen stammen?

Das Affenweibchen zog eine Klappleiter heraus. Mit ihren ungeschickten Fingern winkte sie Harry, mit ihr und ihrem Männchen hinaufzusteigen. Harry folgte ihnen.

Im Tyrannosaurus war eine kleine Kammer. In dieser drangvollen Enge wurde der ekelhafte Moschusgeruch der Menschenaffen beinahe zuviel für Harry. Dieser Geruch hatte schon vorher seine Nase beleidigt. Doch im Hinblick auf neue wissenschaftliche Erkenntnisse überwand Harry seinen Ekel. Vor einer geschwungenen Konsole mit vielen bunten Lichtern standen zwei Sessel. Die Wände zierten Fotografien von Artgenossen seiner Gefährten. Über der Konsole hing ein Paar winziger, mit Bronze überzogener Schuhe, daneben zwei weiße Würfel mit schwarzen Augen. Harry notierte sich diese Gegenstände, die anscheinend keinem technischen Zweck dienten. Waren es *Fetische?* Magie? War es möglich, daß diese Wesen technisch so fortgeschritten und gleichzeitig kulturell so primitiv waren? Vielleicht hatte das Zeitalter der Aufklärung den abgelegenen Winkel der Zeit nicht erreicht, aus dem sie stammten? Schließlich waren sie nur Affen!

Da schlug sich das Weibchen an die üppige Brust und quiekte etwas, das so ähnlich wie »Hue-man« klang.

Die Kleine war clever! Offensichtlich wollte sie ihm ein Gespräch aufdrängen und begann ganz logisch damit, ihm ihren Namen zu sagen. Aber ehe Harry antworten konnte, wurde die Zeitmaschine von einer furchtbaren Gewalt erschüttert. Harry stürzte zu Boden. Hueman und ihr schnurrbärtiger Freund fielen auf ihn. Arme und Beine verschlangen sich. Trotz seiner Angst ekelte sich Harry vor der Berührung. Bei Godfrey, stanken diese Biester!

Die Zeitmaschine wurde wieder gerüttelt, diesmal noch härter. Eine Wand verbog sich. Eine Sirene heulte los. Die beiden unglücklichen Affen schnatterten vor Entsetzen.

Harry versuchte die Falltür zu erreichen, während die Zeitmaschine wie ein Schiff auf stürmischer See herumgeworfen wurde. Es gelang ihm, hinauszuspringen. Unmittelbar danach neigte sich der mechanische Tyrannosaurus auf die Seite und knallte zu Boden.

Harry schlug einen Purzelbaum im Gras. Das Geräusch von knirschendem, quietschendem Metall tat seinen Ohren weh. Er blieb in einer Senke liegen. Schnell kroch er hinter einen Felsen, um die Katastrophe zu beobachten, die sich vor seinen Augen abspielte.

Ein riesiger, purpurfarbener, gepunkteter Tyrannosaurus Rex rieb sich an den in die Höhe ragenden Hinterbeinen der Dinosaurierimitation. Offensichtlich wollte er sich mit dem Metallding paaren. Das Ungeheuer ließ sich durch die schrill heulende Sirene nicht im geringsten stören, hielt sie vielleicht sogar für erotisch. Dafür sprach sein eigenes lustvolles Stöhnen. Jetzt führte er einen besonders kraftvollen Stoß mit dem Becken durch, wobei sein Schwanz voll Begeisterung durch die Luft peitschte. Die Zeitmaschine brach unter dem Gewicht des stürmischen Liebhabers zusammen. Damit war auch das Klagegeschrei der Sirene auf immer zum Schweigen gebracht. Der Tyrannosaurus verlor das Gleichgewicht und fiel auf die Trümmer des mechanischen Sauriers. Aber schnell war er wieder auf den Beinen. Er schien von dem Zusammenbrechen seiner Beinahe-Sexpartnerin völlig überrascht zu sein, vielleicht auch vom plötzlichen Verstummen der Sirene. Mit einem zierlichen Vorderbein kratzte er sich den Kopf und schaute sich verblüfft um. Die Äffin hatte er nicht bemerkt. Sie war schnell aus den Trümmern gesprungen und in ein dichtes Farngebüsch gekrochen. Dort versteckte sie sich, während der Tyrannosaurus mit den Klauen das Wrack durchwühlte. Er zischte triumphierend, als er das Affenmännchen fand. Der Alte kreischte laut, als sich die dolchartigen Krallen um ihn legten. Er schrie auch noch, als der Tyrannosaurus langsam – beinahe genüßlich – auf ihm herumkaute. Endlich hatte er ihn verschlungen. Das Monster leckte sich das Maul und stieß ein dezentes Bäuerchen aus.

Während der Tyrannosaurus weiter in den Trümmern nach Leckerbissen suchte, schmiegte sich Harry noch enger an den schützenden Felsen. Vorfahre oder nicht – dieser riesige Fleischfresser würde ihn vertilgen. Würde er die Äffin finden und verspeisen? Trotz ihrer Häßlichkeit hoffte Harry, daß dies nicht passierte. Irgendwie hatte es ihn gerührt, daß dieses arme Geschöpf ihm ihren Namen gesagt hatte.

Als der Tyrannosaurus kein weiteres Fleisch fand, trat er noch einmal gegen das verbogene Gestänge der Zeitmaschine und preßte den Stahl flach. Dann stolzierte er davon.

Mit zitternden Knien, aber unversehrt, stand Harry da. Dann ging er zu den Farnen, wo sich Hue-man versteckte. »Du kannst rauskommen«, sagte er. Er vergaß, daß sie ihn nicht verstehen konnte. »Jetzt ist es sicher. Die Luft ist rein.«

Der Ton seiner Stimme schien sie etwas zu beruhigen. Sie kroch heraus. Die schöne Uniform war zerrissen und schmutzig. In ihren Augen zeigte sich noch mehr Weiß als zuvor. Außerdem lief – Harry wurde beinahe schlecht – eine klare, salzige Flüssigkeit aus ihnen heraus und zog blasse Striche über die schmutzigen Wangen. Ansonsten schien sie aber ebenfalls unverletzt zu sein. Sie sprang auf und stolperte umher. Dabei schnatterte sie vor Entsetzen. Es war eine besonders widerwärtige Zurschaustellung von Gefühlen; aber Harry mußte das wohl hinnehmen, bis Hue-man sich beruhigt hatte.

»Schon gut, schon gut«, sagte er steif und versuchte, die Äffin zu trösten. »Der Tyrannosaurus ist weg. Hab keine Angst.«

Endlich trocknete Hue-man ihre Augen. Vielleicht hatte sie sich abgefunden, daß ihr Gefährte und die Zeitmaschine nicht mehr existierten. Traurig betrachtete sie das Wrack der Dinosaurierimitation. Harry holte seine Uhr aus der Uhrentasche, um zu sehen, wie spät es war. Jetzt war er schon fast zwei Stunden in der Kreidezeit. Nach dieser Katastrophe sollte er vielleicht das Schicksal nicht länger herausfordern, sondern lieber schleunigst in die Zivilisation zurückkehren... aber was, um alles in der Welt, sollte er mit Hue-man anfangen?

Nun, er mußte sie mitnehmen, wenn er in seine eigene Zeit zurückfuhr. Das war die einzige anständige Lösung. Obwohl sie so abgrundtief häßlich war, verfügte sie doch über einen Schimmer von Intelligenz. Er konnte sie nicht einfach hier zurücklassen – als Fraß für die fleischfressenden Dinosaurier. Natürlich würde sie in zivilisierter Gesellschaft immer eine scheußliche Mißgeburt bleiben, eine Rarität. Möglicherweise konnte Sir Brathwaite ihr helfen, in ihre eigene Zeit zurückzukehren. Aber selbst, wenn das nicht möglich sein sollte, war ein Leben im neunzehnten Jahrhundert auch als wissenschaftliche Rarität besser, als von wilden Tieren gefressen zu werden. Zumindest konnte sie ihre natürliche Lebensspanne verbringen, vielleicht, in einem Zoo...

Harry bedeutete Hue-man, ihm zu folgen. Dann marschierte er in Richtung Chronokinetikon los. Vorsichtig bahnten sie sich einen Weg durch den Wald. Ständig hielten sie nach Fleischfressern Ausschau. Schon bald kamen sie an den Waldrand, und Harry fand den Baum mit der Kerbe. Dann folgten sie dem Pfad, den er durch den Dschungel markiert hatte. Nach einer halben Stunde traten sie ins gleißende Sonnenlicht. Wenige Minuten später sah Harry das Chronokinetikon. Es sah aus der Entfernung heil und unversehrt aus. Seine Halstasche blähte sich vor Erleichterung auf.

Sie gingen auf das Wunderwerk aus Rädern und Scheiben zu. Hue-man schnitt Grimassen, da sie aus dem Staunen nicht mehr herauskam. Erst blinzelte sie das Chronokinetikon an, dann riß sie die Augen auf und zeigte das Weiße, schließlich stieß sie die überraschten Stakkatolaute aus, die sie mit ihrem Gefährten schon vorher produziert hatte, und zeigte auch wieder ihr Gebiß. In Harrys Ohren klang es ebenso scheußlich wie beim ersten Mal.

Hue-man kletterte mit Hilfe der Leiter, die an das Rad im Zentrum angeschlossen war, aufs Hochrad. Dabei machte sie wieder die heiseren Stakkatogeräusche und überzeugte Harry damit, daß diese tatsächlich Freude ausdrückten. Verstand sie zumindest, daß er aus einer

Zukunft gekommen war? Hue-man mußte aus einer anderen Zukunft kommen, wo Menschenaffen irgendwie die Entwicklungsleiter hinaufgeklettert waren... so unwahrscheinlich dies auch war.

Sie starrte ihn mit offenem Maul an, als er ihr gestenreich seine Pläne zu erklären versuchte. Doch die Zeichensprache erwies sich als sinnlos. Vielleicht klappte es, wenn er laut und langsam sprach...

Da unterbrach ihn ein markerschütterndes Gebrüll. Sie drehten sich gleichzeitig um. Ein Theropode sprang auf sie zu. Er war nicht ganz so groß wie der Tyrannosaurus, sah aber ebenso wild und hungrig aus. Das Biest war giftgrün mit hellroten Streifen. Harry erkannte, daß es sich um einen Daspletosaurus handelte.

»Bei Godfrey, der läuft direkt auf uns zu!« rief er.

Es war in der Tat so. In der nächsten Sekunde würde er sich auf sie stürzen. Zu Fuß konnten sie der Bestie niemals entkommen. Aber Harry gestattete sich keine Panik. Er sprang auf das Chronokinetikon, streifte die Kette von der kleinsten Scheibe und hob die verschreckte Hue-man vom Sitz auf die Lenkstange. Harry stellte sich auf die Pedale. Hue-man stieß einen spitzen Schrei aus, als sie über das Zentralrad des Chronokinetikons fuhren und mehrere Fuß auf die Erde fielen. Es gab zwar einen starken Ruck, der schmerzte, und das Rad hüpfte wie verrückt; aber Harry gelang es, in der Senkrechten zu bleiben. In halsbrecherischer Fahrt ging es einen langen Abhang hinunter. Der Daspletosaurus landete genau an der Stelle, wo sie noch einige Sekunden zuvor gewesen waren.

Harry fuhr mit dem flatternden Vorderrad wie der Teufel. Er gab alles, was er hatte. Das wütende Zischen hinter ihm überzeugte ihn, daß der Daspletosaurus nach seinem fehlgeschlagenen Versuch nicht aufgab. Er hoffte nur, daß das Biest nicht in seiner Wut das Chronokinetikon zerstörte.

Die Erde bebte. Für einen Augenblick verlor Harry die Kontrolle über das Rad. Hue-man wurde nach vorn geschleudert, schaffte es aber, sich festzuhalten. Das wütende Gebrüll des Daspletosaurus klang sehr dicht hinter ihnen. Harry trat noch stärker in die Pedale. Er ging bis an die Grenzen seiner Kräfte.

Hue-man blickte über die Schulter und rief etwas.

»Was?« schrie Harry.

Sie wiederholte ihren Schrei, irgendein fremdes Kauderwelsch. Doch dann schien sie sich zu erinnern, daß Harry sie nicht verstehen konnte. Sie gestikulierte wild nach links, wo sich ein Schatten über sie legte.

Harry riß die Lenkstange dorthin, wobei er Hue-man beinahe abgeworfen hätte. Der Daspletosaurus donnerte genau auf die Stelle zu, an der sie sich befunden hätten, wenn Harry geradeaus weitergefahren wäre. Der Aufprall des schweren Saurierkörpers erschütterte den Boden so stark, daß das Fahrrad hochgeschleudert wurde.

Harry stand auf den Pedalen und hielt das Rad senkrecht. Die Landung war hart. Das Rad schwankte gefährlich... und fuhr im Zickzack weiter. Das verdammte Ding war außer Kontrolle geraten!

Dann prallte das Vorderrad gegen einen Holzstamm. Harry und Hue-man wurden über die Lenkstange geschleudert und landeten kopfüber in der schmutzigen Sumpfbrühe.

»Hue-man! Hilfe! Ich kann nicht schwimmen!« rief Harry, als er wieder einmal den Kopf über Wasser hatte. Welch entsetzlicher Gedanke. Hier in der Kreidezeit zu ertrinken – Äonen vor seiner eigenen Geburt!

Durch den Schlamm, der Hue-mans Gesicht bedeckte, leuchteten die weißen Zähne. Sie stand bis zur Taille im Schlamm. Da stand er auch auf. Erst jetzt hatte er gemerkt, daß er in dem seichten Wasser kaum Gefahr lief zu ertrinken. Verlegen watete er aufs Ufer zu; aber Hue-man zog an seinem Arm und führte ihn tiefer in den Sumpf.

Der Daspletosaurus hatte mit dem nächsten Sprung das Ufer erreicht. Wütend und frustriert peitschte er mit dem Schwanz und zischte und brüllte. Er stampfte mit den Vorderbeinen, wagte sich aber nicht in den Sumpf.

»Wir müssen zum Chronokinetikon zurück!« rief Harry. »Das ist unsere einzige Hoffnung.«

Hue-man schüttelte entschieden den Kopf und packte Harry noch fester. Unbeirrt watete sie weiter in den stinkenden Schlamm. Das Brüllen und Zischen des Daspletosauriers wurde schwächer, als sie halb watend, halb schwimmend das andere Ufer erreichten. Hue-man wollte hinaufklettern, rutschte aber aus und fiel zurück ins schmutzige Wasser. Harry benutzte seine Klauen und konnte festen Boden gewinnen. Er hielt sich an einem Magnolienzweig fest, dessen Blütenduft nach dem Gestank des Sumpfes mehr als willkommen war. Nach kurzem Zögern streckte er seinen Schwanz ins Wasser, um Hue-man herauszuziehen, obwohl das natürlich höchst würdelos war. Aber es half nun einmal nichts! Ohne auf ihr Geschnatter zu achten, machte Harry erst einmal bei sich Inventur. Er hatte Axt, Hammer, Block und Bleistift verloren. Nur seine Uhr war noch da, weil sie mit einer Silberkette an der Uhrentasche befestigt war.

Hue-man schnatterte unaufhörlich weiter und gestikulierte wild. Sie zeigte mehrmals nach Norden. Natürlich hatte ihr Wortschwall keinerlei Bedeutung; aber Harry kam plötzlich die Idee, daß sie auch eine *andere* Route zum Chronokinetikon einschlagen konnten – eine, die nicht so sehr von Fleischfressern begangen war... zumindest hoffte er das. Seine Uhr tickte noch. Er rieb die Schmutzschicht vom Glas. Es war zwölf Minuten nach drei. Ausreichend Zeit, den Sumpf zu umgehen. Das Chronokinetikon stand direkt nordwestlich. Wenn sie nach Norden marschierten, bis sie außer Sichtweite des Daspletosaurus waren, und dann nach Westen abbogen, mußten sie in etwa zwei Stunden dort sein. Harry zeigte nach Norden, und sie machten sich auf den Weg.

Ab und zu kratzte sich Hue-man in den Haaren auf dem Kopf. Harry befürchtete, daß sie Läuse hatte oder noch schlimmeres prähistorisches Ungeziefer. Wenn solche Tierchen in sein Federkleid gerieten... Stoisch verdrängte er diesen Gedanken ebenso, wie er sich mannhaft bemühte, Hue-mans schrecklichen Gestank nicht zu beachten, der inzwischen fast unerträglich geworden war...

Harrys Gedankengang wurde unterbrochen, als plötzlich ein Geschöpf – so groß wie Hue-man oder er selbst – aus dem Gebüsch brach. Harry und Hue-man versteckten sich schnell hinter einem Sassafrasbaum und beobachteten alles weitere von dort. Harry hoffte, daß es kein kleiner Fleischfresser sein möge. Bei Godfrey, das war er nicht! Als Harry sah, um *wen* es sich handelte, konnte er sein Glück kaum fassen.

Wie ein Vogel stand das Wesen auf zwei kräftigen Beinen da, ein langer Hals trug den kleinen Kopf. Zweifellos handelte es sich um einen Ornithominus. In der für Harry zeitgenössischen Wissenschaftstheorie wurde er für den primitiven Vorfahren der modernen Saurierarten gehalten... Allerdings vertraten ein paar Spinner auch die Auffassung, daß diese Ehre dem winzigen Mikrovenator gebührte, der nur aufgrund seiner Winzigkeit und Ängstlichkeit überlebt hatte. Harry stand auf der Seite der konventionellen Theorie, die er durch das Auftreten des Ornithomimus bestätigt sah. Während der nächsten Äonen würde sich der Hals verkürzen und verstärken, um einen größeren Kopf tragen zu können. Aber dieser primitive Vorfahre bot einen prächtigen Anblick. Kobaltblaue und weiße Federn bildeten einen phantastischen Kontrast zur scharlachroten Schnauze. Selbst in der frühen Form war es ein Allesfresser. Obwohl er einen opponierbaren Daumen besaß, fehlte ihm noch die richtige Greifhand. Er war größer als Harry und zweifellos viel stärker. Sollte er sie bemerken, konnte das üble Folgen haben. Der Ornithomimus verschwand hinter Rhododendronbüschen, und Harry atmete erleichtert auf.

Auch wenn sein Vorfahre primitiv war, schwoll Harrys Brust dennoch vor Stolz. Verglichen mit dem stinkenden, schlurfenden Primaten neben ihm, der in der Nase bohrte, war der Ornithomimus die majestätische Krönung der Schöpfung!

Schon bald lag der Sumpf hinter ihnen. Sie marschierten nach Westen, bis das hohe Gras sie aufnahm. Hier würden sie nicht so leicht zu sehen sein wie auf der Ebene, auf der der Daspletosaurus sie angegriffen hatte, dachte Harry. Das Gras war höher als sie. Der Nachteil war nur, daß Harry dauernd niesen mußte. Bei einem Blick auf die Uhr stellte er erschrocken fest, daß schon beinahe fünf Stunden seit seiner Ankunft in der Kreidezeit verstrichen waren. Der Überlandmarsch nahm mehr Zeit in Anspruch, als er gedacht hatte... und er war nicht absolut sicher, ob sie in die richtige Richtung gingen.

Eine seltsame dunkle Wolke schwebte in einiger Entfernung, obwohl die Sonne immer noch hell auf Harry und Hue-man herabstrahlte. Ein dunkler, unheilverkündender Schatten huschte über ihre Köpfe dahin. Harry schaute hinauf. Ein Pteranodon zog seine Kreise. Der mit einem Kamm geschmückte Kopf zeigte direkt auf die seltsame Wolke, als er sich niederließ. Harry dachte mit Wehmut an die im Sumpf verlorene Axt. Damit hätte er gegen den Pteranodon eine wirkungsvolle Waffe gehabt. Die Flügelweite betrug kaum mehr als sieben Meter. Aber mit bloßen Händen... Der ein Fuß lange Schnabel konnte ihn leicht in Stücke hacken.

Was Harry für eine Wolke gehalten hatte, löste sich plötzlich auf und verschwamm. Er hörte ein deutliches *Plopp*. Sofort zeichnete sich mitten in der Luft, statt der verschwommenen Wolke, ein kleines Haus mit einem Giebel ab!

Laut kreischend flog der Pteranodon davon. Das merkwürdige Haus schwebte eine Sekunde in der Luft. Dann landete es knallhart auf der Erde. Auf einem Hügel in der Nähe lagen alle möglichen seltsamen Objekte herum. Harry bemerkte, daß das Gras flachgetreten war. Aber dies Giebelhaus war näher als die anderen.

»Hallo!« rief Harry. »Das muß noch ein Zeitreisender sein!«

Er lief schnell auf das Haus zu. Hue-man direkt hinter ihm. Sie kamen rechtzeitig an, um die ersten Bewohner hervorkommen zu sehen. Es waren Zweifüßler, mit grauem Fell und bunten Kilts bekleidet. Aus den Mäulern hingen lange, rosige Zungen. Sie heulten vor

Freude, als sie einander beim Aussteigen aus dem Wrack ihrer Zeitmaschine halfen – es war ein ganzes Rudel.

»Du gütiger Gott – intelligente Caniden!« entfuhr es Harry. »Was wird als nächstes kommen?«

Die Antwort kam in Form eines käfigartigen Apparats angeflogen. Klappernd setzte er auf. Darin waren komplizierte Tretmühlen und zweifüßige Nagetiere mit Brillen, die wie Spiegel reflektierten.

»Ratten! Vernunftbegabte Ratten!« stöhnte Harry. »Bei Godfrey, das ist einfach unglaublich!« Die Käfigtür öffnete sich. Etwa ein Dutzend der Rattenmänner flitzten heraus. Ihre nackten Schwänze zuckten aufgeregt. Sie liefen an den verblüfften Caniden vorbei und verschwanden hinter der Hügelkuppe.

Harry näherte sich den Hundegeschöpfen mit der guten Absicht, ihnen eine helfende Hand zu gewähren. Doch der erste knurrte ihn an und zeigte die Zähne. Harry und Hue-man blieben in sicherem Abstand, während die Hunde die letzten Kameraden aus den Trümmern ihrer Zeitmaschine holten. Sie leckten sich vor Freude jaulend ab.

Aber was würden die Hunde tun, wenn die unmittelbare Freude abgeebbt war? Harry und Hue-man wichen zurück, als das Rudel lautstark und wütend bellend auf sie zulief. In diesem Augenblick schob sich ein anderes verschwommenes Objekt zwischen Harry und die Hundemeute. Ein goldener, sphinxähnlicher Apparat landete sanft auf dem Boden.

Der Sphinx entstieg eine auf zwei Beinen gehende Katze mit einer schicken schwarzen Mütze. Sie fauchte die Hunde mit aufgestellten Rückenhaaren an. Die Hunde knurrten das Katzengeschöpf an, wichen aber nicht von der Stelle, während die Katzendame wachsam herumstolzierte.

»Du lieber Himmel!« rief Harry. »*Noch eine* Rasse von Zeitreisenden!«

Aber wie konnte er mit irgendeiner kommunizieren, wenn sie sich alle gegenseitig *bekämpften?*

Und schon wieder tauchte eine Zeitmaschine auf. Diese war eine eher formlose Behelfskonstruktion. Zwei Säugetiere mit Masken und buschigen Schwänzen kamen heraus. Harrys Meinung nach konnten sie Abkömmlinge des *Procyon lotor*, des Waschbären, sein. Sie trugen nur breite Krawatten.

»Wie außergewöhnlich!« meinte Harry. »Hier muß ein Nexus sein, ein Ort, an dem alle Zeitlinien verknüpft sind. Hue-man, wir sind nur am *Rand* gelandet!«

In kurzen Abständen sahen sie noch die Landung von intelligenten zeitreisenden Pferden, Walfischen, Schweinen, Schlangen, Gazellen, Geiern, Kaninchen, Wieseln, Vielfraßen, Rennmäusen und eines Bären mit Mokassins und Melone. Die Wesen entstiegen Zeitmaschinen aller Größen und Bauarten. Alle kamen aus der seltsamen dunklen Wolke, die das Herz des Zeitknotens sein mußte. Als Harry und Hueman näher kamen, sahen sie, daß der Zeitknoten ein dunkler Riß in dem ansonsten strahlend blauen Himmel war, durch welche unaufhörlich Zeitmaschinen herabfielen.

Sie bahnten sich einen Weg durch die dichtgedrängten, von der Landung etwas mitgenommenen Temponauten und stiegen auf den Hügel. Von diesem Aussichtspunkt aus sahen sie Tausende von Zeitmaschinen, die mehr oder minder reparaturbedürftig das Tal übersäten. Tausende, vielleicht Zehntausende von schnatternden, quiekenden, brüllenden und fauchenden Wesen schwärmten, so weit das Auge reichte, herum.

Während sie noch staunend dies Schauspiel genossen, schlug eine meergrüne Kugel auf dem Hügel auf und rollte auf Harry und Hueman zu. Harry sah darin fischähnliche Wesen, die mit listigen Kugelaugen aus ihren Wassertiefen herauslugten. Intelligente Fische! In Harrys Kopf drehte sich alles.

Da erhob sich aus dem Chaos am Fuß des Hügels ein selten ekelhaftes Wesen. Du lieber Himmel! Das war... eine riesige Küchenschabe! Der Insekten-Temponaut stolzierte auf den Hinterbeinen einher und hielt sich den glänzend braunen Kopf mit den Vorderbeinen. Hinterher stolperte ein zweite Schabe, gefolgt von noch mindestens einem Dutzend dieser widerlichen Biester.

»Also, jetzt *reicht's!*« rief Harry. Ekel siegte über Staunen. »Das ist einfach zuviel! Abscheulich! Widerwärtig!« Diese Geschöpfe waren so ekelhaft, daß Hue-man im Vergleich beinahe normal aussah – sogar attraktiv. Auch Hue-man schien von der letzten Gruppe Zeitreisender erschüttert. Sie war blaß geworden und schwankte leicht. Warum auch nicht? Intelligente Küchenschaben! Einfach abgrundtief ekelhaft! Selbst einem Affen mußte bei *diesem* Anblick schlecht werden!

Die Schaben sammelten sich. Ihre Fühler zitterten wie verrückt. Ihre Chitinpanzer sahen wie aus Stahl gefertigt aus, und mit ihren Zangen konnten sie zweifellos Saurierfleisch so leicht wie Papier zerteilen.

Sie kamen näher. Hue-man kreischte vor Angst.

Gerade als Harry den sicheren Tod vor Augen hatte, plumpste eine neue Zeitmaschine herab. Sie hatte an der Basis eine akkordeonähnliche Konstruktion, um den Aufprall abzufangen. Sie ähnelte einem Schlitten mit einer riesigen Drehscheibe, auf die etwas eingraviert war. Überall funkelte blank geputztes Messing. Der Sitz des Zeitreisenden war mit rotem Plüsch und Samt bezogen.

Der Reisende selbst trug Weste, Krawatte und Smokingjacke. Zwischen seinen Zähnen steckte eine Pfeife, die die entschlossene Linie um sein Kinn noch unterstrich. Seine Erscheinung und sein Auftreten wirkten so zivilisiert – so, so... *saurisch* –, daß Harry kaum glauben konnte, daß er derselben Rasse wie Hue-man angehörte. Aber er war in der Tat ein Menschenaffe!

Der Neuankömmling schaute umher. Seine Augen wurden groß, als er Hue-man und die Riesenschaben sah. Auch dies kannte Harry schon von Hue-man. Dann verengten sich die Augen des Gentleman-Affen wieder und funkelten stahlgrau. Offenbar spürte er, daß einem

Weibchen seiner Spezies Gefahr drohte. Er legte die Pfeife auf die Messingplatte vor sich, sprang aus der Zeitmaschine und versetzte der nächstbesten Schabe einen gewaltigen Fausthieb.

Das arme Ding landete flach auf dem Rücken und strampelte hilflos mit den Beinen in der Luft. Ehe der wutentbrannte Affenkavalier nochmals zuschlagen konnte, hatten zwei Schaben ihren Kameraden umgedreht. Dann flitzten alle Insektenhorrorgestalten, so schnell sie konnten, auf ihren sechs Beinen davon und suchten Sicherheit in der Menge, der sie noch soeben hatten entfliehen wollen. Der Affe spuckte in die Hände und kam auf Harry zu. Seine grauen Augen funkelten wie Schwertklingen, die Kinnlade war entschlossen zusammengepreßt.

Harry wurde ganz klein und befahl seine Seele dem Himmel, als der mächtige Affe ihn erreichte und gegen ihn die Faust hob, um ihn niederzuschlagen...

Vor Angst blähte sich Harrys Halstasche wie ein Ballon auf. Was konnte er tun? Schnell packte er Hue-mans Handgelenk und schob sie auf den Affenkerl zu.

»Nimm dieses flohzerbissene Geschöpf als Gespielin!« schrie er. »Sie ist ziemlich unzivilisiert, aber nicht unintelligent für eine Äffin. Vielleicht könntest *du,* alter Freund, ihr die richtigen Manieren beibringen, was? Mach schon, Mann! Nimm sie!«

Das Affenmännchen zögerte kurz. Hue-man schnatterte in ihrer Sprache etwas und stieß dann Harrys Hand ärgerlich weg. Beide Affen bleckten die Zähne und unterhielten sich in ihrer Stakkatosprache. Schließlich stiegen Hue-man und das Männchen, das in der Tat ihr neuer Lebensgefährte geworden war, in seine Zeitmaschine. Er steckte die Pfeife an, stieß nachdenklich ein paar Rauchwolken in die Luft, dann zog er an einem juwelenbesetzten Hebel. Die Metallscheibe setzte sich klirrend und surrend in Bewegung. Danach wurde die Zeitmaschine des Affen samt ihren Insassen undeutlich.

»Mach's gut, altes Mädchen!« rief Harry Hue-man hinterher. Er war sehr erleichtert. »Es ist *wirklich* besser so. Du hättest doch nicht so recht in die Gesellschaft gepaßt, aus der ich komme. Du wirst unter deinesgleichen viel glücklicher werden.« Harrys inneres Ohr reagierte beunruhigt auf den Zeitverschiebungseffekt, als die beiden Affen verschwanden. Er starrte auf die Stelle, wo soeben noch Hue-man gestanden hatte. War das nicht komisch? Beinahe vermißte er sie... Doch da hätte ihn die herabfallende Zeitmaschine voller intelligenter Hummer beinahe zerschmettert. Er sollte lieber dieser Sturzflut von Zeitmaschinen entrinnen und sich möglichst schnell zu seiner eigenen Maschine begeben.

Ein Blick auf die Uhr zeigte ihm, daß er nur noch dreiunddreißig Minuten hatte, bis das Gesetz der Umkehrung der Vorwärtszeit in Kraft trat. Würde er es rechtzeitig schaffen? Selbst wenn er das Fahrrad erreichte, mußte er noch die Kette ans Chronokinetikon anschließen. Auch wenn das Chronokinetikon unversehrt war – das Fahrrad war es bestimmt nicht! Es sah ganz danach aus, daß er den Rest seines Lebens in der Kreidezeit verbringen mußte.

Harry fing an zu rennen. Die neugierigen, aber feigen Küchenschaben folgten ihm eine Zeitlang. Als er aber die bellenden Hundemänner erreichte, verzog sich das ekelhafte Ungeziefer wieder. Harry warf noch einen kurzen Blick auf das unglaubliche Schauspiel der Myriaden von Zeitmaschinen und Temponauten, dann lief er weiter. Nur noch vierundzwanzig Minuten!

Harrys Schätzung nach mußte er nach Westen laufen, um das Chronokinetikon zu finden... wenn seine Berechnungen über die Position des Zeitknotens korrekt waren. Keuchend lief er einen Hügel hinauf und wieder hinab, dann noch einen. Die kostbaren Minuten verrannen. Immer noch keine Spur vom Fahrrad oder dem Chronokinetikon.

Er hatte nur noch vierzehn Minuten, als er in eine bekannte Gegend kam. Ja, das war der Wald, in dem er Hue-man und ihren Gefährten zum ersten Mal getroffen hatte. Und etwas südlich davon lag der

Sumpf, wo er das kaputte Fahrrad hatte zurücklassen müssen. Schnell holte Harry nochmals die Uhr heraus. Neun Minuten vor sechs!

In Panik rannte er über die Ebene und hielt krampfhaft nach dem Fahrrad Ausschau. Wenn er es nicht *sehr bald* fand, war er zu einer kurzen und üblen Lebenspanne in der Kreidezeit verdammt. Die Sekunden tickten wie die schweren Schläge seines Herzens dahin. Jetzt waren es *weniger* als fünf Minuten...

Dort war es! Im gelben Gras war das glänzende, schwarze Fahrrad deutlich zu sehen. Mit hocherhobenem Schwanz lief Harry darauf zu. Er war kaum noch fünfzig Fuß entfernt, als ein Heulen ertönte, das sein Herz zum Stillstand brachte. Er schaute sich um. Eine Schar bunt gefiederter Deinonychuse stürzten mit schrecklichem Geschrei auf ihn zu. Harry stockte vor Entsetzen der Atem.

Der Anführer war so nahe, daß Harry die fürchterlichen Klauen an den Hinterbeinen genau erkennen konnte. Obwohl die Deinonychuse nicht größer als er waren, jagten sie durch ihre Grausamkeit und Wildheit allen Angst ein. Außerdem waren es so *viele!*

Harry konnte ihnen zu Fuß nie entkommen. Seine einzige Chance war das Fahrrad. Er bezweifelte zwar, daß es fahrbereit war; aber er lief, so schnell er konnte, darauf zu. Im Lauf warf er noch einen Blick auf die Uhr. Weniger als zwei Minuten hatte er noch!

Vollends verzweifelt war er, als er sah, daß die Räder übel verbogen waren und daß er unmöglich damit fahren konnte.

Die Deinonychuse kamen immer näher. Ihr Geschrei dröhnte in seinen Ohrlöchern, als er das Fahrrad erreicht hatte.

In diesem Augenblick ereignete sich etwas Erstaunliches. Plötzlich richtete sich das Fahrrad von selbst auf und flog in die Luft. Es prallte noch zweimal auf dem Boden auf. Bei jedem Stoß wurde das verbogene Metall etwas gerader.

Das Fahrrad sprang noch ein letztes Mal hoch und war vollständig wiederhergestellt. Dann bewegten sich die Pedale rückwärts. Harry lief darauf zu, die schreienden Verfolger auf den Fersen.

Das Gesetz der Umkehrung der Vorwärtszeit wirkte schon!

Wie ein Wahnsinniger rannte Harry dem Fahrrad hinterher über die Ebene. Da erblickte er das Chronokinetikon. Es ruhte inmitten von Blumen – so wie er es verlassen hatte. Sein Herz schwoll vor Hoffnung, als er sah, daß es unbeschädigt war.

Ein Dinosaurier, so groß wie ein Huhn – ein Mikrovenator, der sich an Schmetterlingen labte – blinzelte verwundert, als das herrenlose Fahrrad im Rückwärtsgang an ihm vorbeisauste. Quiekend flitzte er an den Ort, der ihm am sichersten vorkam: zum Chronokinetikon.

Blitzschnell war das Fahrrad auf das Hauptrad neben den Winzling gesprungen. Dann legte sich die Kette über die kleinste Scheibe des Chronokinetikons. Schon setzte sich das Räderwerk des riesigen Mechanismus in Gang – auf dem Weg ins neunzehnte Jahrhundert! Harry warf einen Blick über die Schulter – direkt in den aufgesperrten Rachen dicht hinter seiner Schwanzspitze! Er warf sich zur Seite, als der Deinonychus zuschnappte. Den stinkenden Atem des Biests roch er deutlich. Der fleischfressende Saurier stolperte. Dadurch gab er Harry die Chance, die letzten Schritte zur Zeitmaschine zu schaffen. Jetzt oder nie!

Als Harry auf das Fahrrad zusprang, verfehlten ihn drei Bisse nur um Haaresbreite. Er landete auf der Leiter und kämpfte sich verzweifelt zum Sitz hinauf. Hungrige Rachen schnappten von allen Seiten nach ihm, und der hühnergroße Mikrovenator flitzte ihm über Körper und Gesicht. Da die Leiter nicht gebaut war, sein Gewicht bei der ungeheuren Kraft des sich drehenden Hauptrades zu tragen, krümmte sie sich und neigte sich nach hinten auf den Haufen Deinonychuse zu. Harry fühlte ihren heißen Atem an seinem Schwanz, als er sprang. Die Ungeheuer kreischten laut und knirschten mit ihren rasiermesserscharfen Zähnen, als er auf den Sitz kletterte. Im nächsten Moment waren die Biester verschwunden.

Das Licht flackerte und verlosch, als die Sonne immer wieder über Harry hinwegzog. Harry fuhr rückwärts. Glücklicherweise war bei der Fahrt in die Zukunft weit weniger Widerstand zu überwinden als beim Zurückversetzen. Die Gletscher begruben ihn und gaben ihn wieder frei. Nochmals und nochmals... Die Berge wurden sanfter. In der Ferne sah er roh gezimmerte Hütten der Steinzeit. Dann wurde aus den Hütten ein Dorf und schließlich eine Stadt.

Harry näherte sich seinem geliebten neunzehnten Jahrhundert. Die Sonne zog ihre Bahn von Ost nach West schon etwas langsamer. Da tauchten die Türme der Universität auf. Harrys Hände umschlossen die Lenkstange fester. Beinahe war er zu Hause! Da stand auch schon der Pavillon. Als nächstes sah er die Menge – und da war auch Sir Brathwaite!

Der brillante Wissenschaftler saß auf seinem Jagdstuhl und trank Tee, genauso wie er es getan hatte, als Harry ihn das letzte Mal gesehen hatte. Mit großem Getöse landete das Chronokinetikon ziemlich abrupt. Harry wurde von der Wucht kopfüber in die Menge geschleudert. Sein Tropenhelm flog weit davon.

Doch der Fall des völlig verschreckten Harry wurde von den Körpern mehrerer Gentlesaurier abgefangen, die ihn alle staunend betrachteten – nun fast alle. Sir Brathwaite hatte Harrys Sturz in die Menge nicht gesehen. Er hatte die Schnauze gerade in die Teetasse gesteckt, als das Chronokinetikon aufgetaucht war, und alles verpaßt. Jetzt bemerkte er erst, daß die Zeitmaschine zurückgekehrt war – mehr als nur zurückgekehrt: Sie war teilweise in den Boden eingedrungen. Das war das Ergebnis von äonenlanger geologischer Aktivität. In der Kreidezeit war der Boden flach, im neunzehnten Jahrhundert dagegen beträchtlich höher. Das hatte auch die Vorwärtsbewegung der Maschine so plötzlich gestoppt und Harry hinausgeschleudert.

Sir Brathwaite zeigte mit dem Stock aufs Chronokinetikon. Harrys Tropenhelm lag darauf.

»Armer, tapferer Harry«, sagte der grau gefiederte Wissenschaftler. »Alles, was von ihm übriggeblieben ist, ist dieser Tropenhelm.«

Ehrfürchtig hob er den Rand des Helms mit dem Stock hoch. Darunter saß völlig verängstigt der winzige Dinosaurier, der sich aus Angst vor den Deinonychusen aufs Chronokinetikon geflüchtet hatte.

»Oh, was für eine Tragödie!« sprach Sir Brathwaite, als der Helm aufs Hauptrad rollte. »Der arme Teufel hat sich auf eine prähistorische Stufe zurückentwickelt... und nicht einmal ein Ornithomimus ist er.« Sir Brathwaites Halssack blähte sich vor Trauer auf. »Harry, mein Junge, erkennst du mich? Du armer, lieber, tapferer Junge!«

Der Saurierwinzling blinzelte ihn an.

»Dieser aufrechte Bursche hat das größte Opfer für die Wissenschaft und das Imperium gebracht... indem er endlich meine Theorie bestätigt hat, daß der moderne Saurier vom listigen Mikrovenator abstammt!«

»*Ihre* Theorie, Sir Brathwaite?« Langsam erhob Harry seinen schmerzenden Körper und stand auf. »Ich erinnere mich nicht, daß Sie dieser Theorie je Glauben schenkten, ganz zu schweigen, sie erfanden.«

Sir Brathwaite starrte Harry ungläubig an, als dieser auf ihn zuhumpelte. Einen Augenblick lang war er wütend, daß Harry gerade im unrechten Moment auftauchte, aber er gewann seine Fassung schnell wieder.

»Gott sei Dank, du lebst!« Sir Brathwaite schüttelte lange und kräftig Harrys Hand. »Ich wußte, daß du es überleben würdest, alter Knabe. Alles, was man braucht, ist eben Mut – und davon hattest du immer genug!«

Während Harry noch über Sir Brathwaites namenlose Unverschämtheit staunte und sprachlos war, wandte dieser sich bereits der Menge zu. »Dreimal hoch für Harry Quince-Pierpont Fotheringay!« rief er. »Hip, hip –«

»Hurra!« schrie das Publikum.

»Hip, hip –«

»Hurra!«

»Hip, hip –«

»Hurra!«

Harry wollte etwas sagen, aber das Geschrei der Menge übertönte seine heisere Stimme. Trotz der momentanen Wut auf Sir Brathwaite war er tief bewegt.

Nachdem die Menge wieder ruhig geworden war, meldete sich Sir Brathwaite noch mal zu Wort. »Mein Junge, du bist aus der Kreidezeit mit diesem Geschöpf als Beweis für deine phantastische Reise durch die Zeit zurückgekehrt. Mit Sicherheit wirst du sehr bald schon zum Ritter geschlagen. Aber nun erzähl uns, wie es dort war. Beschreib uns die altehrwürdigen Anblicke dieser prähistorischen Welt.«

Harrys Glück, als Held gefeiert zu werden, verschwand bei dem Gedanken an die intelligenten Affen, denen er in der Vergangenheit begegnet war, ganz zu schweigen von den intelligenten Hunden, Walfischen und Küchenschaben. Er betrachtete die vielen Gentlesaurier um sich herum – die Damen, die ihn durch ihre Lorgnons betrachteten, die Gentlemen, auf Spazierstöcke und Regenschirme gestützt, begierig, mehr von ihm zu hören. Er fühlte, wie seine Halstasche vor Bewegung anschwoll. Hier war die Blüte der Zivilisation des neunzehnten Jahrhunderts versammelt: die absolute Krönung der gesamten vorangegangenen Historie. Wie heiter alle waren, ohne Sorgen, so mühelos gebildet – unangefochtene Herrscher eines Imperiums, über welchem die Sonne niemals unterging. Herren über alles, was sie überschauen konnten, von Gott Auserwählte, nach seinem Bild geschaffen. Ihnen hatte Er die Herrschaft über alle Tiere der Erde anvertraut... Wie konnte er ihnen die Wahrheit sagen? Wie konnte er ihnen sagen, daß sie nicht allein waren, nicht einzigartig? Wie konnte er ihre Zufriedenheit mit der Kunde erschüttern, daß es noch so viele andere Geschöpfe gab, die zweifellos ebenfalls glaubten, daß sie die Herren der Schöpfung seien... ekelhafte, widerliche Geschöpfe! Bei dem Gedanken an sie schüttelte es ihn vor Abscheu und Ekel. Wie *konnte* er diesen kultivierten Gentlesauriern erklären, daß es offenbar nur eine winzige Chance gab – eine Laune des Universums –, daß *sie* es waren, die den Gipfel erreicht hatten – und nicht die Rennmäuse, Wiesel, Waschbären oder Affen?

»Nein, Sir Brathwaite«, erklärte er entschlossen mit fester Stimme. »Nein! Es gibt einige Dinge, die das Geschlecht der Saurier nie erfahren soll...«

(Ins Deutsche übertragen von Edda Petri)

Bibliographie

L. Sprague de Camp: »Das Gesicht der Bestie«. Originaltitel: »A Gun for Dinosaur«. Copyright © 1956 by Galaxy Publishing Corporation. Erstveröffentlichung in *Galaxy Science Fiction,* März 1956. Abdruck mit Genehmigung des Autors.

Brian W. Aldiss: »Armer kleiner Krieger«. Originaltitel: »Poor Little Warrior«. Copyright © 1958 by Fantasy House, Inc. Abdruck mit Genehmigung des Autors.

Howard Waldrop: »Grüner Bruder«. Originaltitel: »Green Brother«. Copyright © 1982 by Flight Unlimited, Inc. Erstveröffentlichung in *Shayol #5,* Winter 1982. Abdruck mit Genehmigung des Autors.

Harry Turtledove: »Brutzeit«. Originaltitel: »Hatching Season«. Copyright © 1985 by Davis Publications, Inc. Erstveröffentlichung in *Analog,* Dezember 1985. Abdruck mit Genehmigung des Autors.

Steven Utley: »Leises Entrinnen«. Originaltitel: »Getting Away«. Copyright © 1976 by UPD Publishing Corporation. Erstveröffentlichung in *Galaxy Science Fiction,* 1976. Abdruck mit Genehmigung des Autors.

Bob Buckley: »Die Renner«. Originaltitel: »The Runners«. Copyright © 1978 by Davis Publications, Inc. Erstveröffentlichung in *Analog,* April 1978. Abdruck mit Genehmigung des Autors.

Sharon N. Farber: »Blow-Up am Watson Creek«. Originaltitel: »The Last Thunder Horse West of the Mississippi«. Copyright © 1988 by Davis Publications, Inc. Erstveröffentlichung in *Isaac Asimov's Science Fiction Magazine,* November 1988. Abdruck mit Genehmigung der Autorin.

Edward Bryant: »Schichten«. Copyright © 1980 by Mercury Press, Inc. Erstveröffentlichung in *The Magazine of Fantasy and Science Fiction,* August 1980. Abdruck mit Genehmigung des Autors.

Arthur C. Clarke: »Der Pfeil der Zeit«. Originaltitel: »Time's Arrow«. Copyright

Abenteuerspiele

Joe Dever/Jan Page
Der Hexenkönig
23960

Joe Dever/Jan Page
Flucht aus dem Dunkel
23950

Steve Jackson/Ian Livingstone
Der Hexenmeister vom
flammenden Berg 24200

Joe Dever/Gary Chalk
Das Schloß des Todes
23956

GOLDMANN